A Trindade e a Sociedade

Dados Internacionais de Catalogação na Publicação (CIP)
(Câmara Brasileira do Livro, SP, Brasil)

Boff, Leonardo
A Trindade e a Sociedade / Leonardo Boff.
6. ed. – Petrópolis, RJ : Vozes, 2014.

ISBN 978-85-326-2235-8

1. Santíssima Trindade 2. Teologia da Libertação I. Título.

13-12024   CDD-231.044

Índices para catálogo sistemático:
1. Santíssima Trindade : Teologia dogmática
231.044
2. Trindade : Teologia dogmática
231.044

Leonardo Boff

A Trindade e a Sociedade

EDITORA
VOZES

Petrópolis

© by Animus/Anima Produções Ltda.
Caixa Postal 92.144 – Itaipava
25741-970 Petrópolis, RJ
www.leonardoboff.com

Direitos de publicação em língua portuguesa:
1999, 2014, Editora Vozes Ltda.
Rua Frei Luís, 100
25689-900 Petrópolis, RJ
Internet: http://www.vozes.com.br
Brasil

Assessoria Jurídica e Agenciamento Literário:
Cristiano Monteiro de Miranda
(21) 9385-5335
cristianomiranda@leonardoboff.com

Todos os direitos reservados. Nenhuma parte desta obra poderá ser reproduzida
ou transmitida por qualquer forma e/ou quaisquer meios (eletrônico ou
mecânico, incluindo fotocópia e gravação) ou arquivada em qualquer sistema ou
banco de dados sem permissão escrita da editora.

NIHIL OBSTAT

Por mandado especial do Pe. Provincial Frei Estêvão Ottenbreit
Prof.-Dr. Frei Fidelis Vering, O.F.M.
Petrópolis, 10 de junho de 1986.

IMPRIMATUR

Nova Iguaçu, die Apostolorum Petri et Pauli, 29 Junii 1986.
D. Adriano Hypolito
Episcopus Nova-Iguassuensis

Diretor editorial
Frei Antônio Moser

Editores
Aline dos Santos Carneiro
José Maria da Silva
Lídio Peretti
Marilac Loraine Oleniki

Secretário executivo
João Batista Kreuch

Editoração: Maria da Conceição B. de Sousa
Projeto gráfico: Sheilandre Desenv. Grafico
Capa: Adriana Miranda

ISBN 978-85-326-2235-8

Editado conforme o novo acordo ortográfico.

Este livro foi composto e impresso pela Editora Vozes Ltda.

Sumário

Introdução – Da solidão do um à comunhão dos três, 13

   1 A fé e as explicações da fé, 13

   2 A Trindade como mistério de inclusão, 15

   3 Deus é a união dos três Únicos, 16

   4 As palavras mais escondem do que revelam, 20

   5 Diante da Trindade convém calar em adoração, 22

I. No princípio está a comunhão, 25

   1 Santíssima Trindade, sociedade e libertação, 28

   2 Experiência desintegrada das três Pessoas divinas, 31

   3 Dificuldades inerentes à fé monoteísta, 35

   4 Riscos políticos de um monoteísmo a-trinitário, 40

   5 A união integradora das três divinas Pessoas, 45

II. Como se nos revelou a Santíssima Trindade, 49

   1 Doutrina e realidade da Santíssima Trindade, 49

   2 As duas mãos do Pai que nos tocam: o Filho e o Espírito Santo, 51

   3 Jesus, o Filho, revela o Pai de infinita bondade, 53

   a) A simbólica política: o Deus do Reino, 54

   b) A simbólica familiar: *Abba*, Paizinho de infinita bondade, 55

4 Em Jesus se revela o Filho eterno que se fez carne, 56

5 Na vida e ação de Jesus eclode a revelação do Espírito Santo, 60

6 O Espírito Santo na história revela o Filho e o Pai, 62

7 As fórmulas ternárias no Novo Testamento: indícios da consciência trinitária, 64

8 Releitura cristã do Antigo Testamento: a preparação para a revelação, 70

III. Esforços de compreensão da verdade trinitária, 74

1 Caminhos equivocados: estímulos para a doutrina trinitária, 75

a) Pai, Filho e Espírito Santo: três modos de aparecer do mesmo Deus? – O modalismo, 80

b) O Pai é o único Deus, o Filho e o Espírito Santo são criaturas subordinadas? – O subordinacionismo, 81

c) O Pai, o Filho e o Espírito Santo são três deuses? – O triteísmo, 84

2 Teólogos criadores da linguagem trinitária: rumo ao caminho certo, 86

a) Ponto de partida, a Trindade econômica: Santo Ireneu, 86

b) A Trindade é um dinamismo de comunicação: Orígenes, 88

c) *Tres unum sunt, non unus*: Tertuliano, 89

d) As Pessoas divinas constituem um jogo de relações: os capadócios, 91

e) Uma exposição sistemática do mistério trinitário: as Pessoas como sujeitos respectivos e eternamente relacionados: Santo Agostinho, 93

f) Deus uno e trino: Santo Tomás de Aquino, 96

3 A luta das palavras e das fórmulas: uma natureza e três pessoas, 98

a) Como denominar o que distingue em Deus?, 99

b) Como denominar o que une em Deus?, 101

c) Confusão e clarificação das palavras, 102

d) Há realmente equivalência entre hipóstase e pessoa?, 104

IV. A compreensão dogmática da Trindade Santíssima, 108

1 Pronunciamentos oficiais do Magistério, 108

a) O símbolo de Niceia: o Filho consubstancial ao Pai, 109

b) O símbolo niceno-constantinopolitano: o Espírito Santo é Deus com o Pai e o Filho, 110

c) O símbolo "Quicumque" ou pseudoatanasiano: unidade na Trindade e Trindade na unidade, 112

d) O símbolo do Concílio de Toledo e o Concílio de Florença: o Espírito Santo procede do Pai e do Filho (filioque), 115

e) Decreto aos Jacobitas: a interpenetração das três Pessoas (pericórese), 118

f) O IV Concílio do Latrão: harmonia entre a Trindade imanente e a Trindade econômica, 120

g) A declaração *O mistério do Filho de Deus*: da Trindade econômica à Trindade imanente, 123

2 Três tendências na sistematização trinitária, 125

a) Da unidade da natureza à Trindade das Pessoas, 127

b) Da unidade da substância do Pai à Trindade de Pessoas, 132

c) Da Trindade das Pessoas à unidade da natureza-
-comunhão, 135

3 O jogo de linguagem trinitário: explicação dos termos-
-chave, 137

a) Substância = natureza = essência: uma única, 137

b) Hipóstase = subsistência = pessoa: três realmente
distintas, 139

c) Processões: duas: por geração e por espiração, 145

d) Relações: quatro reais, 147

e) Noções: cinco, 149

f) Afirmações essenciais e nocionais, 149

g) Pericórese, circumincessão, circuminsessão, 150

h) A Trindade como único sujeito da ação, 151

i) Ações apropriadas e ações próprias, 151

j) As missões divinas, 152

k) Trindade econômica e Trindade imanente, 153

4 Regras de sintaxe para um correto discurso trinitário, 154

5 Conclusão: sete proposições da ortodoxia trinitária, 156

V. A Santíssima Trindade no imaginário teológico, 159

1 O significante, o significado e a significação, 159

2 A simbólica "econômica", 162

3 A simbólica da piedade, 163

4 A simbólica arquetípica, 164

5 A simbólica antropológica, 166

6 A simbólica familiar, 168

7 A simbólica eclesial, 169

8 A simbólica social, 170

9 A simbólica material, 172

10 A simbólica formal, 172

11 Conclusão: o caráter insubstituível mas limitado dos símbolos, 173

VI. A doutrina trinitária numa situação cultural mudada, 175

1 Mudanças que afetam a doutrina trinitária, 175

2 Caminhos de acesso à Trindade santa, 178

a) Prolongando e aprofundando a Tradição, 181

b) Alternativas ao conceito de pessoa, 184

c) Um novo ponto de partida: a perspectiva comunitária e social da Trindade, 186

d) Outro novo ponto de partida: a teologia transexista do Deus Pai maternal e do Deus Mãe paternal, 190

VII. A comunhão trinitária: base para uma libertação social e integral, 193

1 Deus é um viver eterno, 194

a) O que comporta a vida?, 196

b) Deus como a autorrealização eterna, 199

2 Deus é um comungar infinito, 201

a) A perspectiva analítica, 202

b) A perspectiva filosófica, 204

c) A perspectiva teológica, 205

3 A pericórese, a comunhão e interpenetração das três divinas Pessoas, 210

a) O que significa pericórese, 211

b) A interpenetração das Pessoas: princípio da união trinitária, 214

c) As relações sempre ternárias entre o Pai, o Filho e o Espírito Santo, 227

d) A inclusão trinitária: a Trindade tudo em todas as coisas, 230

4 A comunhão trinitária como crítica e inspiração à sociedade humana, 232

VIII. Glória ao Pai, glória ao Filho, glória ao Espírito Santo, 240

1 A Santíssima Trindade como evangelho para os homens e as mulheres, especialmente para os pobres, 241

2 Reverência face ao mistério, 244

3 Vimos a sua glória!, 248

4 Motivos para a glorificação, 250

IX. Glória ao Pai: origem e fim de toda libertação, 253

1 O Pai invisível, mistério insondável, 254

2 "Ninguém conhece o Pai senão o Filho", 255

3 Em nome do Pai, o Filho Jesus liberta os oprimidos, 257

4 A paternidade como base para a fraternidade universal, 258

5 O Pai maternal e a Mãe paternal, 262

6 O Pai na Trindade imanente: o princípio sem princípio, 264

7 A economia do Pai: a misteriosidade da criação, 268

X. Glória ao Filho: o mediador da libertação integral, 273

1 Como Jesus se apresentou como Filho, 274

2 Como Jesus se comportou filialmente, 276

3 A dimensão feminina do Filho Jesus, 279

4 "O Filho unigênito que está no seio do Pai", 281

5 A economia do Filho: a verbificação do universo, 285

XI. Glória ao Espírito Santo: motor para a libertação integral, 289

1 A atuação do Espírito Santo nos processos de mudança, 292

2 A dimensão feminina do Espírito Santo, 300

3 O Espírito Santo eternamente com o Pai e o Filho, 303

a) A base bíblica acerca da processão do Espírito Santo, 304

b) O Espírito Santo procede só do Pai ou do Pai e do Filho?, 305

c) Fórmulas de mediação entre gregos e latinos, 309

d) Passos rumo a um equilíbrio trinitário, 311

e) A simultaneidade do Espírito Santo com o Filho e o Pai, 315

4 A economia do Espírito Santo: a transformação e a nova criação, 317

XII. Assim como era no princípio: a Trindade imanente, em si mesma, 325

1 Quando a Trindade econômica é a Trindade imanente e vice-versa, 326

2 A autocomunicação do Filho e do Espírito Santo se dá na humilhação, 329

3 A doxologia eterna: a glória e a alegria da Trindade, 331

XIII. Agora e sempre: a Trindade econômica, para nós, 333

1 A Trindade cria o diferente para se autocomunicar a ele, 334

2 A criação do Pai pelo Filho no Espírito Santo, 337

3 Traços trinitários na criação, 339

XIV. Pelos séculos dos séculos: a Trindade na criação e a criação na Trindade, 344

1 A era do Pai, do Filho e do Espírito Santo: cuidado, libertação, inabitação, 345

2 A criação como o corpo da Trindade, 348

XV. Amém: a totalidade do mistério num fragmento, 351

Glossário, 359

Referências, 367

Livros de Leonardo Boff, 377

Introdução
Da solidão do um à comunhão dos três

Na raiz de toda doutrina religiosa está o encontro com o Mistério divino. Este encontro produz uma experiência radical que globaliza as várias dimensões da existência, o afeto, a razão, a vontade, o desejo e o coração. A primeira reação, expressão do gozo, é a louvação, o canto e a proclamação. Em seguida vem o trabalho de apropriação e tradução da experiência-encontro, feito pela razão devota. É quando surgem as doutrinas e os credos.

1 A fé e as explicações da fé

A doutrina trinitária do cristianismo conheceu semelhante percurso. Em primeiro lugar ocorreu a experiência-fonte; os primeiros discípulos conviveram com Jesus, observaram como rezava, como falava de Deus, como pregava, como tratava as pessoas, particularmente os pobres, como enfrentou os conflitos, como sofreu e morreu e como ressuscitou; observaram também o que ocorria na comunidade que creu nele, especialmente a partir de Pentecostes. Proclamavam com alegria em suas orações e com simplicidade em suas pregações o Pai, o Filho e o Espírito Santo. Sem quererem multiplicar a divindade, pois vinham todos do judaísmo, para o qual o monoteísmo é um dogma estrito, chamavam a cada um deles de Deus. Mais tarde, os cristãos começaram a pensar esta experiência e a traduzir numa fórmula esta proclamação. Surgiu então a doutrina trinitária expressa classicamente assim: um Deus em três Pessoas ou uma natureza e três Hipóstases ou três Amantes e um só amor ou três Sujeitos e uma única substância ou três Únicos e uma só comunhão. O que ocorreu? A doxologia (a louvação) se transformou em teologia (reflexão sobre Deus) e a fé abriu espaço para a razão.

Neste desdobramento é importante distinguir o que é fé e o que é explicação da fé. Assim, dizer que Deus é Pai, Filho e Espírito Santo é fé; dizer que Deus é uma natureza e três Pessoas é explicação da fé. Acolhemos a fé com o coração aberto, a explicação da fé podemos discutir e até rejeitar. A fé é a resposta à revelação divina; a explicação da fé é a resposta da razão às questões que a fé suscita.

Todas as explicações da fé visam aclarar a fé para que a fé seja mais robusta e tenha mais razões para cantar e proclamar. Quando foram assumidas pela Igreja em seus pronunciamentos oficiais (concílios, sínodos e pronunciamentos do Magistério), as explicações da fé merecem grande respeito. Mas em si mesmas elas não são a fé. Por isso, como ensinavam os grandes mestres da teologia, o ato de fé ultrapassa as explicações (fórmulas) e atinge o que é intencionado por elas, nem sempre adequadamente expresso nas explicações. Todas as novas explicações da fé trinitária devem fazer a fé mais crível e apetecível. Mas somente alcançarão tal objetivo se assumirem toda a verdade presente nas explicações consagradas e forem ainda mais além. Então o novo deixa de ser extravagante. Ele é reconhecido como uma expressão do tesouro da fé, no qual, como diz o Senhor, há coisas novas e velhas (cf. Mt 13,52).

Se, porventura, coisas novas forem expressas em nossas explicações, então elas devem ser entendidas como tentativas de articulação do mesmo tesouro em comunhão com as coisas velhas (mas não envelhecidas), cuja verdade abraçamos.

2 A Trindade como mistério de inclusão

A razoabilidade da fé na Trindade transparece melhor quando confrontada com o monoteísmo e o politeísmo, em diálogo com a unidade e a pluralidade.

No monoteísmo nos defrontamos com a solidão do Uno. Por mais rico e pleno de vida, inteligência e amor que ele seja, não terá jamais alguém ao lado dele. Ele estará eternamente só. Todos os demais seres lhe serão subalternos e dependentes. Se comunhão houver, ela será sempre desigual.

No politeísmo, na compreensão comum, temos a ver com a pluralidade de divindades, com hierarquias e diferenças de natureza, benéfica ou maléfica. Esvai-se a unidade divina.

Cada uma destas expressões religiosas encerra um momento de verdade que deve ser recolhida. Há a percepção de que na experiência do Mistério há unidade e diversidade. Não existirá a união dos diversos? A diversidade não poderá ser a revelação da riqueza da unidade?

A fé no Pai, no Filho e no Espírito Santo, isto é, na Trindade, vem ao encontro destas indagações. Na experiência do Mistério há sim a diversidade (o Pai, o Filho e o Espírito Santo) e ao mesmo tempo a união desta diversidade, mediante a comunhão dos Diversos pela qual Eles estão uns nos outros, com os outros, pelos outros e para os outros. A Trindade não é excogitada para responder à problemática humana. Ela é revelação de Deus, assim como é, como Pai, Filho e Espírito Santo em eterna correlação, interpenetração, amor e comunhão, com o que são um só Deus. Porque Deus é trino significa a união da diversidade.

Se Deus fosse um só, haveria a solidão e a concentração na unidade e unicidade. Se Deus fosse dois, uma díade (Pai e Filho somente), haveria a separação (um é distinto do outro) e a exclusão (um não é o outro). Mas Deus é três, uma Trindade. O três evita a solidão, supera a separação e ultrapassa a exclusão. A Trindade permite a identidade (o Pai), a diferença da identidade (o Filho) e a diferença da diferença (o Espírito Santo). A Trindade impede um frente a frente do Pai e do Filho, numa contemplação "narcisista". A terceira figura é o diferente, o aberto, a comunhão. A Trindade é inclusiva, pois une o que separava e excluía (Pai e Filho). O uno e o múltiplo, a unidade e a diversidade se encontram na Trindade como que circunscritos e re-unidos. O três aqui significa menos o número matemático do que a afirmação de que sob o nome Deus se verificam diferenças que não se excluem, mas incluem, que não se opõem, mas se põem em comunhão; a distinção é para a união. Por ser uma realidade aberta, este Deus trino inclui também outras diferenças; assim o universo criado entra na comunhão divina.

3 Deus é a união dos três Únicos

Como devemos pensar a unidade dos Três? Como o Pai, o Filho e o Espírito Santo são, para a fé cristã, um só Deus? Encontramos na reflexão teológica duas explicações principais.

A primeira parte do Pai. É a opção dos teólogos gregos. Segundo eles, o Pai é a origem e a fonte de toda a divindade. Ele comunica toda a sua substância ao Filho e o Espírito Santo. Os três são consubstanciais e por isso um só Deus. Nesta visão há o risco de introduzirmos uma espécie de teogonia, quer dizer, uma gênese de Deus. O Pai não sendo causado, causa o Filho e faz proceder de si mesmo o Espírito Santo. Persiste também a tentação do subordinacionismo (de Ario). Segundo isso, o Filho e o Espírito Santo estariam subordinados ao Pai; haveria uma hierarquia desigual entre as divinas Pessoas.

A segunda explicação parte da natureza divina e espiritual. É a posição dos teólogos latinos. Para eles, Deus é antes de tudo um Espírito absoluto que pensa e ama. A suprema Inteligência de si se chama Filho e o infinito Amor, o Espírito Santo. Ou então Deus é o sumo Bem que intrinsecamente se expande. A completa autoentrega de si designa o Filho e a relação de amor entre Pai e Filho significa o Espírito Santo, o elo de união entre ambos.

Nesta perspectiva o risco da teogonia não está totalmente descartado. Não funciona aqui o princípio metafísico da causalidade aplicado a Deus? Onde tudo é eterno, pode-se falar de geração e espiração? Além do mais, persiste o risco do modalismo (de Sabélio), segundo o qual a mesma natureza divina ou o mesmo Espírito absoluto se mostraria sob três modos distintos ou três concretizações diversas, mas finalmente permaneceria sempre a unicidade do mesmo Espírito absoluto. Permaneceríamos, assim, nos limites do monoteísmo pré-trinitário.

Nós tentaremos um terceiro caminho. Partimos decididamente da Trindade, isto é, do Pai, do Filho e do Espírito Santo, assim como no-los revelam as Escrituras e como aparecem na caminhada histórica de Jesus Cristo. Eles coexistem simultaneamente e originalmente são os três coeternos. Como veremos no capítulo segundo, Pai, Filho e Espírito Santo não emergem como separados ou justapostos, mas sempre mutuamente implicados e relacionados. Onde reside a unidade dos três? Reside na comunhão entre os divinos Três. Comunhão significa comum-união (communio). Somente entre Pessoas pode haver união, porque elas intrinsecamente se abrem umas às outras, existem com as outras e são umas pelas outras. Pai, Filho e Espírito Santo vivem em comunidade por causa da comunhão. A comunhão é expressão do amor e da vida. Vida e amor, por sua própria natureza, são dinâmicos e transbordantes. Sob o nome de Deus devemos entender, portanto, sempre a Tri-uni-

dade, a Trindade como união do Pai, do Filho e do Espírito Santo. Em outras palavras: a união trinitária é própria da Trindade. Destarte, tanto a unidade idêntica da mesma natureza divina quanto a unicidade do mesmo Espírito absoluto possuem um sentido estritamente trinitário: A interpenetração permanente, a correlacionalidade eterna, a autoentrega das Pessoas umas às outras constitui a união trinitária, a união das Pessoas. Para expressar esta união, a teologia, a partir do século VI, cunhou a expressão grega pericórese *(cada Pessoa contém as outras duas, cada uma penetra as demais e se deixa penetrar, uma mora na outra e reciprocamente) ou latina* circumincessão *(com c, significando a interpenetração ativa umas nas outras) ou* circuminsessão *(com s, designando o estar estática ou extaticamente umas nas outras). Nós colocaremos no centro de nossas reflexões exatamente a pericórese. Ela será o princípio estruturador de nossa explicação da fé trinitária. Conservaremos a expressão grega* pericórese *por não termos encontrado outra melhor em nossa língua. Tudo na Trindade será pericorético, a união, o amor, as relações hipostáticas.*

O fundamento principal de nossa opção se encontra em Jo 10,30: "Eu e o Pai somos uma coisa só (hen)*". Note-se que Jesus não diz "Eu e o Pai somos numericamente um"* (heis)*, mas "estamos juntos"* (hen *em grego, como aparece depois em Jo 10,38: "O Pai está em mim e eu no Pai"). A união do Pai e do Filho não apaga a diferença e a individualidade de cada um. Antes, a união supõe a diferença. Pelo amor e pela recíproca comunhão eles são uma coisa só, o único Deus-amor. O Espírito Santo está também sempre junto porque é o Espírito do Filho (Gl 4,6; Rm 8,9), porque nos revela o Pai na oração (cf. Rm 8,16), porque vem da parte do Pai (Jo 15,26) a pedido do Filho (Jo 14,16).*

O risco do triteísmo, presente nesta opção, é evitado pela pericórese e pela comunhão eterna que originalmente existe entre as Pes-

soas. Não devemos pensar que primeiramente existem os três, cada um por si, separado dos outros e, depois, entram em comunhão e em relações pericoréticas. Esta representação é equivocada e colocaria a união como resultado posterior e como fruto da comunhão. As Pessoas são intrinsecamente e desde toda a eternidade e sem princípio entrelaçadas umas com as outras. Elas sempre coexistiram, jamais existiram separadas.

Esta união-comunhão-pericórese se abre para fora; convida as criaturas humanas e o universo a se inserir na vida divina. "Que todos estejam em nós... a fim de que sejam uma coisa só como nós somos uma coisa só" (hen: Jo 17,21.22).

Por causa da pericórese e da comunhão, tudo na Trindade é ternário. Cada Pessoa age em união com as outras, mesmo quando se trata de ações próprias ou apropriadas, como a criação por parte do Pai, a encarnação por parte do Filho e a pneumatificação por parte do Espírito Santo. O Pai cria pelo Filho na inspiração do Espírito Santo. O Filho se encarna, enviado pelo Pai na virtude do Espírito vivificador. O Espírito desce sobre Maria e inunda a vida dos justos, enviado pelo Pai a pedido do Filho.

Usando a terminologia descritiva da tradição, dizemos: o Pai "gera" o Filho no seio do Espírito Santo (Filius a Patre Spirituque) ou o Pai "espira" o Espírito Santo junto com o Filho (Spiritus a Patre Filioque) ou o Espírito revela o Pai pelo Filho ou o Filho ama o Pai no Espírito ou o Filho e o Espírito se reconhecem no Pai, e assim sucessivamente. Destarte teremos um equilíbrio trinitário porque tudo é ternário e implicado pericoreticamente, tudo é participado, tudo circula, tudo é recíproca doação, tudo é unido pela comunhão.

Esta compreensão do mistério da Santíssima Trindade é extremamente sugestiva para a experiência da fé em contexto de opressão *e de ânsias de libertação. Os oprimidos lutam por participação em todos os níveis da vida, por uma convivência justa e igualitária no respeito pelas diferenças de cada pessoa e grupo; querem a comunhão com outras culturas e outros valores, com Deus como o supremo sentido da história e do próprio coração. Como estas realidades lhes são historicamente negadas, sentem-se urgidos a entrar num processo de libertação que vise alargar os espaços para a participação e a comunhão. Para os que têm fé, a comunhão trinitária entre os divinos Três, a união entre Eles no amor e na interpenetração vital lhes pode servir de fonte inspiradora e de utopia, geradora de modelos cada vez mais integradores das diferenças. Esta é uma das razões por que este caminho da pericórese trinitária será assumido como eixo estruturador de nossa reflexão. Ele vem ao encontro das buscas dos oprimidos que querem lutar pela libertação integral. A comunidade do Pai, do Filho e do Espírito Santo significa o protótipo da comunidade humana sonhada pelos que querem melhorar a sociedade e assim construí-la para que seja à imagem e semelhança da Trindade.*

4 As palavras mais escondem do que revelam

Confrontada com o Mistério inefável, a teologia sofre com a reconhecida insuficiência de nossos conceitos e expressões humanas. Aplicados à Trindade, nossos termos possuem significação analógica e indicativa; eles mais escondem do que revelam, embora o revelado corresponda aproximativamente à divina realidade.

As próprias expressões Pai, Filho e Sopro (Espírito) Santo sugerem certas relações como aparecem nas Escrituras e foram aprofundadas na duplamente milenar reflexão teológica. Assim surgiram as explicações da fé em termos de processões das Pessoas: o Pai *sem princípio,* o Filho *gerado e o Sopro (Espírito) Santo* espirado. *Estas expressões permitiram, como que naturalmente, que entrasse na reflexão trinitária o princípio de causalidade (por parte do Pai) e a dependência causal, como resultado de uma produção (por parte do Filho e do Espírito Santo). É difícil combinar esta linguagem com a outra também usada pelos concílios de que na Trindade ninguém é anterior ou posterior, maior ou menor, superior ou inferior (cf. DS 75, 569, 618 etc.); antes os divinos Três são coeternos (DS 616-618, 790, 800, 853) e igualmente imensos e onipotentes (DS 325, 529, 680, 790). Em razão destas reflexões devemos usar os conceitos trinitários ligados às processões com grande cautela, sempre com a consciência de que se trata de formas descritivas para expressar a inter-relação das Pessoas e garantir também sua diferença. Nós continuaremos a usá-las, na linha da tradição e do Magistério, mas sempre com esta reserva fundamental. Ademais, são expressões altamente sugestivas de processos de vida, de amor, de autocomunicação, de união de diferentes.*

Reserva igual vale para o termo "Pessoa" aplicado ao Pai, ao Filho e ao Espírito Santo. Usamos a mesma palavra para três realidades diferentes, gerando a impressão errônea de que seriam homogêneas e iguais. Um conceito coletivo (pessoa) só pode expressar o que é comum; aqui, na verdade, queremos expressar o que é próprio e diferente de cada um. Por isso, logicamente, deveríamos utilizar um conceito para o Pai, outro para o Filho e ainda um terceiro para o Espírito Santo, pois cada um é Único. Apesar disso, continuaremos a usar a expressão "Pessoas" como o fez a tradição e toda a teologia, porque não existe alternativa melhor a esta palavra. Ou então diremos cada vez o Pai, o Filho e o Espírito Santo. Dificuldade semelhante encontramos com a expressão natureza divina. *Afirma-se que ela é igual nos divinos Três e apropriada diferentemente pelo Pai, pelo Filho e pelo Espírito Santo. Facil-*

mente é entendida modalisticamente; assim permaneceríamos no monoteísmo e não teríamos expresso a fé na Trindade; ou também corremos o risco de hierarquizar as Pessoas e destarte introduzimos subordinações e desigualdades inadmissíveis na Trindade. A demasiada acentuação da unidade da essência, como ocorre em muitos autores da Igreja ocidental, pode tornar a Trindade supérflua ou sem sentido histórico-salvífico. A Trindade é um mistério que nos foi comunicado para nossa salvação, para que, ao penetrarmos, por pouco que seja, na realidade divina, fôssemos libertados e inseridos na vida eterna. Se, entretanto, entendermos a natureza divina, como o faremos ao longo de nossas reflexões, como pericórese eterna das Pessoas, como amor e comunhão intrínseca aos divinos Únicos, então se tornará mais fácil representarmo-nos a unidade que esta natureza garante: será sempre um conceito trinitário, como a união das Pessoas entrelaçadas umas nas outras em comunhão eterna. Deus é uno e jamais está só; é sempre con-vivência e co-existência de Pai, Filho e Espírito Santo. Eles existem originariamente se revelando mutuamente, se reconhecendo reciprocamente e se autocomunicando eternamente.

5 Diante da Trindade convém calar em adoração

Já no prefácio queremos expressar o que melhor caberia na conclusão. Diante do augusto mistério da comunhão trinitária devemos calar. Mas calamos somente no fim do esforço de falarmos o mais adequadamente possível daquela realidade para a qual não há nenhuma palavra adequada. Calamos no fim e não no começo. Só no fim o silêncio é digno e santo. No começo seria preguiçoso e irreverente. As palavras morrem nos lábios. Os pensamentos se obscurecem na mente. Mas o louvor incendeia o coração e a adoração faz dobrar os joelhos.

Atento leitor, se ao estudares estas páginas crescer em ti o sentimento do Mistério, agradece-o ao Pai porque nele se revela o mistério abissal e amoroso. Se tua mente encontrar mais luz, atribui-a ao Filho porque Ele é Luz da Luz, a Inteligência e a Sabedoria. Se te sentires atraído à comunhão com as três divinas Pessoas e com todos os seres que elas habitam, e para que haja mais participação e comunhão te empenhares na libertação integral, tributa-o ao Espírito Santo porque nele reconhecemos o amor, a vida e a comunhão.

Mas se o mistério ficou ainda mais obscuro, então culpa o autor deste escrito; é indício de que ele ainda não santificou suficientemente sua inteligência nem mergulhou devidamente na vida da Trindade para poder falar com os lábios purificados e o entendimento iluminado. Ora por ele.

Seja como for, mesmo nada entendendo, ou mal-entendendo ou entendendo um pouco, dê-se agora e sempre honra e glória ao Pai, ao Filho e ao Espírito Santo. Amém.

I
No princípio está a comunhão

Sob o nome Deus a fé cristã vê o Pai, o Filho e o Espírito Santo em eterna correlação, interpenetração e amor, de tal sorte que são um só Deus uno. A unidade significa a comunhão das Pessoas divinas. Por isso, no princípio não está a solidão do Uno, mas a comunhão das três divinas Pessoas. Que relação guarda a Trindade como experiência dos cristãos com o Deus experimentado na história da humanidade? Vem confirmar o que já sabíamos ou traz algo diferente?

Devemos dizer que, num sentido ontológico, vem confirmar e ampliar o que já sabíamos e, por outro, no nível da consciência, vem trazer algo diferente.

Num nível ontológico (que diz respeito à realidade em si mesma), a Trindade, Pai, Filho e Espírito Santo não são outra realidade, diferente daquela buscada e encontrada pelos corações sinceros de todos os tempos. Sempre que as pessoas tiveram um encontro com o Mistério e com um Sentido absoluto, com o decisivamente Importante em suas vidas, entraram em contato com o Deus verdadeiro. Este Deus verdadeiro existe como comunhão do Pai, do Filho e do Espírito Santo. Os nomes podem variar, mas todos eles apontam para esta realidade. Pode ser que os homens não tivessem consciência de Deus enquanto Deus e, certamente, não da Trindade de Pessoas, enquanto união dos divinos Três. Mas nem por isso o que elas experimentaram deixou de ser o Deus trino e verdadeiro. Apenas esta realidade trinitária não havia assomado às suas consciências.

É no nível da consciência que a fé cristã traz algo de diferente e de novo. Ela diz que Deus se revelou assim como é em si mesmo, como Pai, Filho e Espírito Santo. Esta revelação ocorreu na caminhada de Jesus de Nazaré e nas manifestações do Espírito Santo seja em Jesus seja na comunidade que se formou ao seu redor (Pentecostes). Não que antes a Trindade não se houvesse comunicado aos homens. Ela se comunicou, porque Deus se revela assim como é, portanto, trinitariamente. Mas como já asseveramos, nem sempre esta dimensão fora captada pela inteligência devota. Apesar disso, aqui e acolá, nas teologias do Egito Antigo, na mística da Índia, nas reflexões de alguns grandes pensadores se havia chegado à afirmação de tríades[1]. Havia-se intuído que o mistério divino é uma realidade de comunhão em si mesmo e para com o universo. Entretanto, não fora dado jamais aos homens e às mulheres verificarem a verdade daquilo que intuíam consciente ou inconscientemente. É aqui que o cristianismo traz a sua contribuição. Mediante Jesus e seu Espírito chegou à humanidade a consciência plena da realidade pericorética de Deus, de que sob o nome de Deus, de agora em diante, devemos entender a comunhão do Pai, do Filho e do Espírito Santo. O novo, não dedutível de nenhum princípio prévio, é este: a Pessoa do Filho e do Espírito Santo não apenas

---

1. Cf. SCHULTE, R. "A revelação de Deus extrabíblica como preparação da revelação da Trindade". *Mysterium Salutis*, II/l. Petrópolis, 1972, p. 67-73. Muitos dados se encontram em BRINKTRINE, J. *Die Lehre von Gott* II: Von der göttlichen Trinität. Paderborn, 1954, p. 183-212. • MARGERIE, B. de. *La Trinité chretienne dans l'histoire*. Paris, 1975, p. 24s.

se revelaram, mas se autocomunicaram pessoalmente. O Deus-Trindade que estava presente na história humana, agora pelo Filho e pelo Espírito, enviado do Pai, assumiu como sua esta história e habitou em nosso meio como em sua própria morada. A tarefa da teologia é tentar aprofundar este conhecimento que nos foi entregue. Três razões principais nos movem ao estudo da fé na Trindade.

Em primeiro lugar, nos interessa saber, reverentemente, como Deus é em si mesmo. Quem se sentir amigo de Deus se sente urgido em conhecer seu mistério. Como sendo três Pessoas-em-comunhão constitui um só Deus uno?

Em segundo lugar, queremos nos acercar melhor das duas autocomunicações divinas, o Filho e o Espírito. Fomos visitados nas Pessoas do Filho e do Espírito que assumiram a realidade concreta de Jesus (o Filho) e de Maria (o Espírito Santo, segundo uma teoria teológica nossa). Nosso masculino e nosso feminino se encontram inseridos no mistério da comunhão trinitária. Como definir nossa vocação e o sentido de nossas vidas no quadro desta revelação?

Por fim, preocupa-nos saber qual o tipo de sociedade que Deus quer para os seus filhos e filhas. A forma de convivência social que hoje temos não pode agradar a Deus. Nela a maioria das pessoas não encontram lugar. Há parca participação, pouca comunhão e muita opressão sobre os pobres. Eles gritam por justiça e se organizam para a libertação de seus grilhões e para a libertação da vida, da criatividade, da benquerença entre todos e da fraternidade. Onde se inspiram os oprimidos que creem, para projetar sua utopia social e buscar concretizações históricas de uma sociedade diferente?

É aqui que a fé na Santíssima Trindade, no mistério da pericórese, da comunhão trinitária e da sociedade divina ganha especial ressonância, pois a Trindade aparece como o modelo para todo o convívio social igualitário, respeitoso das diferenças e justo. A partir da fé em Deus trino os cristãos postulam uma sociedade que possa ser imagem e semelhança da Trindade.

Por outro lado, a fé na Trindade de Pessoas, Pai, Filho e Espírito Santo, vem responder à grande busca por participação, igualdade e comunhão que incendeia as consciências dos oprimidos. Seja nas bases da sociedade, seja nos meios eclesiais se rejeita o tipo de sociedade excludente sob a qual todos sofremos.

1 Santíssima Trindade, sociedade e libertação

Vejamos mais de perto os desafios que a sociedade lança para a fé na Santíssima Trindade e a contribuição que esta fé pode trazer para a libertação.

Todas as sociedades latino-americanas e outras do Terceiro Mundo vivem sob o estigma da dependência, primeiramente dos impérios coloniais ibéricos, depois do capitalismo expansionista europeu e atualmente do capital mundial. Vivemos todos sob o mesmo tipo de desenvolvimento caracterizado por um profundo dualismo: por um lado produz abundância de bens, apropriados pelos países já desenvolvidos ou pelas classes dominantes dos países subdesenvolvidos e, por outro, pobreza e miséria impostas aos países já pobres. Desenvolvimento e subdesenvolvimento constituem, na verdade, a cara e a coroa da mesma moeda. Trata-se, analiticamente visto, do mesmo sistema mundial de desenvolvimento de moldes capitalistas, gerador de profundas desigualdades de toda ordem. No Terceiro Mundo vemo-nos mantidos no subdesenvolvimento por um capitalismo dependente daquele dos países desenvolvidos, associado a ele e fortemente excludente.

A dependência ocorre em todos os níveis sociais: no sistema econômico e na divisão social do trabalho; na instância sociocultural, na ordem política e no campo religioso. A consequência visível a olho nu é a clara divisão de classes sociais com antagonismos de interesses que geram continuamente uma desenfreada luta de classes e instabilidade social. Os poucos ricos ficam cada vez mais ricos à custa dos pobres cada vez mais pobres.

Os pobres possuem muitos rostos, como pateticamente o denunciaram os bispos latino-americanos em Puebla (n. 32-39). São filhos e filhas de Deus desfigurados, são negros segregados, indígenas desprezados, mulheres reprimidas, pobres socioeconômicos explorados.

O cristianismo teve uma presença ambígua neste processo contraditório; nem poderia ser diferente. Cada grupo se apropriou à sua maneira da mensagem cristã. As classes dominantes deram-lhe uma versão espiritualista e redutora para poderem manter e solidificar sua dominação; os estratos médios oscilavam consoante as conjunturas históricas: ora viviam um cristianismo progressista adequado a seus interesses de classe em ascensão, ora um cristianismo libertário, quando ameaçados de empobrecimento. As classes subalternas sofreram forte interiorização dos valores religiosos das classes dominantes, e por isso, contra seus próprios anelos, tiveram que viver um cristianismo devocional e alienado das dimensões da justiça. Por outro lado, eles desenvolveram uma codificação da mensagem, em termos de resistência e de libertação, adequada aos seus anelos. Desde os primórdios, a Igreja soube denunciar as violações dos direitos dos índios e dos negros e foi, sem dúvida, um fator de promoção da vida. Hoje mais do que nunca, a Igreja assumiu sua missão social em termos de libertação e não de consolidação do *status quo*. Ela milita por mudanças radicais. Os oprimidos sabem que têm na Igreja um aliado e um defensor. O surgimento da teologia da libertação só se tornou possível a partir da pastoral libertadora daquelas Igrejas que tomaram a sério a opção preferencial pelos pobres.

A libertação histórica, expressão epocal da salvação plena em Deus, encontra concretizações na participação de todos nos distintos níveis da vida social, na promoção da dignidade humana, na criação de oportunidades de desenvolvimento para todas as pessoas. Ela será integral e verdadeiramente humana se propiciar a comunhão com Deus, ajudar na consciência da filiação divina e da fraternidade e soroidade universal. Esta consciência se organiza na comunidade eclesial dos seguidores de Jesus; a partir daí se abre a todos os valores que a humanidade produziu em seu encontro com Deus e criou com seu trabalho, ingênio e arte.

Uma sociedade estruturada assim poderá ser sacramento da Trindade. Ela nos facilita a assimilação da comunhão trinitária. Mas enquanto perdurarem as desigualdades sociais a fé na Trindade significará uma crítica a todas as injustiças e uma fonte de inspiração para mudanças fundamentais[2].

---

2. Cf. ARCE MARTINEZ, S. "El desafio del Dios Trinitario de la Iglesia". *La teologia como desafio*. Havana, 1980, p. 45-54, um dos primeiros estudos latino--americanos sobre a Santíssima Trindade à luz da realidade latino-americana e socialista de Cuba.

Para que a fé na Santíssima Trindade mostre sua energia libertária, precisamos superar distorções que se cristalizaram na piedade dos fiéis e na própria compreensão dos teólogos. Consideremos, com mais detalhe, esta questão.

2 Experiência desintegrada das três Pessoas divinas

A desagregação da sociedade latino-americana atingiu a experiência de fé; não criou as condições favoráveis para uma expressão integrada do mistério trinitário[3].

Na sociedade colonial e agrária, ainda hoje muito vigente na América Latina e em outras partes do mundo rico, a figura do pai é central e um dos eixos organizadores da sociedade e da cultura. O pai detém o saber, o poder e as principais decisões. Todos dependem dele; os demais são considerados menores e submissos. O paternalismo domina nas relações familiares e públicas. Pelo paternalismo as pessoas são feitas objeto da ajuda, nunca sujeito de uma ação autônoma. A ajuda mantém a dependência e impede o desenvolvimento da liberdade pessoal e social.

Este tipo de sociedade patriarcal e patrimonialista (em política) projeta uma *imagem* de Deus que lhe é adequada, pois lhe reforça a existência e legitima as práticas. Deus é representado como Pai todo-poderoso, onisciente, Juiz supremo e Senhor absoluto da vida e da morte. Ao lado dele não há, propriamente, lugar para um Filho e para o Espírito Santo com os quais estaria em comunhão. O próprio Jesus é denominado de "meu Pai" ou de "el Padre del gran poder" de tantas igrejas barrocas da Espanha e da

---

3. Cf. BARBÉ, D. "A Trindade e a política". *A graça e o poder*. São Paulo, 1983, p. 76-84.

América Latina. O ser humano se sente mais servo do que filho, servo submisso que se conforma à vontade soberana do Pai que está no céu. É o domínio da religião só do Pai. A relação preponderante é aquela vertical.

Em setores mais democráticos e modernos onde predominam relações horizontais surge a figura do *líder* e do *militante*, no interior de partidos ou movimentos sociais. O desempenho pessoal é altamente valorizado e as figuras carismáticas assumem especial papel de condução e inspiração. Na sua expressão mais extrema aparecem os "caudilhos" e "condottieri" que fascinam as massas e podem até apresentar-se como "o grande Irmão", "o companheiro" e "guia e timoneiro do povo". O fascismo eclodiu no seio deste tipo de experiência.

Em tal contexto e num ambiente pouco crítico se projeta outra imagem de Deus, desta vez identificada com a figura de Cristo. Em não poucos ambientes cristãos, particularmente dos modernos movimentos, Jesus é, efetivamente, proclamado como o "Irmão", o "nosso Chefe e Mestre". Elabora-se uma piedade fortemente emocional, juvenil, entusiástica da figura do líder Jesus de Nazaré. Seguir a Cristo nesta visão implica assumir suas atitudes heroicas e humanitárias, geralmente desvinculadas do conflito humano e de uma relação profunda com o Transcendente (o Pai), donde provém a força do compromisso de Jesus para com o Reino e para com os mais humilhados da Terra. É a religião só do Filho. A relação dominante é aquela horizontal.

Há por fim vastos setores sociais, seja das classes abastadas, seja das pobres e marginalizadas, nos quais se exacerba a dimensão de subjetividade e criatividade pessoal. Tal fato ocorre particularmente na experiência religiosa dos *grupos carismáticos*. Pessoas dos setores médios e altos, vivendo dos benefícios do sistema individualista que os privilegia, tendem a encontrar no movimento carismático cristão, de cunho interiorista, satisfação de suas necessidades religiosas de busca de paz, de superação dos conflitos, do sentimento de solidão. Aqueles dos estratos pobres e oprimidos para os quais é negada qualquer participação social descobrem no carismatismo das seitas e dos movimentos de reanimação religiosa, conduto de expressão ao seu anseio por liberdade, respeito e reconhecimento. Surge então a esfuziante gama de experiências religiosas, de seitas e movimentos nos quais a dimensão da subjetividade humana e de sua individualidade ganham espaço de expressão. São frequentes os testemunhos: "Deus me iluminou... Deus me inspirou esta palavra de sabedoria... o Espírito me impulsionou a tal ação..." A forma extrema desta interiorização e deste carismatismo se encontra no fanatismo e na anarquia. É a religião só do Espírito. A relação predominante é aquela interior.

Estas três expressões religiosas mostram a desarticulação social e, à sua deriva, a desarticulação da experiência do Deus cristão como Trindade. A verticalidade (o Pai), a horizontalidade (o Filho) e a profundidade (o Espírito Santo) não convivem na experiência, mas se encontram justapostas. Daí poderem surgir expressões patológicas de um princípio em si são e verdadeiro.

Um cristianismo centrado demasiadamente no Pai sem a comunhão com o Filho e a interiorização do Espírito Santo pode dar origem a uma imagem opressora de Deus, mistério aterrador, cujos desígnios parecem imprevisíveis e absolutamente abscônditos. Um cristianismo fixado no Filho sem a referência ao Pai e sem a união com o Espírito Santo pode ocasionar a autossuficiência e o autoritarismo dos líderes e dos pastores. Um cristianismo, finalmente, assentado excessivamente no Espírito Santo sem ligação com o Filho e sua última referência ao Pai favorece o anarquismo e a anomia.

Uma sociedade não pode organizar-se a partir da opressão da norma (só a imagem do Pai), nem pela dominação dos líderes (só a figura do Filho), nem pela anarquia e a insensatez dos espíritos criativos (só a figura do Espírito Santo). Ninguém (nem a pessoa nem a sociedade) subsiste sem uma referência para cima e sem a memória de sua origem (o Pai); da mesma forma ninguém (pessoal e socialmente) vive sem alimentar relações para os lados e sem cultivar a fraternidade (o Filho); finalmente, não há pessoa nem sociedade que possam se estruturar sem respeitar a dimensão pessoal e sem animar a interioridade humana (o Espírito Santo), onde se elabora a criatividade e se projetam as utopias transformadoras da história.

A pessoa precisa preservar-se sempre como um nó de relações e a sociedade como um conjunto de relações de participação e de comunhão. Só assim se evitam as patologias. A desintegração da experiência trinitária se deve à perda da memória da perspectiva principal e essencial do mistério do Deus trino que é a *comunhão* entre as divinas Pessoas. O para cima, o para os lados e o para o fundo devem coexistir e assim nos abrir o caminho certo para a reta representação do Deus cristão. Em outras palavras, o Pai está sempre no Filho e no Espírito. O Filho se interioriza no Pai e no Espírito Santo. O Espírito Santo une Pai e Filho e se une totalmente com eles. Por fim, a Trindade toda insere a criação em si mesma. A comunhão é a primeira e a última palavra do mistério trinitário. Traduzindo socialmente esta verdade de fé podemos dizer como já se disse: "a Trindade é o nosso verdadeiro programa social".

3 Dificuldades inerentes à fé monoteísta

A concepção da Trindade-comunhão encontra ingentes dificuldades para sua vivência devido à predominância da fé num único Deus e Senhor. O peso do monoteísmo, isto é, da afirmação da unicidade e unidade de Deus, é tão grande porque encontra razões de ordem histórico-social (a centralização própria do espírito moderno) e também de ordem religiosa (a organização das Igrejas a partir do princípio de autoridade) que continuamente o re-alimentam. Conviria aprofundarmos um pouco esta questão, pois nela se encontram fortes obstáculos ao processo de libertação a partir da fé[4].

a) A herança judaica

Primeiramente, o cristianismo fez-se herdeiro da grande *tradição judaica* que foi também a de Jesus. A afirmação axial do Antigo Testamento e do judaísmo histórico reside na profissão de fé de que Javé é um só e o único Deus vivo e verdadeiro. Esta proclamação foi sempre selada com o sangue dos mártires. Como então sustentar uma tríade (o Pai, o Filho e o Espírito Santo) ao lado ou juntamente com esta unicidade divina? Sempre se manteve que Deus é ab-

---

4. Cf. PANIKKAR, R. *The Trinity and the Religious Experience of Man*. Nova York, 1973, esp. p. 9-39. • MOLTMANN, J. "Kritik des christlichen Monotheismus". *Trinität und Reich Gottes*. Munique, 1980, p. 144-168. • DANIÉLOU, J. *Théologie du judéo-christianisme*. Paris, 1958, p. 169-196. Cf. tb. a nota 7, logo a seguir.

solutamente simples, não se divide nem se desdobra. Caso contrário, vigoraria a multiplicidade. E já nos encontraríamos, então, no politeísmo.

A fé cristã na Trindade Santíssima deverá assimilar, à sua maneira, a fé de nossos Pais Abraão, Isaac, Jacó, Moisés e todos os profetas e sábios. Ao dizermos Trindade não queremos multiplicar Deus. Não afirmamos apenas a unicidade de Deus, mas insistimos na unidade das três Pessoas divinas. Queremos professar que ela se dá no interior de uma absoluta comunhão.

Ademais, o cristianismo nos primeiros séculos teve que enfrentar o riquíssimo panteão greco-romano. Nada melhor que a proposição do monoteísmo para combater o *politeísmo*. Propor a Trindade, sem a reta compreensão do mistério da comunhão unificadora, significaria manter ainda certo politeísmo. Os muitos deuses seriam reduzidos a três, àqueles da Trindade. Ter-se-ia mantido, fundamentalmente, o politeísmo. Razões apologéticas e de ordem pastoral face a uma cultura vastamente politeísta tornavam imperativa a insistência no monoteísmo. Esta prevalência monoteísta debilitou a força da originalidade da experiência cristã do Deus-Trindade. A consequência mais imediata consistiu em que grande parte da exposição teológica da Trindade Santíssima se fizesse sempre a partir do Deus uno para depois chegar ao Deus trino. O monoteísmo permaneceu a ideia-matriz a partir da qual se elaborou a doutrina da Trindade. Não deveria se percorrer o caminho inverso? Na verdade, o único Deus que realmente existe se chama Pai, Filho e Espírito Santo.

b) A herança grega

Em segundo lugar, a reflexão cristã herdou a grandiosidade do *pensamento arquitetônico grego*. Tanto os antigos quanto os modernos (como por exemplo Einstein) se impactaram profundamente com a harmonia e a ordem do universo. Esta inegável racionalidade do todo demanda a existência de uma suprema Inteligência; a multiplicidade das causas supõe uma Causa última, o sem-número de entes implica um Ente absoluto. Afirmar a existência de um Ser supremo significa que Ele se faz presente em todos os entes, transluz neles e por eles se revela. Por isso, para os gregos toda a realidade se constitui num grande sacramento desvelador da inefável presença do Ser Supremo. Deus é este Ser supremo, a Causa última, a Substância infinita. À diferença do mundo que é mutável, Ele é imutável, à diferença dos seres que são mortais, Ele é imortal, à diferença dos fatos que são passageiros Ele é necessário.

Tudo, na hierarquia dos seres, termina num derradeiro ponto de convergência intransponível. O múltiplo conduz ao Uno e do Uno tudo se deriva. Destarte a ordem de todos os seres é presidida pela monarquia do único Ser supremo.

Esta reflexão de cunho filosófico reforçava a fé do Antigo Testamento acerca da Unicidade do Deus-Javé. A teologia cristã, especialmente, dos grandes mestres medievais (Santo Tomás, São Boaventura, Santo Alberto Magno e outros) incorporou em sua elaboração esta impressionante contribuição da filosofia grega. Não é sem razão que, a partir de Santo Tomás, a teologia ocidental trata primeiro do Deus uno e em seguida passa a abordar o Deus trino. Assim reassume em sua sistematização tanto a tradição veterotestamentária quanto o aporte filosófico dentro da novidade cristã do Deus-Trindade.

Cabe, entretanto, criticamente observar que esta compreensão não colhe toda a experiência da realidade. Parte da verificação inconcussa da harmonia e da ordem da criação. Mas a realidade mostra também outra face; nela há desordem, absurdos inexplicáveis pela razão analítica, há violência, desagregação e pecado. O grito do Jó inocente e o desconsolo do Adão decaído não se deixam escamotear. Como pensar Deus como Causa última e Ser supremo no transfundo da experiência do sofrimento?

Esta questão obrigou os pensadores cristãos desta linha de pensamento a elaborar a Teodiceia, quer dizer, a justificação de Deus face à realidade crua do sofrimento, especialmente dos inocentes. Como manter simultaneamente as duas afirmações: aquela da bondade de Deus e da ruindade de parcelas do mundo? Por mais razões que se puderam excogitar, o sofrimento não fica suprimido nem a ruindade sanada.

Afirmar a bondade de Deus não faz fechar a ferida aberta que continua a sangrar. Negar Deus por causa das contradições absurdas do mundo também não soluciona a questão, pois sem Deus o sofrimento continua e se agrava porque fica sem esperança.

Uma possível saída encontramos no livro de Jó: a fé em Deus leva a um protesto contra o sofrimento e a um compromisso na sua superação pela prática da solidariedade. A teologia do Servo Sofredor do Antigo Testamento mostra que Deus não se mostrou indiferente à dor de seus filhos. Ele mesmo a assumiu e a redimiu[5].

---

5. Cf. GUTIÉRREZ, G. *Hablar de Dios desde el sufrimiento del inocente* – Una reflexión sobre el libro de Job. Lima, 1986.

c) A herança do pensamento moderno

Em terceiro lugar, esta questão foi bem percebida pelo pensamento moderno. Ele acaba por reforçar a persistência do monoteísmo a-trinitário. Diz-se: o mundo não está em ordem. Mas esta pode ser criada pelo trabalho humano. O ponto de partida para a reflexão sobre Deus é menos o mundo que o homem em sua prática. É a partir das indagações humanas, da profundidade pessoal e do mistério existencial que ganha sentido a palavra Deus. Qual é o sentido último do fazer? O ser humano se define como pessoa e o espírito como liberdade.

Se o ser humano emerge como pessoa, então Deus é a Pessoa absoluta; se o ser humano surge como espírito, então Deus apresenta-se como o Espírito infinito; se o ser humano irrompe como mistério, então Deus será o Mistério abissal. Esta personalidade suprema se autocomunica, entretém um diálogo com as pessoas humanas e entra na história dos homens.

Mas este discurso se queda no nível do monoteísmo, da uma e única infinita Pessoa, do único e supremo Espírito. Esta tendência foi tanto mais reforçada quanto mais se fazia urgente enfrentar o *ateísmo* como negação sistemática de um princípio último, de um sentido dos sentidos, de uma consciência infinita.

A necessidade de responder ao ateísmo fez com que os cristãos mais se preocupassem com *um* Deus, fruto da argumentação antropológica e filosófica, do que com o testemunho da Trindade como absoluta comunhão das três Pessoas divinas.

Não admira, pois, que I. Kant tenha escrito o seguinte: "Da doutrina da Trindade não se tira, definitivamente, nada de importante para a prática, mesmo quando se pretendia entendê-la; muito menos ainda quando alguém se convence de que absolutamente supera todos os nossos conceitos. Ao aluno não custa nada aceitar que na divindade adoramos três ou dez pessoas. Para ele tanto faz uma coisa ou outra, porque não tem ideia nenhuma sobre um Deus em várias pessoas (hipóstases). Mais ainda, porque desta distinção não deriva absolutamente nenhuma pauta para a sua conduta"[6].

Esta observação de Kant revela que a Trindade, na compreensão comum, havia se transformado num mistério lógico e deixado de ser um mistério de nossa salvação. Fora reduzido mais a uma curiosidade do que a uma realidade que nos concerne porque esclarece nossa própria existência e nos comunica a estrutura última do universo e da vida humana: a comunhão e a participação. Daí resultam práticas e pautas para o comportamento social e pessoal, como haveremos ainda de detalhar posteriormente.

4 Riscos políticos de um monoteísmo a-trinitário

Se Kant não viu nenhuma consequência prática do mistério da Trindade, outros, em contrapartida, mostraram perigosas consequências políticas e religiosas do monoteísmo desvinculado de uma concepção trinitária de Deus[7].

---

6. *Der Streit der Fakultaten*. Vol. VIII. Berlim, 1917, p. 38-39.

7. Cf. CONGAR, Y. "O monoteísmo político da Antiguidade e o Deus-Trindade". *Concilium*, 163, 1981, p. 38-45. • DVORNIK, F. *Early Christian and Byzantine Political Philosophy* – Origins and Backgrounds. 2 vols. Washington, 1966. • PETERSON, E. "Der Monotheismus als politisches Problem". *Theologische Traktate*. Munique, 1951, p. 45-158. • MOLTMANN, I. *Reich Gottes und Trinität*. Op. cit., p. 207-220. • FORTE, B. *Trinità come storia*. Turim, 1985, p. 13-24.

O monoteísmo estrito pode justificar o totalitarismo e a concentração do poder numa única pessoa, seja política seja religiosa. Aqui se verifica uma curiosa dialética: concepções autoritárias podem ocasionar a compreensão de um monoteísmo rígido, bem como a visão teológica do monoteísmo a-trinitário pode servir de justificação ideológica de um poder concentrado numa única pessoa, como o príncipe, o monarca e o líder religioso.

Tais consequências não ficaram nas especulações. Já nos primeiros séculos do cristianismo, pensadores houve que fizeram tais correspondências como estas: assim como Israel é um único povo mediante a fé num único Deus, assim também a humanidade, agora dividida em muitas nações e línguas, voltará a ser uma única humanidade sob o império de um único senhor político; assim como há um único Senhor no céu, deve haver um único senhor na terra; assim como existe um único Deus, assim também deve imperar uma única realeza e uma única monarquia[8]. Destarte justificavam o absolutismo dos imperadores cristãos.

Nos tempos modernos, do absolutismo dos reis, ideólogos houve que argumentavam de maneira semelhante: o rei com poder absoluto é a imagem e semelhança de Deus absoluto. Assim como Deus está acima de todas as leis (*Deus legibus solutus est*), assim também o príncipe está acima de todas as leis (*princeps legibus solutus est*). É o arbítrio do soberano que funda as leis, não a verdade e a justiça.

---

8. Cf. o exemplo dado por I. Moltmann, de absolutismo político-religioso. Dizia Gengis Khan: "No céu não há outro senão o único Deus; na terra nenhum outro senão o único senhor Gengis Khan, o filho de Deus" ("A unidade convidativa do Deus uno e trino". *Concilium*, 197, 1985, p. 55).

Novamente se justificavam, por razões teológicas, os reis absolutistas cristãos.

Esta compreensão rígida do monoteísmo conduziu à prepotência de um lado e ao submetimento do outro; levou ao arbítrio e ao absolutismo de uma parte e à dependência e servidão de outra. O exercício da liberdade como prática coletiva é interditado; somente o soberano é livre, os demais são servos. O aprendizado da democracia por parte dos cidadãos foi enormemente prejudicado por este tipo de ideologia introjetada na cabeça do povo, cujas consequências sentimos até os dias de hoje[9].

O monoteísmo a-trinitário pode outrossim abrir caminho para uma concepção pouco flexível da *unidade da Igreja* e uma visão monopolística do poder sagrado. Assim como no céu há uma só cabeça (Deus), assim também deve haver uma só cabeça na Terra que o represente, o papa. Já Santo Inácio de Antioquia († 104) fundava a unidade da comunidade eclesial com o seguinte raciocínio: um único Deus, um único Cristo, um único bispo, uma única comunidade local. A função do papa é compreendida como serviço à unidade; mas em amplos setores religiosos esta unidade é representada dentro do esquema monárquico-monoteísta: uma Igreja, um papa, um Pedro, um Cristo e um Deus. Houve épocas em que o papa era considerado como o Deus visível sobre a Terra, o "Deus terrenus"[10]. Quem ousava

---

9. O paternalismo social e o patriarcalismo político das sociedades latino-americanas encontram em certa pregação cristã de Deus como único Senhor (patrão celeste) uma permanente re-alimentação ideológica. Nesta tradição antidemocrática ensinava Donoso Cortés: "Tudo para o povo, mas nada pelo povo". A. Lincoln, ao invés, dizia: "Tudo para o povo e pelo povo".

10. Cf. CONGAR, Y. L'Ecclésiologie du Haut Moyen-Âge. Paris, 1978, p. 388-389.

quebrar aquele tipo de unidade corria o risco da excomunhão ou devia se submeter totalmente. Consoante isso, ao papa competia a *suprema potestas* e não estava sujeito às leis positivas da Igreja.

Esta concepção origina um modelo de Igreja piramidal, com a concentração do poder sagrado apenas num lado (Hierarquia) e a depotenciação completa do outro (leigos). Tal forma de conceber e organizar a unidade não propicia a emergência de uma comunidade de irmãos e de irmãs (a não ser metaforicamente) ou de uma Igreja toda ela ministerial.

Existe ainda uma outra derivação política do monoteísmo cujos desdobramentos vigoram vastamente ainda em nossa cultura: o patriarcalismo e o paternalismo. O único Deus foi representado como o grande Patriarca, Pai supremo e Senhor absoluto. Atribuíram-se a Ele os predicados dos potentados absolutos da nossa cultura, seja ao nível familiar (o domínio do pai) seja ao nível social (o domínio absoluto de César ou do príncipe). Desta forma a dominação sócio-histórica do pai sobre a família, do macho sobre a fêmea, das figuras masculinas sobre aquelas femininas encontraram, numa representação unitarista de Deus, suas raízes e sua justificação teológico-ideológica. Deus vem concebido só como Pai e não também como Mãe de infinita ternura ou simultaneamente como Pai e Mãe eternos. A exclusividade da figura do Pai atribuída a Deus impediu que a experiência religiosa das mulheres e dos homens fosse integradora e mais humanizadora[11].

---

11. Cf. os estudos de MAYR, F.K. "Trinitatstheologie und theologische Anthropologie". *Zeitschrift für Theologie und Kirche*, 68, 1971, p. 427-477. • MAYR, F.K. "Patriarchalisches Gottesverständnis". *Theologische Quartalschrift*, 152, 1972). • MAYR, F.K. *"Die Einseitgkeit der traditionellen Cotteslehre". Erfahrung und Theologie des Heiligen Geistes*. Munique: C. Heitmann/H. Mühlen, 1974, p. 239-272.

Estas distorções políticas e religiosas podem ser profundamente corrigidas com a volta ao Deus-Trindade dos cristãos. Da Trindade resultam importantes consequências, insuspeitadas para Kant, vítima do seu Deus único, postulado da razão prática. Os ditadores e tiranos jamais podem tirar do Deus-Trindade argumentos que legitimem sua prepotência absolutista. Isso porque a unidade de Deus é menos a unicidade do único Princípio, que a unidade das Pessoas divinas, Pai-Filho-Espírito Santo. Elas estão num permanente e eterno envolvimento de comunhão plena, sem fazer da diferença própria de cada Pessoa razão para a prevalência de uma sobre a outra. Esta comunhão completa das Pessoas, a pericórese plena de uma na outra, pela outra, para a outra e com a outra, destrói a figura do Monarca universal único e solitário, substrato para a ideologização do poder totalitário e excludente. Somente a comunidade humana de irmãos e de irmãs, urdida de relações de comunhão e de participação, pode ser o símbolo vivo da Trindade eterna.

De forma semelhante a *communio/koinonía* (comunhão) é muito mais adequada do que aquela da *potestas sacra* para se entender por dentro a Igreja. Como uma rede de comunidades que vive a comunhão com os irmãos/irmãs e a participação em todos os bens, a Igreja se constrói a partir da Trindade e se faz seu sacramento histórico.

A unidade da Igreja, para além do poder sagrado colocado à responsabilidade de Pedro e de seus sucessores, é realizada pela própria Trindade, cujo modelo o próprio Cristo apontou no seu sermão de despedida: "Que todos sejam uma mesma coisa como Tu, Pai, estás em mim e eu em ti, para que eles estejam em nós e o mundo creia que

Tu me enviaste" (Jo 17,21). Novamente, emerge a ideia da comunhão e da mútua inserção como geradora de unidade dinâmica e integradora. Deus não é tanto um Poder solitário, mas um Amor infinito que se oferece para gerar outros companheiros no amor.

À luz do mistério de comunhão entre as divinas Pessoas pode-se projetar um modelo de Igreja realmente liberada e princípio de libertação. Aparece uma Igreja, comunidade de irmãos e irmãs, reunida ao redor do Filho enviado pelo Pai de bondade a fim de, no dinamismo do Espírito, levar avante, de forma consciente e comprometida, o Reino de Deus que irrompe sempre que triunfa a vida justa e a liberdade pessoal e social.

Este modelo de Igreja, inspirado na comunhão trinitária, concretiza-se pela divisão mais equitativa do poder sagrado, pelo diálogo, pela abertura a todos os carismas galardoados aos membros da comunidade, pela superação de todo tipo de discriminação, especialmente aquela de origem patriarcal e machista, pela busca permanente do consenso a ser construído mediante a participação organizada de todos.

5 A união integradora das três divinas Pessoas

Para superarmos os impasses ocasionados por uma compreensão estreita do monoteísmo, seja pré-trinitário (nas religiões superiores e no judaísmo), seja a-trinitário (que não toma em consideração a trindade de Pessoas), devemos voltar ao Deus cristão, ao Pai, ao Filho e ao Espírito Santo. As Pessoas eternas coexistem umas dentro das outras. Um dinamismo de vida e de amor as une de tal forma que se constituem a si mesmas numa união integradora, plena e completa. Trata-se da união pericorética, como analisaremos com mais detalhe posteriormente, quer dizer, temos a ver com a unidade própria da Trindade de Pessoas igualmente eternas, onipotentes e amorosas. Esta unidade se constitui pela abertura essencial de uma Pessoa à outra, mais ainda, pela interpenetração de uma na outra de tal forma que são sempre uma com a outra. Esta unidade está aberta para fora, pois insere as pessoas amadas, também as perdidas que buscam perdão e o universo em sua totalidade.

A concepção trinitária de Deus nos propicia uma experiência global do mistério divino. Cada ser humano se move dentro de uma tríplice dimensão: na da transcendência, da imanência e da transparência.

Pela *transcendência* ele se ergue para cima (ou para o fundo), rumo às origens de si mesmo e às referências supremas. O Pai emerge nesta experiência, pois Ele é o Deus da origem sem ser originado, é o Deus do princípio sem ter principiado, é o Deus da fonte da qual tudo promana. É a referência última.

Pela *imanência* o ser humano se encontra consigo mesmo, com o mundo a ser organizado, com a sociedade que ele constrói em relações horizontais e verticais. A imanência constitui o espaço da revelação humana. O Filho é por excelência a revelação do Pai; em sua encarnação assume a situação humana como é, em sua grandeza e decadência. Ele quer uma sociedade fraterna e sororal (horizontal) que reconhece suas raízes (vertical).

Pela *transparência* queremos ver unida a transcendência com a imanência, o mundo humano com o mundo divino, a tal ponto que, respeitadas as diferenças, façam-se transparentes. No esforço humano queremos experimentar o dom de Deus; anelamos por um novo coração e pela transformação do universo. O Espírito Santo constitui a força de amorização divina e humana, a transfiguração de tudo.

Que seria o ser humano se não tivesse Pai, se não se enraizasse em algo maior e não fosse envolvido num mistério de ternura e de aconchego? Seria como um bólido perdido no espaço e um peregrino sem rota e sem rumo.

Que seria de nós se não tivéssemos o Filho, se não soubéssemos de onde viemos, se não acolhêssemos a cada instante a vida recebida como dom, se não pudéssemos amar o Pai maternal ou a Mãe paternal? Que seria da pessoa humana se não tivesse relações dialogais e fraternas, se não pudesse abrir-se a um tu? Não seria apenas um peregrino sem rota e sem rumo, seria um caminhante solitário num mundo agressivo e opaco.

Que seria do ser humano sem o Espírito Santo, sem um mergulho em seu próprio coração, sem a força de ser e de transformar a criação? Seria um peregrino sem entusiasmo e privado da coragem necessária para a caminhada. Sem o Espírito não poderíamos crer em Jesus nem entregar-nos confiadamente ao regaço do Pai.

Assim como a transcendência, a imanência e a transparência constituem a unidade dinâmica e integral da existência, de forma análoga o Pai, o Filho e o Espírito Santo se unificam integradoramente na comunhão recíproca plena e essencial. Cada pessoa humana surge como imagem e semelhança da Trindade; o pecado introduz uma ruptura nesta realidade, sem destruí-la totalmente. A sociedade foi eternamente querida por Deus para ser sacramento da comunhão trinitária na história; o pecado social e estrutural denigre esta vocação que sempre permanece como um chamamento a ser atendido mediante as libertações históricas que visam criar as condições para que o Pai, o Filho e o Espírito Santo possam ser significados no tempo.

II
Como se nos revelou a Santíssima Trindade

Comumente e com razão se diz que o mistério da Santíssima Trindade constitui o coração do cristianismo, porque temos a ver com Deus mesmo assim como Ele mesmo é, quer dizer, como Pai, Filho e Espírito Santo. Se assim é, esperaríamos que esta verdade fontal viesse testemunhada com todas as palavras nos textos fundadores de nossa fé que são as Escrituras. Na verdade, nelas não encontramos as expressões próprias utilizadas pelas Igrejas para exprimir sua fé, como três Pessoas, uma natureza, processões, missões etc. Isto não significa que as Escrituras não nos comuniquem a revelação da Trindade; no-la comunicam de forma plena, mas de uma outra maneira. Tal constatação nos obriga a distinguir adequadamente entre *doutrina* da Santíssima Trindade e *realidade* da Trindade Santíssima.

1 Doutrina e realidade da Santíssima Trindade

A doutrina trinitária representa a elaboração humana e sistemática acerca da realidade transubjetiva da Santíssima Trindade. A doutrina supõe a revelação da Santíssima Trindade enquanto Trindade e significa o esforço humano e rigoroso de aprofundamento deste mistério. Neste sentido, a doutrina trinitária possui sua longa história, com várias tendências, caracterizada pelo acúmulo imenso de reflexões, desvios e definições dogmáticas que a comunidade de fé estabeleceu durante os séculos.

A realidade da Santíssima Trindade não depende das doutrinas. O Pai, o Filho e o Espírito Santo sempre estiveram na história dos homens e das mulheres, comunicando seu amor, inserindo o devir humano dentro da comunhão divina das três Pessoas. Em outras palavras, a realidade da Trindade não se expressa apenas nas doutrinas ou nas frases que porventura viermos a identificar nas Escrituras acerca das três Pessoas. Primeiramente, a Trindade é um fato; somente depois é uma doutrina sobre este fato. Porque é primeiramente um fato que sempre esteve presente na vida humana, em qualquer época de sua evolução, podemos falar de emergências da consciência trinitária na história, até a sua plena conscientização no Novo Testamento.

Podemos falar com razão de preparações da *revelação* da realidade trinitária antes do evento cristão, seja nos acontecimentos e palavras do Antigo Testamento, seja nas religiões do mundo e nos acontecimentos históricos. A Trindade presente na história foi se desvelando lentamente, deixando-se descobrir pela reflexão devota dos homens e das mulheres até que Jesus Cristo e o Espírito Santo no-la revelaram plenamente, porque estas duas Pessoas entraram hipostaticamente em relação conosco. O Novo Testamento testemunha a presença encarnatória do Filho e pneumatificadora do Espírito Santo, seja pelo próprio acontecimento em si, seja pelas palavras reveladoras do sentido deste acontecimento.

2 As duas mãos do Pai que nos tocam: o Filho e o Espírito Santo

Jesus Cristo se mostra como Filho de Deus-Pai por suas palavras, suas orações, suas práticas libertadoras, sua morte e ressurreição na força do Espírito. É Ele que nos revela a Santíssima Trindade. Também o Espírito presente em Maria, formando a santa humanidade de Cristo, descendo sobre Jesus no batismo, fazendo-o portador permanente do Espírito, transfigurando-lhe a realidade terrestre pela ressurreição, animando com fogo os corações dos apóstolos é quem nos revela o Deus-*Abba* e o mistério do Filho de Deus.

Santo Ireneu († 208) nos diz que o Filho e o Espírito constituem as duas mãos pelas quais o Pai nos toca e nos molda à sua imagem e semelhança[1]. Eles foram enviados ao mundo para armarem sua tenda entre nós, assumirem a nossa própria situação em ordem à salvação e à inserção na comunhão trinitária.

Estes dois eventos terminais são absolutamente reveladores de Deus assim como Ele mesmo é em si mesmo, porque implicam que o Filho e o Espírito se comunicaram a nós totalmente, sem resíduo e sem resto. Eles inauguraram um tempo novo para nós e também para Eles. Olhando para Eles, atentos às suas ações e às suas comunicações, descobrimos a presença densa das três Pessoas trinitárias. Fora deste acontecimento de infinita ternura do Pai por seu Filho na união com o Espírito nossas ideias sobre a Trindade não passariam de especulações ou de afirmações sem uma averiguação concreta.

---

1. *Adv. Haer.*, V, 6, 1.

Este fato foi inicialmente acolhido como deve ser: no louvor, na alegria do coração que se abre para agradecer e celebrar. Portanto, a *atmosfera litúrgica* constituiu o ambiente em que se expressou a fé na Trindade Santíssima. As doxologias, quer dizer, as orações de louvor e glória (é o sentido grego de doxa) como ainda hoje caracterizam nossas celebrações, são os primeiros testemunhos de reconhecimento da Trindade pela fé da comunidade orante. Tudo procede do Pai pelo Filho no Espírito Santo e deve retornar, em glória e ação de graças, ao Pai, pelo Filho no Espírito Santo[2]. O primeiro filósofo cristão São Justino († 167) recomendava: "nós [...] por tudo o que tomamos como alimento, bendizemos ao Criador universal mediante seu Filho Jesus Cristo e mediante o Espírito Santo"[3].

A *prática sacramental,* principalmente do batismo e da Eucaristia, constituem o segundo ambiente em que se professava a fé na Trindade. Já no Evangelho de São Mateus se conserva a prática da Igreja primitiva de batizar em "nome do Pai, do Filho e do Espírito Santo" (Mt 28,19). As anáforas eucarísticas mais antigas como aquela da Tradição Apostólica se estruturam igualmente em forma trinitária.

As práticas batismal e eucarística conduzem para as primeiras insinuações de *profissões de fé* da verdade trinitária. Em Paulo lemos em perspectiva litúrgica: "A graça de Nosso Senhor Jesus Cristo, e o amor de Deus (-Pai) e a comunhão do Espírito Santo estejam com todos vós" (2Cor 13,13).

---

2. Cf. HAMMAN, A. "A Trindade na liturgia e na vida cristã". *Mysterium Salutis*, II/1. Petrópolis, 1972, p. 119-130.

3. *Apologia* I, 67.

A terceira situação que levou a identificar com plena consciência a verdade trinitária é a *reflexão teológica* acerca da natureza de Cristo e do Espírito Santo. Ao definirem, no meio de profundas discussões, que Jesus morto e ressuscitado era Filho de Deus, da mesma natureza do Pai, e igualmente o Espírito Santo, Senhor e fonte de vida, também com a mesma natureza do Pai e do Filho, estabeleciam os cristãos do século IV e V, de fato, uma formulação doutrinária sobre o Deus cristão.

Desta forma, a Santíssima Trindade aflora como o fundamento último da visitação salvadora do Pai por seu Filho encarnado em Jesus e por seu Espírito pneumatificado nos agraciados e na Igreja. Se não admitirmos a Trindade se torna para nós totalmente impossível afirmar o que a fé dos Apóstolos e de todos os tempos professaram acerca de Jesus Cristo e de seu Espírito, quer dizer, que são realmente Deus presente em nossa carne histórica, como enviados por Deus-Pai.

Vejamos mais especificamente a forma como a Trindade se revelou na vida e nas palavras de Jesus e na atuação do Espírito Santo[4]. Não podemos pretender um trabalho detalhado. Baste-nos a direção e os elementos essenciais.

3 Jesus, o Filho, revela o Pai de infinita bondade

O Deus de Jesus não é uma ilustração daquilo que, por outros caminhos, sabíamos de Deus. Propriamente Jesus não se refere doutrinariamente sobre o seu Deus, respondendo a

---

4. Cf. SCHIERSE, F.J. "A revelação trinitária neotestamentária". *Mysterium Salutis*, II/1. Op. cit., p. 77-117. • WAINWRIGHT, A.W. *La Trinidad en el Nuevo Testamento*. Salamanca, 1976. • VV.AA. *La Trinidad en la Biblia*. Salamanca, 1973 [Semana de Estudios Trinitarios, 6]. • PASTOR, F.A. "Kerygma bíblico e ortodoxia trinitária". *Semântica do mistério*. São Paulo, 1982, p. 5-22.

uma pergunta comum: Quem é Deus? Jesus responde quem é Deus na medida em que mostra *como* age Deus.

a) A simbólica política: o Deus do Reino

Como age Deus? Para aclará-lo Jesus toma uma figura tirada da simbólica política. Fala inúmeras vezes do Reino de Deus. Deus age construindo e instaurando o Reino. Reino não constitui um território, mas o modo de atuar de Deus, mediante o qual se faz senhor sobre toda a sua criação; trata-se, portanto, do exercício do poder que vai libertando de tudo o que se nega e se rebela contra Deus e vai inaugurando o desígnio último de Deus que é vida em comunhão, em fraternidade e em justiça. Este senhorio de Deus não tem como analogia o sátrapa antigo ou o déspota moderno, solitários em seu poder, sozinhos sobre todos, mas a ceia onde todos se sentam juntos para festejar, a cidade nova onde todos são irmãos/irmãs e Deus no meio dos filhos/filhas servindo a todos. Portanto, as imagens da comunhão e da participação configuram a forma do senhorio de Deus.

Jesus se entende como o proclamador e realizador deste Reino, pois Ele mesmo se sente parte essencial dele: "Se eu expulso demônios com o dedo de Deus é sinal de que certamente o Reino de Deus chegou até vós" (Lc 6,20). A prática de Jesus é instauradora do Reino porque é uma prática de comunhão com os pobres, de reconciliação com os pecadores, de convivência com todos, particularmente, com os marginalizados e de serviço indiscriminado a cada um que encontra.

Esta prática de Deus e de Jesus revela que a natureza de Deus é comunhão e não a solidão do Uno, é extravasão de vida para aqueles que mais a sentem ameaçada como os doentes e pobres. Esta comunhão se revela diafanamente na relação de Jesus para com o seu Deus.

b) A simbólica familiar: Abba, *Paizinho de infinita bondade*

Os evangelhos nos conservaram a originalidade da experiência de Jesus com seu Deus[5]. Trata-se de algo extremamente íntimo e único, pois Jesus o expressou por uma palavra tirada da simbólica de comunhão familiar, *Abba*, que na linguagem infantil significava *Papaizinho*. Era na oração, quase sempre feita a sós (cf. Mc 1,35; 6,46; 14,32-42; Lc 3,21; 5,16; 6,12; 9,28; 11,1), que Jesus invocava o seu Pai.

Este Pai revela-se de infinita bondade, porque não espera que as mulheres e os homens o procurem. Ele mesmo vai em procura das filhas e dos filhos, especialmente dos extraviados e doentes. Assim, nas parábolas de Jesus, Ele é apresentado como alguém que "ama os ingratos e maus" (Lc 6,35), Deus dos pecadores e não dos justos (Lc 15,7), Pai do filho pródigo (Lc 15,11-32), da moeda perdida (Lc 15,8-10), da ovelha extraviada (Lc 15,4-7; Mt 18,12-14). Evidentemente é também o Pai bondoso para com os filhos sadios e que lhe permaneceram fiéis em casa (Lc 15,31); entretanto, mostra-se misericordioso para com os deserdados e perdidos como a Parábola do Filho Pródigo o demonstra exemplarmente.

Esta experiência de intimidade do Paizinho não se transforma numa doutrina, mas numa prática para Jesus. Ele

---

5. Cf. MARCHEL, W. *Dieu-Père dans le Nouveau Testament*. Paris, 1966. •
BOFF, L. *O Pai-nosso* – Oração da libertação integral. Petrópolis, 1979, p. 35-52.

mesmo, à imitação do Pai nos céus, torna-se solidário para com todos os desprezados; estes são os primeiros destinatários de sua mensagem (Lc 6,20) e no comportamento para com eles faz decidir a salvação ou a perdição (Mt 25,31-46).

Com esse Deus, por um lado, Jesus se relaciona, reza a Ele, numa palavra, deixa transparecer uma distância e diferença apesar de toda intimidade. Por outro lado, Jesus age no lugar deste Pai, comporta-se como aquele que instaura o Reino do Pai, identifica-se com o Pai. Quem reza a Deus invocando-o de Paizinho, é sinal que se sente seu Filho de verdade (Mt 11,25-27; Mc 12,1-9; 13,32). Efetivamente é assim que Ele se autodenomina, para expressar sua consciência de filiação.

4 Em Jesus se revela o Filho eterno que se fez carne

Mais que anunciar-se explicitamente como Filho, Jesus se comportou e viveu como Filho de Deus. Sua prática de vida revela uma autoridade que se situava na esfera do Divino. Isso não passou totalmente despercebido dos judeus, que acabaram condenando a Jesus não apenas por divergências na interpretação das tradições e dos preceitos legais, mas porque se deram conta da suprema autoridade que havia assumido, própria do próprio Deus. Não apenas representava Deus no mundo, mas o tornava visível e palpável na sua bondade e misericórdia. Perdoa pecados, introduz algo novo para além da Lei e da Tradição, coisas que se tributavam exclusivamente a Deus (Mc 2,8). Os judeus bem diziam: "Ele se fez igual a Deus" (Jo 5,18).

Mais ainda, Jesus exige fé nele mesmo. É verdade que esta fé vem conectada com histórias de milagres e de curas.

Mas é exatamente em tais situações que se revela, na prática densa da história, o que significa de fato ser Filho de Deus. O beneficiado da ação libertadora de Jesus (o leproso, o cego, a mulher corcunda etc.) se dá conta de que está sob a força do poder personalizado de Deus que cura e salva. Jesus atua como quem tem em si a fonte do poder divino. Não suplica ao Pai a força miraculosa, mas age miraculosamente como quem é detentor do poder de Deus. Na pessoa e prática de Jesus, aquilo que é impossível ao homem se torna possível por Jesus (Mc 10,27).

Mais que buscar frases nas quais Jesus mostra sua consciência de Filho (cf. Mt 11,25-27; Mc 12,1-9; 13,32), devemos nos fixar nas suas atitudes. Elas falam de forma mais persuasiva e globalizante. Entretanto, queremos nos deter em duas passagens que mostram bem a relação de Jesus como Filho para com seu Deus-Pai.

Lc 10,21-26 (Mt 11,25-27): "Naquela mesma hora Jesus se sentiu inundado de alegria no Espírito Santo e disse: 'Graças te dou, Pai, Senhor do céu e da terra, porque escondeste estas coisas dos sábios e prudentes, e as revelaste aos pequeninos. Sim, Pai, porque assim foi de teu agrado. Tudo me foi entregue pelo Pai. Ninguém conhece quem é o Filho senão o Pai e quem é o Pai senão o Filho e aquele a quem o Filho quiser revelar'".

Primeiramente notamos aqui a presença das três Pessoas divinas. É o Espírito que nos revela a presença do Filho na figura humilde de Jesus de Nazaré. O Filho, por sua vez, nos revela o Pai. É louvando e não especulando que temos acesso a este mistério. Por isso o ambiente em que nos é comunicada a revelação da Santíssima Trindade é aquele litúrgico-doxológico. Aqui todos, também os sábios e prudentes, devem aprender a rezar a Deus como rezam as crianças, chamando-o de Paizinho. Devem esquecer-se que são sábios e prudentes, porque sua prudência e sabedoria não alcança entender a comunhão dos Três sem multiplicar Deus. Sem a devoção, a reflexão rebaixa a verdade da fé e impede o acesso à sua compreensão; só quem se fizer pequenino entenderá a revelação.

"Tudo me foi entregue pelo Pai": este "tudo" deve ser tomado em seu sentido mais forte. Primeiramente, o Filho recebe do Pai a missão de instaurar o Reino que é Reino do Pai. Em seguida recebe todo o conhecimento sobre quem é o Pai para comunicá-lo aos outros. Por fim, aquilo que faz o Filho ser Filho é recebido do Pai. Há aqui uma insinuação de que o Filho esteja na mesma altura da realidade do Pai.

"Ninguém conhece quem é o Filho senão o Pai e quem é o Pai senão o Filho e aquele a quem o Filho quiser revelar." Nesta passagem nos confrontamos com um conhecimento exclusivo; há um segredo no mútuo relacionamento que é impenetrável por um terceiro. O Pai possui uma anterioridade ao Filho. O conhecimento que o Pai tem do Filho é fundado no fato de o Pai dar origem ao Filho. O Filho tudo recebe do Pai. Porque recebeu tudo, somente o Filho conhece verdadeiramente o Pai. O conhecimento neste caso não significa apenas uma operação intelectual; antes de mais nada é um reconhecimento, um encontro de duas intimidades e de um mesmo processo de comunhão e mútua entrega. Por isso o Pai pode expressar seu conhecimento em forma de amor: "Este é o meu Filho muito querido" (Mt 3,17). E Jesus pode retrucar: "Meu *Abba*, meu Paizinho" (Jo 20,17).

Quem revela aos demais o Pai é somente o Filho. Ele é o permanente e insubstituível caminho para o mistério último que chamamos Pai. Não poderemos mais, de ora em diante, falar do Pai sem antes falar do Filho. Somente Ele nos dá a verdadeira indicação de como age o Pai e assim de como Ele, de fato, é. Por isso, para sabermos quem é o Pai, devemos observar como age o Filho. Sua prática e suas palavras nos abrem acesso ao Pai. Não se trata de uma abordagem abstrata e metafísica, mas de uma história, melhor, de uma gesta reveladora do Pai no caminho de seu Filho no meio dos filhos/filhas. Portanto, não basta crer no Filho em termos de pura profissão de fé, desgarrada da ética, mas de um seguimento que nos faz descobrir Jesus como Filho. Esta descoberta nos faz amar a pessoa do Filho e assim amar o Pai a quem o Filho sempre reenvia. A ética nos leva à ontologia, o seguimento nos conduz ao credo. Jesus mesmo estabeleceu para nós esta ordem: "Por que me chamais Senhor, Senhor! e não fazeis o que vos digo?" (Lc 6,46).

O outro texto de fundamental importância vem formulado pela teologia de São João, o apóstolo que penetrou, melhor do que qualquer outro, no segredo de Jesus como o Filho de Deus: "Eu e o Pai somos *uma mesma coisa*" (Jo 10,30); "Que todos sejam uma mesma coisa como Tu, Pai, estás em mim e eu em ti, para que eles estejam em nós e o mundo creia que Tu me enviaste" (Jo 17,21).

Observemos que o texto não diz "Eu e o Pai *é* um (*heis* em grego)", mas diz "somos uma mesma coisa", vale dizer, somos uma realidade de comunhão. Esta comunhão se explicita melhor em Jo 17,21: trata-se de um estar no outro; cada qual é ele mesmo; não é o outro; mas estão de tal forma abertos um ao outro e um no outro que formam uma mesma coisa, vale dizer, são Deus. Cabe à reflexão teológica aprofundar esta afirmação em chave trinitária, como o fez a Igreja de forma sistemática a partir dos séculos III ao V e até os dias de hoje.

5 Na vida e ação de Jesus eclode a revelação do Espírito Santo

Mais que por palavras, é pelas ações de Jesus e na sua gesta libertadora que se revela o Espírito Santo. As referências de Jesus ao Espírito Santo são muito parcas (cf. Mc 3,28-30; Jo 14,16s.), mas nem por isso a realidade do Espírito deixa de fazer-se permanentemente presente[6]. Os evangelhos, particularmente Lucas, apresentam-no não simplesmente como um carismático que esporadicamente vem possuído pelo Espírito. A própria encarnação do Filho é apresentada como obra do Espírito (Lc 1,35; Mt 1,20), portanto, Jesus está cheio do Espírito desde o seu início. Sobre ele desce o Espírito por ocasião de seu batismo por João Batista (Mc 1,9-11; Lc 3,21-22; Jo 1,32-33); sentindo-se ungido pelo Espírito lança o seu programa messiânico (Lc 4,18). É o Espírito que o "impele ao deserto" (Mc 1,12) e de lá volta "na força do Espírito para a Galileia" (Lc 4,14). O Espírito constitui aquela força (*dynamis*) e aquela autoridade (*exousía*) com as quais opera milagres e gestos libertadores (Mc 3,20-30). Explicitamente diz Jesus: "Se expulso demônios pelo Espírito de Deus, é sinal de que chegou até vós o Reino de Deus" (Mt 12,28).

Esta força que é o Espírito, habita em Jesus, brota dele de uma forma que o deixa surpreso, como no caso da cura

---

6. Cf. CONGAR, Y. *El Espiritu Santo*. Barcelona, 1983, p. 41-89.

da hemorroíssa: "Jesus percebeu logo que dele saíra uma força" (Mc 5,30). Esta força que está em Jesus e, ao mesmo tempo, é diferente de Jesus, significa aquilo que mais tarde a comunidade apostólica vai chamar a presença do Espírito Santo. Esta presença do Espírito se patenteou no evento da Ressurreição. Aí Jesus segundo a carne se vê totalmente transfigurado pela força do Espírito. Na linguagem paulina, ele se transforma em corpo espiritual, vale dizer, uma realidade que assume as características do Espírito que implica plenitude de vida divina (cf. 1Cor 15,45).

Concluindo esta parte podemos dizer: Jesus revela um Deus-Pai na medida em que este Deus-Pai instaura seu Reino, mostra sua misericórdia e devolve a liberdade aos homens. Jesus mesmo se revela como Filho na medida em que em nome e no lugar de Deus-Pai inaugura a prática histórica do Reino que é de liberdade, comunhão com os marginalizados e de confiança ilimitada no Pai. Nesta prática de Jesus se mostra também a ação libertadora do Espírito, tergiversada pelos adversários como obra de Belzebu (Mc 3,22), obra do espírito impuro e não do Espírito santo. A Trindade não pode ser compreendida fora deste contexto libertador; ela não constitui uma curiosidade teológica que tenha valor por si mesma; trata-se sempre de uma realidade de comunhão que nos redime, liberta e devolve nossa humanidade mais enriquecida e plena[7]. Por isso a Trindade é um mistério salvífico, revelado para nossa salvação.

---

7. Cf. ECHEGARAY, H. *A prática de Jesus*. Petrópolis, 1982, p. 133-159. • DUQUOC, C. *Dios diferente*. Salamanca, 1978, p. 39-51.

6 O Espírito Santo na história revela o Filho e o Pai

Dizíamos que o Espírito constitui a outra mão pela qual o Pai nos alcança para nos libertar. Ele, à semelhança do Filho, armou sua tenda entre nós, primeiro em Maria por ocasião da concepção de Jesus (Lc 1,35: "O Espírito Santo virá sobre ti"), depois sobre o próprio Jesus em seu batismo, finalmente sobre toda a comunidade apostólica reunida ao redor de Maria em Pentecostes (At 2).

Como nos revela o Espírito Santo em sua ação, o mistério trinitário? Seria longo e exigiria muita minúcia penetrar na concepção paulina e joaneia do Espírito, nem sempre clara e fácil[8]. Mas em ambos os teólogos se percebe uma linha mestra que sempre volta sob formulações das mais variadas: o Espírito nos conduz à descoberta de Jesus como Filho de Deus e é Ele que nos permite clamar *Abba*, Paizinho.

Em primeiro lugar, o próprio Espírito se mostra como Deus. Ao longo de todo o processo revelador o Espírito constitui a *força* ativadora de Deus na história. Neste sentido Ele significa o próprio Deus enquanto age, inova, abre caminhos novos na história com os homens e as mulheres e com a criação. Afora algumas poucas exceções, o Espírito sempre foi aceito como Deus, o que não ocorreu com facilidade para Jesus.

A obra do Espírito, entretanto, reside fundamentalmente em revelar para todos o Filho e atualizar a gesta libertadora do Filho. O acesso ao Filho se dá pelo Espírito. Por isso Ele, com razão, é chamado de Espírito de Cristo (Rm 8,9), ou Espírito do Senhor (2Cor 3,17; Fl 1,19)

---

8. Cf. com detalhes de análises: SCHIERSE, F.J. *A revelação trinitária*. Op. cit., p. 102-113. • FORTE, B. *Trinità come storia*. Turim, 1985, p. 27-59.

ou também de Espírito de seu Filho (Gl 4,6). O Espírito constitui como que a atmosfera que propicia o encontro do Filho com os batizados, formando com Ele um só corpo (1Cor 12,13). Por isso, consequentemente se atribuem a Ele funções intercambiáveis com aquelas do Filho. Ambos estão nos batizados (1Cor 1,30; 2Cor 5,7 com Rm 8,9); tanto o Filho quanto o Espírito moram nos corações dos fiéis (Rm 8,10; 2Cor 13,5; Gl 2,20 com Rm 8,9; 1Cor 3,16). Assim se diz igualmente da paz, da caridade, da glória e da vida do Espírito e do Filho que foram infundidas nos batizados.

Este Espírito também é aquele que "sonda as profundezas de Deus [-Pai] [...]. Ninguém conheceu o que há em Deus senão o Espírito de Deus" (1Cor 2,11). O Espírito nos conduz a Deus reconhecido como *Abba*. São João na sua teologia trinitária nos faz compreender o porquê. Porque o "Espírito sai do Pai" (Jo 15,26), o Pai no-lo envia e dá a pedido do Filho (Jo 14,16). O Espírito nos dá acesso ao Filho porque o Filho no-lo enviou (Jo 16,8) da parte do Pai (Jo 15,26).

O Espírito não comunica outra verdade, senão aquela do Filho; toma do que é de Jesus e no-lo dá a conhecer (Jo 16,14). Sob sua ação e por sua luz o mistério do Filho do Pai não permanece realidade do passado, mas sempre atual como experiência de salvação para cada geração.

Nos testemunhos do Novo Testamento, o Espírito Santo é reconhecido como um Alguém divino que atua pessoalmente, anima, consola, intercede por nós, nos comunica o espírito de oração, o sentido de sermos filhos de Deus, a experiência de Deus como Pai e os muitos carismas-serviços na comunidade em vista do bem comum (cf. Rm 8,9-11.25.27; Gl 4,6; 1Cor 12,8.11 etc.). Para que seja "pessoa", nos diz o exegeta F.J. Schierse, "na acepção do dogma eclesiástico (individualidade distinta e relacionada com as outras Pessoas), basta que o Espírito designe uma realidade relativamente diferente do Pai e do Filho, mas essencialmente igual à deles"[9]. Ora, isso ocorre no conjunto dos testemunhos neotestamentários. O Espírito se encontra sempre junto com o Filho e o Pai e, historicamente, mediante a permanente retomada da mensagem de Jesus, por força da abertura ao Pai, Ele nos introduz cada vez mais no mistério trinitário.

7 As fórmulas ternárias no Novo Testamento: indícios da consciência trinitária

No Novo Testamento não existe ainda uma *doutrina* trinitária, mas lentamente vai se formando a consciência clara de que Jesus Cristo, o Pai e o Espírito são igualmente Deus. Aparecem aqui e acolá indícios desta consciência nas fórmulas ternárias[10]. Elas não podem ser arroladas como provas contundentes da revelação trinitária, mas não deixam de ser testemunhos da experiência originária de comunhão com referência à realidade de Deus. Não há lugar ainda para a reflexão e para o questionamento, como aparecerá posteriormente: Como se combina a experiência de Deus como Pai, Filho e Espírito com aquela da estrita unicidade de Deus? Como se hão de entender de maneira coordenada

---

9. *A revelação trinitária*. Op. cit., p. 113.

10. Cf. as análises minuciosas feitas por WAINWRIGHT, W. *La Trinidad en el Nuevo Testamento*. Op. cit., p. 279-290.

as relações que os Três divinos entretêm entre si? O que se verifica no Novo Testamento é a presença da fé, trinitária, na doxologia, na catequese, particularmente batismal. É no âmbito destes contextos que aparecem as fórmulas ternárias, base de uma referência trinitária para a nossa leitura cristã de Deus. Arrolemos as principais passagens:

a) Mateus 28,19

"Ide, pois, fazei discípulos meus todos os povos, batizando-os em nome do Pai, do Filho e do Espírito Santo."

A fórmula batismal é explicitamente trinitária; não é testemunhada em nenhum dos outros evangelhos e constitui uma particularidade do evangelista São Mateus. Há praticamente unanimidade entre os estudiosos na afirmação de que esta formulação não remonta ao Jesus ressuscitado. Ela representa a cristalização doutrinária da comunidade do evangelista que já havia refletido muito sobre o significado do rito mais importante da Igreja Antiga, o batismo. Inicialmente se batizava "em nome de Jesus Cristo" (At 8,16; 19,5; cf. 1Cor 1,13.15). O nome representa a pessoa. Ser batizado em nome do Pai, do Filho e do Espírito Santo significa introduzir o batizado na comunhão destas três pessoas e entregá-lo à sua especial proteção. Sabemos pela Didaqué e por São Justino (são os primeiros testemunhos) que havia, previamente ao batismo, uma especial catequese sobre o mistério cristão. Nesta iniciação os catecúmenos aprendiam que o Pai enviara ao mundo seu Filho e que o Espírito fora derramado nos corações dos fiéis. Paulo resume estes dados primordiais na carta aos gálatas: "Todos vós sois filhos de Deus pela fé em Cristo

Jesus. É que todos vós, que fostes batizados em Cristo, vos revestistes de Cristo [...]. Já que, portanto, sois filhos, Deus enviou aos nossos corações o Espírito de seu Filho que clama: *Abba*, Pai" (3,26-27; 4,6). A fórmula de São Mateus, certamente, circulou nas comunidades durante vários anos antes de ser incorporada na tradição evangélica e ganhar seu lugar atual. As comunidades primitivas não receavam colocar semelhantes frases na boca do Ressuscitado, pois estavam convencidas de que Ele estava presente ("eu estarei convosco todos os dias até a consumação dos séculos": Mt 28,20), conduzia os fiéis na compreensão crescente de seu mistério. Esta compreensão já supunha a divindade dos três Nomes, sem ainda chegar a uma formulação doutrinária de tal convicção. Mas é sintomático que já pelos anos 85, época de elaboração de São Mateus, constate-se uma formulação nitidamente trinitária da fé da Igreja mateana.

b) 2Coríntios 13,13

"A graça do Senhor Jesus Cristo e o amor de Deus e a comunhão do Espírito Santo estejam com todos vós."

Esta fórmula ternária hoje utilizada na liturgia possui certamente seu ambiente vital nas celebrações da Igreja Antiga. Daí Paulo foi buscá-la e, sob pequenas variantes, a propaga em suas cartas (cf. Rm 16,20.21; 1Cor 16,23; 1Ts 5,28; 2Ts 3,18). Jesus Cristo é considerado graça porque nele se manifesta "a caridade" de Deus (cf. Rm 5,7; 8,39) que é, biblicamente, sinônimo de graça; "o amor de Deus" está no lugar do Pai, já que para Paulo e, em geral o Novo Testamento, Deus sempre está no lugar do Pai; este Pai tanto amou o mundo que enviou seu Filho; "a comunhão do Espírito Santo": o Espírito confere inumeráveis dons à comunidade e também a comunhão entre todos eles em benefício de todos (cf. 1Cor 14,5). Esta fórmula aponta para a doutrina trinitária. O uso frequente que dela fez a liturgia, sem dúvida, acelerou a formulação de uma doutrina trinitária.

c) 2Tessalonicenses 2,13-14

"Nós, porém, devemos dar incessantes graças a Deus por vós, irmãos amados do Senhor, a quem desde o princípio Deus escolheu para salvar pela santificação do Espírito e pela fé verdadeira. Por meio de nossa evangelização, Ele também vos chamou para alcançardes a glória de Nosso Senhor Jesus Cristo."

Estes versículos mostram como na mente de Paulo tudo se estrutura ao redor destas três fontes de graça e salvação, o Pai, o Filho e o Espírito Santo. Não podemos dizer que há aqui uma formulação claramente trinitária, mas há sim um pensamento que se organiza trinitariamente. Se não houvesse semelhante pensamento seria impossível o surgimento das expressões trinitárias, primeiramente nas celebrações (doxologia) e depois nas reflexões teológicas.

d) 1Coríntios 12,4-6

"Há, porém, diversidades na distribuição de carismas, mas há um só e mesmo Espírito; há também diversidades na distribuição dos ministérios, e só um e mesmo Senhor; há também diversidades na repartição de operações de força, mas só há um e mesmo Deus que realiza tudo em todos."

O contexto é eclesial; Paulo se dá conta da profusão de serviços e ministérios que surgem na comunidade por força da adesão a Cristo, Filho de Deus, no entusiasmo vindo do Espírito. Não se pode falar da vida da comunidade sem envolver os três princípios vivos e estruturantes de toda novidade cristã, o Pai, o Filho e o Espírito. Da mesma forma não se pode falar das manifestações do Espírito sem uma referência a Cristo, de quem é Espírito, e ao Pai que tudo engloba. Se não há aqui uma manifesta doutrina trinitária, há sim elementos para uma futura doutrina.

e) Outros textos paulinos ternários

Há uma série significativa de textos de São Paulo que não são diretamente trinitários, mas que mostram um pensamento trinitário, posteriormente desenvolvido doutrinariamente em elaborações trinitárias[11]. Os textos ganham significação não apenas em si mesmos, mas pela importância que assumiram nas reflexões posteriores, junto aos Padres e teólogos da Igreja. A significação de um texto não se reduz, numa reta hermenêutica, ao significado contextual, mas inclui também os desdobramentos práticos e teóricos que ele deslancha. Citemos os principais:

"Pela lei ninguém se justifica perante Deus, isso é evidente [...]. Cristo nos resgatou da maldição da lei [...] e pela fé recebemos a promessa do Espírito" (Gl 3,11-14).

"A prova de que sois filhos é que Deus enviou a nossos corações o Espírito de seu Filho, que clama: *Abba*, Pai" (Gl 4,6).

"É Deus quem nos confirma juntamente convosco em Cristo, que nos consagrou e nos selou e nos depositou como um primeiro sinal o Espírito nos corações" (2Cor 1,21-22).

---

11. Cf. KELLY, J.N.D. *Early Christian Doctrines*. Londres, 1960, p. 23s.

"Não há dúvida de que vós sois uma carta de Cristo, redigida por nosso ministério e escrita, não com tinta, mas com o Espírito de Deus vivo, não em tábuas de pedra, mas em tábuas de carne, isto é, em vossos corações" (2Cor 3,3).

"O Reino de Deus não é comida nem bebida senão justiça, paz e alegria no Espírito Santo. Quem serve assim a Cristo agrada a Deus e goza da estima dos homens" (Rm 14,17-18).

"Sou ministro de Cristo Jesus entre os pagãos, encarregado de um ministério sagrado no Evangelho de Deus para que a oblação dos pagãos seja aceita e santificada pelo Espírito Santo" (Rm 15,16).

"Rogo-vos, irmãos, em nome de Nosso Senhor Jesus Cristo, pela caridade do Espírito, que me ajudeis nesta luta, dirigindo vossas orações a Deus por mim" (Rm 15,40).

"Os verdadeiros circuncidados somos nós, que servimos no Espírito de Deus e nos gloriamos em Cristo Jesus e não pomos nossa confiança na carne" (Fl 3,3).

"É por Ele (Jesus Cristo) que nós, judeus e pagãos, temos acesso junto ao Pai num mesmo Espírito" (Ef 2,18).

"É nele (Cristo Jesus) que todo o edifício, harmoniosamente disposto, se une e cresce até formar um templo santo no Senhor; nele vós também sois integrados na construção para vos tornardes morada de Deus no Espírito" (Ef 2,20-22).

"Por isso dobro os joelhos em presença do Pai, a quem toda a família no céu e na terra deve a existência, para que vos conceda, segundo seu glorioso tesouro, que sejais poderosamente robustecidos por seu Espírito, com vistas ao crescimento de vosso homem interior; que Cristo habite pela fé em vossos corações..." (Ef 3,14-16).

f) Fórmulas ternárias em outros escritos do Novo Testamento

O modelo ternário não aparece apenas em São Paulo, mas em outros escritos neotestamentários. Não necessitamos aqui analisá-los, porque seu conteúdo trinitário é muito parco. Mas mostram a presença de um pensamento que sempre associa os divinos Três na obra da salvação. Assim, por exemplo, os conhecidos textos de Tt 3,4-6; 1Pd 1,2; Jd 20.21; Ap 1,4.5; Hb 6,4. Será tarefa da reflexão dos séculos III e IV traduzir as experiências de fé, de celebração e de instrução catequética das comunidades do Novo Testamento, em doutrinas com conceitos que deixam claras a unidade de natureza e de comunhão e a trindade de Pessoas no mistério do Deus cristão. Com isso não se quer insinuar que o obscuro do Novo Testamento fica claro na teologia patrística. O mistério da Trindade será sempre obscuro tanto numa como noutra expressão. Mas é sempre imprescindível que qualquer reflexão cristã se confronte com aqueles testemunhos que primeiro vislumbraram o augusto mistério do Pai, do Filho e do Espírito como sendo a revelação suprema do Mistério.

8 Releitura cristã do Antigo Testamento: a preparação para a revelação

A partir da consciência trinitária os cristãos podem fazer a sua leitura específica do passado, seja das religiões do mundo, seja do Antigo Testamento para discernir aí sinais e preparações da revelação plena ocorrida com o evento cristão no Novo Testamento.

O pressuposto é o seguinte: Se o único Deus verdadeiro é a Trindade de Pessoas, então toda revelação histórica de Deus implica revelação da Trindade. Pode ser que esta revelação não seja adequadamente captada pelas pessoas como revelação trinitária, mas nem por isso deixa de ser uma autêntica revelação trinitária. Exatamente porque é autêntica, aqui e acolá se deixam entrever insinuações e vestígios que apontam para o caráter tripessoal do mistério de Deus[12]. Esta compreensão funda a releitura cristã particularmente do Antigo Testamento.

Os hagiógrafos veterotestamentários afirmam conscientemente o monoteísmo divino a partir da experiência histórico-salvífica de Deus que agiu em favor do povo; a partir daí Ele manifestou sua ação criadora no universo. Entretanto, este monoteísmo nada tem a ver com a rigidez do absoluto Sujeito do pensamento moderno ou com a concepção deísta para a qual o princípio último do universo está alheio ao curso da história e ao destino da criação.

Javé é um Deus que se revela, faz uma aliança com o povo, liberta os oprimidos das opressões e suscita a esperança de um Reino de paz e liberdade. É um Deus que possui paixão e uma infinita filantropia. Numa palavra, Javé é fundamentalmente um Deus vivo, criador de vida e defensor de quem sente sua vida ameaçada (cf. Sl 42,3; 84,3; Jr 10,10; 23,36; Dn 6,27). Porque é vivo se notam desdobramentos em Deus que os cristãos percebem como indícios da revelação tripessoal. A figura mais impressionante nesta linha é a do anjo de Javé que acompanha o povo, ajuda

---

12. Cf. SCHULTE, R. "A preparação da revelação da Trindade". *Mysterium Salutis*. Op. cit., p. 45-75. • PANIKKAR, R. *The Trinity and the Religious Experience of Man*. Nova York, 1973, p. 9s.

os oprimidos e manifesta a sabedoria e a energia de Deus (cf. Ex 14,19; Gn 16,7; 1Rs 19,5; 2Rs 1,3; 2Sm 14,20). Ora ele aparece distinto de Deus, ora idêntico a Ele (Gn 31,11.13; Ex 3,2.4). Os próprios três homens ou anjos que aparecem a Abraão em Mambré (Gn 18), figuras que tanto influenciaram a reflexão dos Padres e a iconografia trinitária (recordemos o famoso ícone de Rublev do século XV), não deixam de caracterizar uma realidade misteriosa, aberta a uma interrogação sobre a natureza divina[13].

Nos escritos tardios do Antigo Testamento aparecem três tipos de personificações de Javé que são altamente sugestivas para o nosso tema das preparações trinitárias no Antigo Testamento. Primeiro se personifica a Sabedoria divina. A Sabedoria caminha pelo mundo e no meio dos homens. Os cânticos sapienciais a personificam de tal modo que já ganha mais ou menos uma existência autônoma (cf. Pr 1,20-23; 8; 9,1-6; Jó 28; Eclo 24; Sb 6,12–8,1). Ligada à Sabedoria está também a personificação da Palavra de Deus (Sl 119,89; 147,15s.; Sb 16,12). Por um lado a Palavra de Deus revela a soberania de Deus, pois Ele cria tudo por sua palavra; por outro manifesta sua presença entre os homens e mulheres como orientação, juízo, salvação, realizados por força desta Palavra. Por fim ocorre no Antigo Testamento uma hipostatização do Espírito de Deus. Fun-

---

13. A fórmula plural de Gn 1,26: "Façamos a humanidade à nossa imagem e semelhança" (cf. Gn 3,22; 11,17; Is 6,8) não possui caráter trinitário; trata-se de um plural majestático, como alguns querem, ou de um plural deliberativo (*pluralis deliberationis*) como outros interpretam: Deus estaria deliberando consigo mesmo; o plural é apenas estilístico. O tríplice "santo" dos Serafins em Is 6 não possui também característica trinitária; tríplice repetição do "santo" é um recurso estilístico para enfatizar a transcendência e soberania de Deus. Apesar disso, estas passagens tiveram grande significação na elaboração trinitária dos Santos Padres.

damentalmente o Espírito é Deus em sua força e em sua presença na criação e na história. Esta força se dá na criação, nos líderes políticos, nos profetas e, particularmente, no Messias, portador privilegiado do Espírito (cf. Is 42,1-3; 61,1-2); chegará um tempo em que todos possuirão o Espírito (Is 4,4-6), renovando o coração (Ez 36,26-27), introduzindo uma nova criação (Ez 11,19; 18,31; 36,26; 37,1-14). Javé está pelo Espírito no meio do povo. A fé no Novo Testamento dirá: o Espírito habitará como num templo na comunidade dos fiéis que constitui o verdadeiro Povo de Deus.

Com estas e outras perspectivas veterotestamentárias não se quer dizer que aí encontramos já a revelação tripessoal de Deus. O que encontramos é uma crescente aproximação de Deus que, sem perder sua transcendência, entra mais e mais na história e no coração dos fiéis revelando a tendência a uma autocomunicação. Esta autoentrega de Deus vemo-la testemunhada no Novo Testamento nas expressões do Filho e do Espírito enviados do Pai para a vida do mundo. O Antigo Testamento possui um valor em si, pois é testemunho da revelação histórica de Deus a um povo. Mas sua dinâmica interna chega a uma plenitude se o lermos a partir da manifestação definitiva em Cristo e no Espírito, atestada no Novo Testamento. Então poderemos teologicamente confessar com Santo Epifânio: "A unidade em Moisés já é ensinada; a dualidade nos profetas é anunciada; a Trindade nos evangelhos é encontrada"[14].

---

14. Cf. o pequeno ensaio de BOFF, L. "O dogma da Santíssima Trindade na Sagrada Escritura". *Sponsa Christi*, 19, 1965, p. 264-269.

III
Esforços de compreensão da verdade trinitária

De tudo o que expusemos anteriormente resultou claro que nos seus primórdios a fé na Trindade, Pai, Filho e Espírito Santo, foi antes uma experiência tranquila de fé do que uma doutrina elaborada pela inteligência. Batizava-se em nome do Pai, do Filho e do Espírito Santo, como os principais testemunhos antigos atestam a começar com o final do Evangelho de São Mateus (Mt 28,19).

Junto com o batismo, geralmente administrado aos adultos, vinha a profissão de fé, considerada como "regra de fé", pois expressava os marcos fundamentais de identificação da comunidade. Chamava-se também a isso de *redditio symboli* que quer dizer: recitação do símbolo. *Símbolo* aqui, num sentido técnico-religioso, designa os formulários pelos quais a Igreja resume sua fé. Conhecemos muitos destes símbolos[1]; um dos mais conhecidos remonta aos meados do século II e outra coisa não é senão o símbolo batismal da Igreja romana. Até os dias de hoje é recitado no rito do batismo pelos pais e padrinhos. Reza assim:

---

1. Cf. os principais símbolos reunidos no Denzinger-Schönmetzer, *Enchiridion Symbolorum Deflnitionum et Declarationum de rebus fidei et morum*. Friburgo, 1963, n. 1-76.

Creio em Deus, *Pai* todo-poderoso, criador do céu e da terra,

E em Jesus Cristo um só seu *Filho* Nosso Senhor;

Que foi concebido do Espírito Santo,

Nasceu da Virgem Maria, padeceu sob Pôncio Pilatos, foi crucificado, morto e sepultado, ao terceiro dia ressuscitou dos mortos, subiu aos céus, está sentado à direita de Deus Pai todo--poderoso, donde há de vir a julgar os vivos e os mortos.

Creio no *Espírito Santo*, na santa Igreja Católica, na comunhão dos santos, na remissão dos pecados, na ressurreição da carne, na vida eterna. Amém (DS 12).

Como se depreende do texto, a concepção trinitária é visível e consciente. Entretanto, até o século III poucos se preocupavam com os problemas que se escondiam por detrás de tais formulações. Como se articulam os três com a fé bíblica na estrita unicidade de Deus? Estão apenas justapostos? Que tipo de relações existe entre Pai, Filho e Espírito Santo? Existe alguma ordem nas relações? Tudo isto era celebrado, proclamado e crido, mas não refletido.

1 Caminhos equivocados: estímulos para a doutrina trinitária

A partir dos meados do século II em diante começam a aparecer, especialmente em Alexandria (norte do Egito) que era um grande centro de estudos e debates, uma gama de cristãos cultos[2]. Manejam bem a filosofia do tempo,

---

2. Para esta parte cf. as várias histórias dos dogmas, especialmente: SCHEF-FCZYK, L. "Formulação magisterial e história do dogma da Trindade". *Mys-*

platônica, neoplatônica, estoica; conhecem o gnosticismo, que foi talvez o maior concorrente do cristianismo antigo. O gnosticismo se apresentava como um caminho de libertação à base do conhecimento do mistério da nossa existência, de onde viemos, para onde vamos e qual é a nossa situação presente. Amalgamava sincreticamente toda sorte de elementos religiosos e filosóficos e propiciava fantasia e criatividade especulativas.

Os intelectuais cristãos (Justino, Clemente de Alexandria, Atenágoras, Orígenes e outros) respirando semelhante atmosfera se viam confrontados com duas tarefas primordiais:

Em *primeiro lugar*, tratava-se de pensar a própria fé celebrada em função de seus próprios problemas internos à Igreja. A reflexão exige rigor; ela pergunta: O que se entende exatamente quando proclamamos que o Pai é Deus, o Filho é Deus e o Espírito Santo é Deus? Pode-se tolerar a exaltação na liturgia e até o excesso verbal na piedade, pois quando se reza não se tem a preocupação de exatidão e acribia de linguagem. Mas quando se quer saber a verdade de Deus, aí eclode a teologia como disciplina do pensamento e da forma. Procura-se primeiramente o conceito claro expresso por uma palavra exata.

A reflexão se faz com instrumentos próprios de cada cultura. No nosso caso, os intelectuais cristãos sentiam-se herdeiros do instrumental teórico do judaísmo e da cultura

---

terium Salutis, II/1. Petrópolis, 1972, p. 130-195. • LEBRETON, J. *Histoire du dogme de la Trinité*. 2 vols. Paris, 1927-1928. • RÉGNON, T. *Études de théologie positive sur la Sainte Trinité*. 4 vols. Paris, 1892-1898. • ADAM, A. *Lehrbuch der Dogmengeschichte I*. Gutersloh, 1965. • MARGERIE, B. de. *La Trinité chrétienne dans l'histoire*. Paris, 1975. • PRESTIGE, J.L. *Dios en el pensamiento de los Padres*. Salamanca, 1977. • HOORNAERT, E. "A memória do povo cristão". *Teologia e Libertação*, I, 3. Petrópolis, 1986.

greco-romana. Com estas matrizes tentaram redizer num nível crítico o que a piedade recitava num nível espontâneo.

Na oração e na celebração predominam as imagens que possuem forte carga afetiva e uma força própria. Assim as imagens Pai, Filho e Espírito Santo (= filologicamente significa vento ou sopro) atuam fortemente sobre nosso imaginário. Elas impõem certas atitudes e coordenam certos conteúdos afetivos; é desta forma que estabelecemos nossa relação e nosso encontro com Deus.

A reflexão, por sua própria exigência interna conceptual, rompe com as imagens. Introduz conceitos com o mínimo de afetividade e o máximo de compreensão intelectual. A reflexão possui certo formalismo inevitável, o que não ocorre com a experiência da fé trinitária (no batismo, na liturgia, na celebração eucarística) que engloba muitas imagens e uma rica simbologia. A reflexão deixa para trás toda esta riqueza afetiva e projeta modelos de pensamento que tenham racionalidade e coerência. Ela não exige atitudes concretas, mas permanece no nível abstrato e, no máximo, contemplativo. Cumpre reconhecer aqui um certo preço a ser pago em troca de maior clareza nos termos com menos calor de devoção e menos exigências de conversão. As formulações teológicas sobre a Santíssima Trindade vão se caracterizar por um altíssimo nível de abstração e um formalismo conceptual sem precedentes na história do Ocidente. Surge ao lado da fé na Trindade a doutrina trinitária. Suas principais articulações deverão ser apresentadas neste capítulo.

Em *segundo lugar*, os intelectuais cristãos tinham que enfrentar problemas vindos de fora da Igreja. De três flancos vinham graves objeções: do judaísmo tradicional, da cultura grega politeísta ou filosófica e do gnosticismo. Eram urgidos a mostrar a lógica da forma cristã de significar Deus como Pai, Filho e Espírito Santo. A Trindade deveria ser sustentada e defendida contra o monoteísmo judaico, contra o politeísmo grego[3], contra a doutrina das emanações e mediações da filosofia neoplatônica e contra as especulações teogônicas dos gnósticos. De teólogos, os intelectuais cristãos deviam fazer-se apologetas.

Deste duplo esforço, teológico (voltado para dentro da Igreja) e apologético (voltado para fora, para as objeções da cultura), construiu-se a doutrina da Trindade. Ela não surgiu de um dia para o outro; foi um oneroso tatear, com intermináveis disputas, esforços de fixações vocabulares com o aparecimento de muitas heresias. As heresias são doutrinas que não permitem a fé reencontrar-se a si mesma nem a piedade retratar-se, ou são formulações que contradizem os dados reguladores das Sagradas Escrituras. As heresias constituem um grave perigo para a fé; não obstante isso, elas fazem avançar a teologia[4], pois para serem refutadas exigem muito estudo e um aprofundamento mais cuidadoso da própria fé. As próprias heresias, às vezes, fornecem conceitos que vão constituir a doutrina ortodoxa. Exemplo disto é a própria doutrina da Trindade na qual

---

3. Por defenderem a Trindade contra o monoteísmo e o politeísmo, os cristãos, em alguns lugares, eram difamados como ateus; cf. a afirmação do apologeta do século II, Atenágoras: "Quem, pois, não se admiraria de ouvir chamar ateus os que afirmam um Deus Pai, um Filho de Deus, um Espírito Santo, os quais mostram seu poder na unidade e sua distinção na ordem?" (*Legatio pro christianis*, 10).

4. Não vamos tão longe quanto E. Bloch que dizia: "Pensar é transgredir. O melhor da religião é que cria hereges" (*Atheismus im Christenttum*. Frankfurt, 1968, p. 15). Esta atitude só se interessa com o avanço do conhecimento sem respeito da fé dos fiéis.

palavras-chave possuem procedência herética. Assim a expressão Tríade (Trindade) foi empregada pela primeira vez por *Teódoto*, um herege monarquiano (afirmava a absoluta unicidade = monarquia de Deus) dos meados do século II. Depois foi consagrada por Teófilo de Antioquia, um grande apologeta do século II, e assim entrou no linguajar teológico da ortodoxia[5]. Tertuliano († 220) toma da gnose valentiniana a expressão técnica *prolatio* (prolação) para expressar a processão do Filho por parte do Pai. Igualmente a palavra-chave da doutrina trinitária *homoousía* (uma só natureza) é tomada dos gnósticos Tolomeu, Teódoto e Heraclião[6].

Retomando a questão: professar que Jesus é Filho de Deus, Deus mesmo na carne, proclamar o Espírito Santo como Deus é apenas magnificação da piedade, portanto, figura retórica de exaltação, ou possui realmente um conteúdo objetivo? Deus é realmente em si mesmo Pai, Filho e Espírito Santo? Ou temos a ver apenas com um problema de antropologia, vale dizer, é uma questão do pensamento humano que gosta de ver as indagações maiores em chave de três? Deus seria em si mesmo uno e único, mas somente *para nós* Ele apareceria como três? Tudo isto teve que ser esclarecido pelos pensadores cristãos nos séculos II ao IV. Vejamos três tentativas de solução que foram consideradas

---

5. Cf. exemplos em SCHEFFCZYK, L. *Formulação magisterial*. Op. cit., p. 145-146.

6. Os gnósticos foram considerados por HARNACK, A. (*Dogmengeschichte*, I, 250s.) como os primeiros teólogos cristãos (embora heréticos); foram também os primeiros a refletirem sobre a Santíssima Trindade (ORBE, A. *Hacia la primera teología de la procesión del Verbo*, 1/1. Roma, 1958, p. 4). • Cf. MARGERIE, B. de. *La Trinité*. Op. cit., p. 102-104. Mas desenvolveram mais uma teogonia e uma cosmogonia que uma autêntica doutrina trinitária, como aparece nos teólogos cristãos que os combateram como Ireneu e Tertuliano.

equivocadas outrora e que ainda hoje constituem permanentes tentações para a forma como representamos o mistério da Trindade Santíssima.

a) Pai, Filho e Espírito Santo: três modos de aparecer do mesmo Deus? – O modalismo

Os cristãos sentiam-se herdeiros da fé do Antigo Testamento segundo a qual Deus é um e único e habita numa luz inacessível. Por outro lado chamavam a Jesus morto e ressuscitado de Deus. Como conciliar as duas proposições? Alguns teólogos cristãos (Noeto e Praxeias no século II e Sabélio no século III) em Roma resolviam da seguinte maneira a questão: Deus efetivamente é um e único. Ele funda uma monarquia cósmica, pois somente Ele é senhor sobre todas as coisas. É por Ele que os reis reinam e os governadores governam. Entretanto, em sua comunicação com a história, este Deus único se mostrou sob três modos de revelação (daí *modalismo* como o denominou Harnack no século XIX). A mesma e única Divindade aparece sob três rostos (*prósopa*) e mora em nosso meio de três maneiras diferentes (*idía perigraphê*) como Pai, Filho e Espírito Santo. O mesmo Deus enquanto cria e nos entrega a Lei se chama Pai; o mesmo Deus enquanto nos redime se chama Filho; e o mesmo Deus enquanto nos santifica e nos dá sempre a vida se chama Espírito Santo. O mesmo Deus teria, pois, três pseudônimos. Ensinava-se: Deus é indivisível, não existe comunhão de três Pessoas nele; o que existe é a unicidade divina se projetando para nós mediante três modos diferentes. Dentro desta compreensão podemos tranquilamente na piedade continuar a pensar e a proclamar Jesus como Deus? Pai, Filho e Espírito Santo não constituem três *palavras* para a mesma realidade divina única? Consequentemente diziam também que é a mesma coisa afirmar: o Pai se encarnou, o Pai sofreu e morreu na cruz (patripassionismo) ou: o Filho se encarnou, sofreu e morreu na cruz. Esta interpretação sustenta fortemente a doutrina da unidade e da unicidade de Deus, mas acaba liquidando a Trindade. Esta não constitui uma realidade, mas apenas uma palavra. Ela permite pensar Cristo sem Deus e Deus sem Cristo. Por esta compreensão não se superou ainda o judaísmo e não se apreendeu a novidade cristã das três Pessoas divinas constituindo uma unidade entre elas de comunhão.

O modalismo foi condenado como insuficiente para expressar a fé cristã na Trindade de Pessoas, realmente distintas, mas em comunhão plena e absoluta.

b) O Pai é o único Deus, o Filho e o Espírito Santo são criaturas subordinadas? – *O subordinacionismo*

Os dados são idênticos à questão anterior: recita-se a fé num Deus único e ao mesmo tempo na piedade e na liturgia se proclama Jesus Cristo como Deus. Dizia-se: Deve-se tributar prudente veneração a Jesus Cristo, mas não a ponto de igualá-lo a Deus mesmo, pois tal excesso destrói o sentido autêntico de Deus. Ele pode ser semelhante (*homoioúsios*) a Deus, jamais porém igual (*homooúsios*) a Ele. Ele é a primeira criatura, o protótipo de todas as criaturas, mas não Deus.

Assim pensavam alguns cristãos, como por exemplo o bispo de Antioquia em 260, Paulo de Samósata, ou o teólogo Ario († 336) em Alexandria. Ademais, existem afirmações de Jesus no Novo Testamento que insinuam abertamente a subordinação do Filho ao Pai (cf. Jo 14,28: "O Pai é maior do que eu"; cf. Mt 19,16; Mc 10,17; Lc 18,18; At 2,36; 1Cor 15,20-28; Fl 2,5-11).

Para manter as duas afirmações correntes na piedade acerca da unicidade de Deus e da divindade de Jesus, Ario se socorreu da filosofia religiosa platônica, muito viva em Alexandria. Segundo esta corrente, Deus constitui um mistério indecifrável e absolutamente transcendente. Por sua própria natureza é indizível e incomunicável. Para entrar em contato com o mundo se serve de um mediador que é o *Logos*. Este *Logos* não é Deus, mas pertence à esfera divina; é a Criatura primeira e exemplar de todas as criaturas, embora São João, no prólogo de seu evangelho, procure identificar Jesus, Filho de Deus, com o *Logos* e acrescente: "o *Logos* era Deus" (Jo 1,1).

Ario e seus discípulos enfatizavam o fato de que Jesus foi um ser humano perfeitíssimo, porque nele armou o *Logos* a sua tenda; Ele estava cheio do Espírito. Alcançou os píncaros da perfeição a ponto de merecer um nome divino. Foi pelo Pai *adotado* como seu Filho. Mas face ao mistério abissal do Pai, o Filho permanece sempre subordinado (*subordinacionismo* porque criado ou gerado pelo Pai, ou *subordinacionismo adopcianista* porque mereceu ser adotado pelo Pai). Caracteriza-se como a criatura mais semelhante ao Pai que se possa conceber, sem entretanto chegar à igualdade de natureza com o Pai. Desta maneira, esta corrente – cuja problemática continua atual até os dias de hoje – pretendia fazer justiça às duas afirmações da devoção do Povo de Deus: Deus conserva sua unicidade, pois não há ninguém igual a Ele ao seu lado e, ao mesmo tempo, possui um Primogênito, sumamente perfeito, divino porquanto foi adotado por Deus e proposto como mediador, salvador e caminho exclusivo de acesso da humanidade ao mistério do Uno[7].

Após muitas discussões, o Concílio de Niceia (325) definiu solenemente que Jesus Cristo, Filho de Deus, "é da mesma substância do Pai, Deus de Deus, luz da Luz, verdadeiro Deus do verdadeiro Deus, nascido, não feito, da mesma substância com o Pai (como os gregos dizem: *homooúsios*), pelo qual tudo foi feito, o que há no céu e na terra" (DS 125).

Com esta definição vinculante para todos os cristãos está selado o destino da compreensão cristã de Deus. Deus jamais poderá ser pensado como a solidão do Uno eterno. A unidade de Deus trino é algo próprio e específico, pois será a unidade das Pessoas que sempre estão interpenetradas umas nas outras. A unidade de Deus não é pura e simplesmente aquela do Antigo Testamento; se o cristianismo assume o monoteísmo bíblico é dentro da única comunhão das Pessoas, pois somente elas existem como o Deus Pai, Filho e Espírito Santo. O senhorio de Deus não significará mais a monarquia celeste, com as derivações políticas e religiosas que denunciamos anteriormente. O senhorio de Deus se manifesta não na dominação de um sobre os demais, mas na comunhão de todos entre si, na mútua entrega e na liberdade. Posteriormente aprofundaremos esses enunciados.

---

7. Cf. a indicação dos textos do tempo com a moderna bibliografia sobre o tema em PASTOR, F.A. *Semântica do Mistério*: a linguagem teológica da ortodoxia trinitária. São Paulo, 1982, p. 47-80, esp. p. 51-54.

c) O Pai, o Filho e o Espírito Santo são três deuses? – O triteísmo

A superação do estrito monoteísmo (pré e a-trinitário) e do subordinacionismo, ou seja, a vitória da piedade do Povo de Deus sobre a especulação mirabolante dos teólogos[8] deixou ainda um caminho aberto para um novo equívoco: o triteísmo. O triteísmo afirma as três divinas Pessoas. Aceita o Pai, o Filho e o Espírito Santo, mas como três substâncias independentes e autônomas. Não se afirma a relação entre elas nem a comunhão como constitutivo da Pessoa divina. Daí se afirmar que Trindade significa a profissão de fé em três deuses. Somam-se os Três divinos, como se atrás de cada Pessoa não houvesse um Único, impossível de ser adicionado. Ademais, o triteísmo não reflete sobre as incongruências de ordem filosófica, implicadas na afirmação de três deuses: a coexistência de três absolutos, de três eternos, de três criadores.

A afirmação trinitária afirma a existência objetiva de três Únicos, Pai, Filho e Espírito Santo, mas não os crê separados e não relacionados. A fé trinitária vê as Pessoas eternamente relacionadas em comunhão infinita. Podemos então dizer: há três Pessoas de uma única comunhão. A pericórese (*circumincessio*: interpenetração das Pessoas) não ocorre posteriormente à constituição das Pessoas divinas; ela é originária, simultânea e constitutiva das Pessoas.

O triteísmo persiste de forma velada quando se enfraquece a unidade das Pessoas, como o expôs Joaquim de

---

8. Cf. o interessante estudo de LEBRETON, J. "Le désacord de la foi populaire et de la théologie savante dans l'Église chrétienne du lile, siècle". *Revue d'Histoire Ecclésiastique*, 19, 1923, p. 481-506; 20, 1924, p. 5-37.

Fiore († 1202). Segundo ele, a unidade das Pessoas resulta da união coletiva entre elas (*unitas collectiva et similitudinaria*: DS 803) em virtude da amizade que vigora entre as três, ao estilo da união dos cristãos na Igreja ou dos cidadãos formando um povo. Aqui se vê a distinção, mas não adequadamente a comunhão essencial e pericorética. O risco do triteísmo está a um passo[9].

Estes três caminhos equivocados não caracterizam representações errôneas da Trindade apenas no passado. Ainda hoje elas subsistem no pensamento e na linguagem de muitos fiéis e até daqueles que têm o ministério da Palavra na Igreja. Pode-se crer corretamente, mas representar conceptual e verbalmente esta fé de forma errônea. Muitas vezes se fala de Deus como se fôssemos judeus e muçulmanos e não tivesse havido a revelação trinitária, acolhida pelo cristianismo; ou se fala da Trindade, do Pai, do Filho e do Espírito, mas de tal forma que parecem três deuses, porque se pressupõe que existem três centros de consciência, três vontades e três inteligências distintas e justapostas umas às outras; ou, por fim, refere-se ao Filho ou ao Espírito Santo como se fossem realidades menores, subordinadas ao verdadeiro Deus que seria somente o Pai.

---

9. Também Rosselino († 1125) pensava as Pessoas divinas como três naturezas autônomas, "como três almas ou três anjos" (cf. ANSELMO DE CANTUÁRIA. *De Incarnatione Verbi*, 1). Gilberto de Poitiers († 1154) autonomizava tanto as Pessoas da natureza que resultava uma quaternidade. Foi condenado em 1148 no Concílio de Reims (DS 745). Cf. NAPOLI, G. "La teologia trinitária di Gioacchino da Fiore". *Divinitas*, 23, 1979, p. 281s. • FORTE, B. *Trinità come storia*. Turim, 1985, p. 81-85.

2 Teólogos criadores da linguagem trinitária: rumo ao caminho certo

Vejamos agora alguns nomes de teólogos que nos ensinaram a falar corretamente sobre a divindade do Pai, do Filho e do Espírito Santo de tal forma que evitássemos os caminhos equivocados referidos acima. Houve uma formidável luta de palavras e de fórmulas a par também de interesses políticos, alheios à teologia. Isso vem mostrar que a reflexão nunca está desgarrada da vida, mas sempre é comprometida envolvendo todas as dimensões de significação da existência humana.

a) Ponto de partida, a Trindade econômica: Santo Ireneu

Santo Ireneu é considerado um dos maiores bispos-teólogos da Igreja Antiga († 202). Seus escritos (*Contra os hereges* e *Demonstração da pregação apostólica*) testemunham não somente a fé comum na Trindade, mas já uma reflexão séria sobre este mistério[10].

Os primeiros teólogos trinitários parece terem sido os gnósticos valentinianos[11]. Suas especulações se perdiam na consideração das processões das divinas Pessoas, misturando elementos bíblicos com mitologias teogônicas e cosmogônicas. Não havia um controle a partir dos dados reguladores do Novo Testamento. Uma reflexão sobre a Trindade em si que não parta e se deixe continuamente confrontar com a Trindade econômica, quer dizer, com a Trindade as-

---

10. Um bom resumo da teologia trinitária de Ireneu nos é fornecido por FOLCH GOMES, C. *A doutrina da Trindade eterna* – O significado da expressão "três pessoas". Rio de Janeiro, 1979, p. 219-231.

11. Cf. a nota 6 acima.

sim como se mostrou em nossa história de salvação, geralmente descamba para o incontrolado do imaginário.

Santo Ireneu teve que fazer frente às especulações mirabolantes dos gnósticos. Sua importância, válida até os dias de hoje, reside na insistência (quase positivística) de que se deve arrancar da fé concreta (regra de fé) e dos testemunhos bíblicos. A partir daí Santo Ireneu se atreve a penetrar, com unção e devoção, na investigação da Trindade como é em si mesma, desde toda a eternidade.

Na sua *Demonstração da pregação apostólica* escreve:

> Eis a regra de nossa fé, o fundamento do edifício e o que confere solidez à nossa conduta:
>
> *Deus Pai incriado,* que não está contido, invisível, um só Deus e Criador do universo; este é o primeiro artigo de nossa fé. E como segundo artigo:
>
> O *Verbo de Deus,* o Cristo Jesus Senhor nosso, que apareceu aos profetas segundo o gênero de suas profecias e segundo o estado das economias do Pai; por quem foram feitas todas as coisas; que, além disso, no final dos tempos, para recapitular todas as coisas, fez-se homem entre os homens, visível e palpável, para destruir a morte, fazer que apareça a vida e realizar uma comunhão de Deus e do homem.
>
> O *Espírito Santo* pelo qual os profetas profetizaram e os Pais aprenderam o que concerne a Deus e os justos foram conduzidos pelo caminho da justiça e que no final dos tempos foi derramado de uma maneira nova sobre nossa humanidade para renovar o homem em toda a terra na perspectiva de Deus[12].

---

12. *Demonstratio* 6: Sources Chrétiennes 62. Paris, 1959, p. 39-40.

Este pequeno corpo de doutrina trinitária coloca o acento sobre a dimensão salvífica da Trindade. É o que, definitivamente, importa, pois na gesta salvadora se revela Deus assim como é, como Pai, Filho e Espírito Santo. Entretanto, Ireneu não se restringe a esta perspectiva. Especialmente com referência ao Filho, enfatiza sua preexistência e a verdadeira comunhão com o Pai: "Tu não és incriado, ó homem, tu não coexististe sempre com Deus como seu próprio Verbo..."[13] "Não somente antes de Adão, mas antes de toda a criação, o Verbo glorificava o Pai, permanecendo nele e sendo, Ele mesmo, glorificado pelo Pai"[14]. Não se queda nesta inter-relacionalidade; inclui também o Espírito Santo: "Esse Deus é glorificado por seu Verbo, que é seu Filho eterno, e pelo *Espírito Santo,* que é a Sabedoria do Pai universal"[15].

Santo Ireneu, como um dos iniciadores da reflexão teológica, nem sempre encontrou rigor nas formulações. Há outras que sugerem certo subordinacionismo ou modalismo, mas na globalidade de seu pensamento aparece clara a distinção dos divinos Três.

b) A Trindade é um dinamismo de comunicação: Orígenes

Orígenes (182-253) é considerado o maior gênio teológico do cristianismo[16]. Para ele a Trindade significa um

---

13. *Adv. Haer.* II, 25, 3.

14. Ibid., IV, 14, 1.

15. *Epid.* 10.

16. Cf. DANIÉLOU, J. *Origène.* Paris, 1948, p. 243-258. Um bom resumo é apresentado também por BARBEL, J. *Der Gott Jesu im Glauben der Kirche –* Die Trinitätslehre bis zum 5. Jahrhundert. Aschaffenburg, 1976, p. 65-68.

eterno dinamismo de comunicação; não deve ser pensada como uma realidade fechada sobre si mesma, mas como um processo de realização eterna. Deus é um (monás) mas não está só. Assim como a Luz emite brilho, de forma semelhante Deus-Pai dá origem ao *Logos* (Filho). Pai e *Logos* originam também o Espírito Santo. Orígenes é o primeiro teólogo a usar a palavra *hipóstase* (pessoa) para caracterizar os Três divinos em Deus[17]. A distinção das Pessoas é eterna; assim o modalismo nele é totalmente deixado para trás. Por força de sua compreensão dinâmica da Trindade, há a tendência a um forte subordinacionismo: o Pai deixa extravasar de si o Filho e através do Filho o Espírito Santo. Não formam três princípios, mas derivações do único princípio de toda divindade e ação que é o Pai. Esta ideia de Trindade como jogo de relações e comunicações a partir de três Pessoas distintas constituirá uma matriz fecunda de sistematização da reflexão trinitária posterior.

c) Tres unum sunt, non unus: *Tertuliano*

O principal criador da linguagem trinitária ortodoxa que consegue evitar tanto o modalismo quanto o subordinacionismo foi Tertuliano (160-220), teólogo leigo, exímio linguista e jurista de Cartago, no norte da África. Ele criou 509 substantivos novos, 284 adjetivos, 28 advérbios e 161 verbos. Não é de se admirar que vem dele a palavra consagrada *Trinitas* (Trindade) e a fórmula que irá exprimir a fé verdadeira sobre Deus trino: *"una substantia, tres personae"*[18]:

---

17. *Contra Celsum,* 8, 12; • *Com. in Joann.* 2, 10, 75.

18. Outras formulações semelhantes: *De pudicitia* 21: "tres personae unius divinitatis"; *Adversus Praxeam* 25: "tres unum sunt, non unus"; Ibid. 2: "tres

uma substância em três Pessoas. Não cabe aqui detalhar a concepção de Tertuliano sobre o tema em tela[19]. Baste-nos captar sua intuição e o rigor terminológico introduzido, pois serviu de modelo para toda a evolução posterior.

A tese central de Tertuliano se anuncia assim: "Unitas ex semetipsa derivans Trinitatem"[20]: a unidade por si mesma faz derivar a Trindade. Como assim? Tertuliano responde: Deus não é simplesmente um, mas uno. Em outras palavras, Deus não é uma mônada encerrada sobre si mesma, mas uma realidade em processo (dispensado ou *oeconomia*) constituindo uma segunda e uma terceira pessoa que fazem parte de sua substância e de sua própria ação. Estas duas Pessoas (indivíduos concretos) são distintas, mas não divididas (*distincti, non divisi*), são diversas, mas não separadas (*discreti, non separati*). Este processo é eterno, pois o Pai sempre gera o Filho e o faz sair dele (*prolatio*); o mesmo Pai pelo Filho origina também eternamente o Espírito Santo. Existe uma ordem (*dispensatio, oeconomia*) neste processo de comunicação: o Pai é a totalidade da substância divina; o Filho e o Espírito Santo são *portiones totius*, comunicações individuais (pessoas) deste todo substancial.

Substância é o que responde pela unidade dos Três divinos; *pessoa* demarca o que distingue. Em Deus, portanto, existe a unidade de substância igual no Pai, no Filho e no Espírito Santo e a diversidade das Pessoas do Pai, do Filho

---

autem... gradu... forma... specie unius autem substantiae et unius status et unius potestatis".

19. Cf. os seguintes estudos: MOINGT, J. *Théologie trinitaire de Tertullien*, I-III. Paris, 1966. • VERHOEVEN, T.L. *Studien over Tertullianus Adversus Praxeam*. Amsterdam, 1948.

20. *Adv. Praxeam* 2.

e do Espírito Santo, que se deriva desta mesma substância; esta, ao comunicar-se eternamente, mantém a comunhão e a unidade com as comunicações. Em outros termos, a unidade de Deus é sempre a unidade das Pessoas; o uno de Deus resulta dos Três.

Este processo divino de unidade e diversidade se refrata na criação. O Verbo se expressa na história e assume nossa carne. O Espírito vivifica a criação e os corações. Ambos conduzem tudo de volta à Trindade imanente e então Deus será tudo em todas as coisas.

Tertuliano estabeleceu as conexões fundamentais da compreensão trinitária. Não elaborou, entretanto, as relações entre as três Pessoas, coisa que só foi possível depois das definições conciliares em Niceia (325). Mas viu com acuidade o caminho a ser seguido para não se perder a especificidade do Deus cristão.

d) As Pessoas divinas constituem um jogo de relações: os capadócios

O que faltava em Tertuliano – a reflexão sobre as relações entre as três Pessoas divinas – encontramo-lo bem desenvolvido nos capadócios[21]. Trata-se de três grandes teólogos da Capadócia (Ásia Menor): São Basílio Magno (330-379), seu irmão de sangue Gregório de Nissa († 394) e o amigo deles Gregório Nazianzeno (329-390). Os capadócios partem não da unidade da natureza divina, mas das três Pessoas divinas. Elas constituem a primeira realidade. A partir da comunhão e das relações que entre si as

---

21. Cf. MOURÃO, M.G.C. *Die Trinitätslehre des hl. Gregor von Nyssa*. Friburgo, 1938. • RITTER, A.M. *Das Konzil von Konstantinopel und sem Symbol*. Göttingen, 1965.

três Pessoas estabelecem, aflorará a unidade que constitui a essência das Pessoas. Para eles as Pessoas (na linguagem grega denominadas de *hipóstases*) significam a existência singular, concreta e individual. Afirmando somente isto, facilmente se percebe o risco do triteísmo (três deuses). O que permite superar o triteísmo é a consideração da peculiaridade de cada Pessoa, peculiaridade esta sempre definida em relação às outras Pessoas, a começar pelo Pai, fonte e origem de toda a divindade.

Assim a peculiaridade do Pai é ser *ingênito*, não ser gerado por ninguém e constituir a fonte de toda divindade; a peculiaridade do Filho é ser *gerado* eternamente pelo Pai, recebendo toda sua realidade substancial do Pai; a peculiaridade do Espírito Santo reside no fato de *proceder* do Pai de uma maneira distinta do Filho (não é um segundo Filho) ou através do Filho.

Os capadócios se restringem a esta diferenciação das Pessoas num nível puramente formal. Por respeito santo, silenciam com referência ao conteúdo próprio de cada uma das Pessoas divinas. É o âmbito abissal do mistério, inacessível à razão especulativa ainda que perpassada de fé e de unção. Afirmam que a comunhão é plena, pois o Pai tudo realiza pelo Verbo no Espírito Santo. A Trindade só pode ser concebida como um jogo de mútuas relações de verdade e de amor.

A grande contribuição dos capadócios está ligada à clarificação da doutrina sobre o Espírito Santo como Deus, como Pessoa divina. Havia uma dificuldade sempre presente na Tradição. As Escrituras falam do Espírito como vento, língua de fogo, pomba; diz-se que é derramado em nossos corações, que sobrevêm do céu etc. Tais expressões dificultam admitir que o Espírito Santo seja uma Pessoa divina. Apesar disto, Jesus se refere a Ele como um Advogado, um Paráclito, um Alguém. São Gregório Nazianzeno em 380 fez um famoso sermão onde resumia os vários significados correntes na época: "para alguns ele é uma energia, para outros uma criatura, para outros ainda Deus... Outros aceitam como nós a Trindade, mas pretendem ao mesmo tempo dizer que somente a primeira Pessoa é infinita em substância e em energia, que a segunda é infinita em energia, mas não em substância, que a terceira não é infinita em nenhuma destas maneiras"[22]. Os discípulos de um tal de Macedônio († 362) também chamados pneumatomaquianos negavam abertamente a divindade do Espírito Santo. No Concílio de Constantinopla I (381) graças à colaboração de Gregório de Nissa e de Gregório Nazianzeno se tiraram todas as dúvidas com a definição solene: "Creio no Espírito Santo, Senhor e vivificador, que procede do Pai, que é juntamente adorado e glorificado com o Pai e com o Filho e que falou pelos profetas" (DS 150).

Assim se estabeleceu a fé ortodoxa na Trindade como unidade das três Pessoas, Pai, Filho e Espírito Santo.

e) Uma exposição sistemática do mistério trinitário: as Pessoas como sujeitos respectivos e eternamente relacionados: Santo Agostinho

As intuições dos capadócios acerca do jogo das relações foram levadas até a sua plena expressão, a ponto de constituírem o núcleo principal da compreensão humana do inefável mistério trinitário por Santo Agostinho de Hi-

---

22. *Or. theol. V, 5:* PG 36, 137.

pona (354-430). Empenhou muitos anos na produção de seu genial *De Trinitate* (399-422) em quinze livros (I-VII de cunho bíblico-positivo; VIII-XV de corte especulativo). Sua doutrina será fonte de inspiração para toda a reflexão posterior feita no campo da teologia latina. Para Agostinho, Deus, em sentido absoluto, não é como para a maioria dos teólogos orientais, o Pai, mas a Trindade, o Pai, o Filho e o Espírito Santo conjuntamente. Recorrentes em sua obra são expressões como esta: "A Trindade é o único Deus verdadeiro"[23] ou então: "Deus é a Trindade"[24].

Com coragem e, ao mesmo tempo, com unção, Agostinho enfrenta o problema: Como combinar a fé num único Deus com a fé na trindade de Pessoas? Afirmar a unicidade de Deus não é tornar impossível qualquer diferenciação pessoal? Sustentar a diferenciação pessoal (Trindade) não é liquidar a unicidade? Para responder a esta questão Agostinho assume e aprofunda a categoria de relação, utilizada pelos Padres Gregos. Na articulação entre unidade e trindade privilegia o polo da unidade. A unidade é da substância divina (essência ou natureza) que coexiste em cada uma das Pessoas divinas; por isso as três são cossubstanciais. Entretanto, esta substância divina existe de tal forma que ela necessária e eternamente subsiste como Pai, como Filho e como Espírito Santo. As três Pessoas são três relações que coincidem com a substância divina. Estas relações não desdobram nem sobredeterminam a substância, senão que revelam esta mesma substância em sua cor-

---

23. *De Trinitate*, I, 6, 10 e 11. Cf. ROY, O. *Intelligence de la foi en la Trinité, selon Augustin*. Paris, 1966.

24. Ibid., VII, 6, 12; XV, 4, 6.

relação interior. O Pai é eternamente Pai porque tem um Filho e o Filho é eternamente Filho porque é Filho do Pai e o Espírito Santo é desde sempre Espírito Santo porque é espirado do Pai e do (ou através do) Filho. Nenhum deles teve começo nem terá fim, pois se tivessem começo e fim seriam acidentais e não substanciais. Para elucidar a unidade na trindade e a trindade na unidade, Agostinho elaborou duas famosas analogias calcadas sobre o dado antropológico, criado à imagem e semelhança de Deus, como detalharemos mais adiante: espírito, conhecimento e amor (*mens, notitia*, amor)[25] ou memória, inteligência e vontade (*memoria, intelligentia, voluntas*)[26]. Cada um dos termos contém os outros; assim o espírito conhece e ama; o conhecimento supõe o espírito e o amor; o amor implica espírito e conhecimento. Os três são a própria alma humana que é vida e ação contínua numa simultaneidade completa de operação e de ser. Da mesma forma ninguém recorda se não quer nem entende; nem entende se não quer nem recorda; não quer se não entende nem recorda. Estas analogias nos dão uma pálida imagem – embora a mais perfeita ao espírito humano – da unidade e da distinção na Trindade.

As três Pessoas são para Agostinho três sujeitos respectivos, quer dizer, que dizem respeito um ao outro e estão relacionados um ao outro. O ser significa ser-para-si (*esse ad se dicitur*); a pessoa, no entanto, significa o ser em relação ao outro e com o outro (*persona vero relative*)[27]. Agostinho

---

25. Ibid., IX.

26. Ibid., X, 14-15.

27. Ibid., VII, 6, 11.

aprofundou genialmente o conceito de pessoa[28]; dá-se conta da insuficiência do conceito, pois ele é um conceito comum aplicado a cada um dos Três divinos que são distintos um do outro. Para cada realidade própria caberia um nome próprio. Por que não aplicamos isto à Trindade das Pessoas? Cada Pessoa divina é Pessoa no seu modo próprio. Este fato não é expresso quando usamos o termo pessoa. Agostinho o conserva, apesar de sua insuficiência, por respeito à tradição teológica que assim se habituou a falar e também por não encontrarmos – diz ele – outro modo mais apto para expressarmos por palavras o que entendemos sem as palavras. Em razão disto Agostinho prefere usar os termos bíblicos Pai, Filho e Espírito Santo que por si mesmos são dinâmicos e relacionais.

Não podemos detalhar os demais temas da teologia trinitária de Santo Agostinho. Assinalamos apenas a feliz combinação que ele logrou entre a especulação mais ousada e a piedade mais profunda. Nunca perdia de vista o aspecto do mistério vivido na história, nas experiências humanas e na contemplação. "Vides Trinitatem, si caritatem vides": vês a Trindade se vires a caridade![29] Este aforismo se encontra na base de todas as suas especulações. Em outras palavras: é a prática do amor que abre o verdadeiro acesso ao mistério da Trindade.

f) Deus uno e trino: Santo Tomás de Aquino

O gênio teológico-especulativo de Santo Tomás (1224-1274) completou a obra de Santo Agostinho. Ele criou um

---

28. Ibid., V e VII.

29. Ibid., VIII, 8, 12.

sistema trinitário altamente lógico. Parte, primeiramente[30], daquilo que na Trindade é um, quer dizer, da essência una. Desta forma garante desde o início o caráter divino e consubstancial das Pessoas. Em seguida estuda as processões, seguindo um caminho aberto por Agostinho, tomando a analogia do espírito que, sendo o que é, conhece (Verbo, Filho) e ama (o Dom, o Espírito Santo). Depois de estabelecidas as distinções das Pessoas a partir das processões (formas distintas de uma provir da outra), analisa as relações reais entre elas. É aqui que Tomás aprofunda e, de certa forma, completa as intuições de Santo Agostinho. As relações são dadas pelo fato das processões; mas, considerando-se bem de que tipo de relações se trata, evidencia-se, segundo Santo Tomás, que são exatamente elas que constituem internamente a Trindade[31]. As relações são subsistentes e permanentes porque em Deus não existe nada de fortuito e acidental, como ocorre com as criaturas. Agostinho vira as Pessoas como sujeitos relacionados, percebera que a relação coincide com a essência, mas não afirmara claramente que as relações eram substanciais. Tomás define exatamente as Pessoas divinas como *relações subsistentes*[32]. Assim como pessoa significa um subsistente distinto na natureza humana, Pessoa na Trindade significa analogicamente um Subsistente distinto na natureza divina. Este Subsistente está sempre em relação eterna com os outros Subsistentes. Destarte temos as Pessoas divinas que são Subsistentes

---

30. Cf. *Sum. Theol.* I, q. 2 prol. Cf. tb. VANIER, P. *Théologie trinitaire chez St. Thomas d'Aquin*. Paris, 1953. • BOURASSA, F. "Note sur le traité de la Trinité dans la Somme Théologique de St. Thomas". *Science et Esprit*, 27, 1975, p. 187s.

31. *Sum. Theol.* I, q. 28, a. 2.

32. *De Pot.* q. 9, a. 4.

permanente e eternamente relacionados, constituindo um único Deus ou a única natureza divina. Com isso Tomás plenificou a dinâmica especulativa aberta por Agostinho, permanecendo no Ocidente como o grande teólogo sistemático do mistério trinitário. Mais adiante veremos que, numa situação cultural mudada, far-se-ão novas achegas ao conceito de pessoa, mas sempre em discussão com as doutrinas destes dois grandes mestres do pensamento cristão.

3 A luta das palavras e das fórmulas: uma natureza e três pessoas

Cada ciência possui suas palavras técnicas com as quais se compreende com exatidão o que se pretende dizer. A teologia possui um acervo grande de palavras-chave para expressar o que se pensa na fé. As palavras são para a teologia mais importantes do que para qualquer outra ciência, porque Deus ninguém vê nem experimenta empiricamente, como experimentamos as realidades do mundo. As palavras técnicas em teologia fixam o consenso encontrado depois de muitos tateamentos, equívocos e acertos de gerações e gerações de pensadores cristãos.

Especialmente na doutrina da Trindade estamos vinculados a um certo número de palavras (e de conceitos) sem os quais não entenderíamos a Tradição e a linguagem vigente da nossa fé. Elas precisam ser apropriadas por todos os que querem chegar a uma visão teológica de sua fé que vá para além da simples formulação existencial e catequética.

Não devemos também olvidar que cada palavra-chave da teologia encerra grandes controvérsias porque esconde os grandes mistérios da fé no ingente esforço de esclarecer seu conteúdo. Cada palavra fixa um determinado conteúdo e determina uma certa direção do pensamento. Entretanto, nenhum conteúdo colhe toda a profundidade do mistério. Este permanece sempre virgem, desafiando novas formulações.

Assim, por exemplo, quando Tertuliano divulgou a expressão "Trindade", "economia" (a ordem entre os Nomes divinos, primeiro o Pai, segundo o Filho e terceiro o Espírito Santo) e outras, sentiu o desconcerto provocado entre os fiéis simples que sempre constituem a grande maioria do povo cristão. Eles se haviam convertido do politeísmo à fé num único Deus. Fora um grande passo. Agora com a proclamação da Trindade tinham a impressão de que retornavam ao que haviam abandonado, ao politeísmo. "Monarchiam, inquiunt, tenemus!", gritavam; quer dizer: "Temos, diziam, a monarquia" (o monoteísmo). Tertuliano, eminente teólogo, confessa: "Estas pessoas simples constantemente nos acusam de pregar dois ou três deuses, e estão convencidas de que são elas as que adoram o único Deus"[33]. Em seguida faz um esforço imenso em mostrar-lhes que a Trindade não destrói a unidade, porque a Trindade deriva da unidade. Por sua própria natureza intrínseca a unidade divina constitui a Trindade, não por um processo de subdivisão (o que seria politeísmo), mas por um princípio de integração que a divindade possui de forma essencial.

a) Como denominar o que distingue em Deus?

O problema que agora emerge é o seguinte: Como denominar o que se distingue em Deus e como denominar

---

33. *Adv. Praxeam,* 3: PL 2, 180.

o que é sempre idêntico em Deus? Em outras palavras: Que nome comum dar aos Três, Pai, Filho e Espírito Santo? Como chamar a unidade deles, pois Eles constituem um só Deus? A evolução foi diferente entre os latinos e os gregos. Em função da clareza, vamos ater-nos estritamente aos elementos essenciais, com a consciência de que com isso também simplificamos a realidade.

Para significar o que em Deus é três os gregos usavam a palavra *prósopon*[34]. *Prósopon* significa uma realidade concreta individual como José, Maria, este cavalo aqui, esta planta acolá. O importante não é expressar se esta realidade é consciente ou não, pessoa ou coisa, mas enfatizar que se trata de algo individual e objetivo. Aplicado à Trindade significa: em Deus há três: Pai, Filho e Espírito Santo, diferentes, concretos e objetivos. O Deus cristão são três *prósopa*. Como cada *prósopon* (a individualidade) é, não vem esclarecido pela palavra.

Tertuliano traduz *prósopon* por *persona* em latim, pessoa em português. Para os latinos *persona* (pessoa) é o indivíduo *humano* concreto; não se chamaria de *persona* a um cavalo ou a uma árvore. A tradução de Tertuliano é correta, mas acrescenta ao *prósopon* grego uma conotação inexistente nele, a dimensão de subjetividade, de espiritualidade, de personalidade, embora Tertuliano mesmo aproximasse *persona* a *res* (objeto concreto). Quando Tertuliano diz que em Deus há três Pessoas quer dizer o seguinte, como os

---

34. Para toda esta questão cf. FOLCH GOMES, C. *A doutrina da Trindade eterna*. Op. cit., totalmente dedicada ao estudo do que significa "três Pessoas" na história antiga e no pensamento moderno. • CANTALAMESSA, R. "A evolução do conceito do Deus pessoal na espiritualidade cristã". *Concilium*, 123, 1977, p. 301-311. • PRESTIGE, J.L. *Dios en el pensamiento de los Padres*. Op. cit., p. 171-188.

gregos: em Deus existem três realidades concretas, distintas, objetivas, Pai, Filho e Espírito Santo; portanto, três individualidades objetivas. Por conseguinte, não se trata só de palavras, mas de realidades objetivas.

Resumindo podemos dizer: em Deus subsistem três *prósopa* (gregos) ou três *personae* (latinos), vale dizer, três individualidades concretas, que o Novo Testamento chama de Pai, Filho e Espírito Santo.

b) Como denominar o que une em Deus?

Para significar a unidade em Deus, vale dizer, o que une as três Pessoas, os gregos usavam a expressão *hypóstasis*. A filologia desta palavra grega sugere claramente o seu conteúdo: o que está debaixo, o fundamento, o que é constante face às diferenciações que possam ocorrer. *Hypóstasis* foi empregada também como sinônimo de *ousía*, que significa essência. Essência, como veremos mais tarde, é aquilo pelo qual tal coisa é o que é. Em Deus existe, portanto, uma *hipóstase*, ou uma *ousía* ou uma essência e três Pessoas[35].

Os latinos traduziram *hypostasis* por *substantia*, pois existe uma correlação filológica perfeita entre uma palavra e outra (*hypó* = sub; *stasis* = *stantia* do verbo *stare*). Substância (em português) significa, portanto, o mesmo que essência, aquilo que é estável, que não muda e que permanece quando ocorrem as diferenciações. Os latinos diziam então: em Deus existem *una substantia et tres personae*: uma substância e três Pessoas.

---

35. A substituição de hipóstase por *ousía* foi facilitada pelo Concílio de Niceia (325) que definira Cristo como da mesma *ousía* do Pai (*homooúsios*), vale dizer, com a mesma natureza e essência do Pai.

c) Confusão e clarificação das palavras

No final do século III ocorreu uma grande confusão. Os gregos se viram obrigados a abandonar o termo *prósopon* para designar as três Pessoas divinas, porque a palavra passou a ser usada pelos modalistas que com ela propagavam sua heresia. O modalismo sustenta que Deus é um e único e não pode se verificar nele nenhuma diferença. Como já ressaltamos anteriormente, os modalistas afirmavam que este Deus um e único se manifestou mediante três pseudônimos, caras ou máscaras, enquanto Pai, enquanto Filho e enquanto Espírito Santo.

Ocorre que em grego cara ou máscara pode ser significado por *prósopon*. Anunciar que em Deus existem três *prósopa* (cara, máscara ou individualidade objetiva) podia ser entendido de forma ambígua e herética destruindo a compreensão trinitária. Em função da clareza e com o intuito de evitar falsas compreensões, os gregos substituíram *prósopon* por *hypóstasis*.

Por que esta substituição? Hipóstase não fora reservado para expressar a unidade de Deus? Por que agora foi assumido para significar a diferença? A razão reside no fato de que hipóstase não significa apenas um conceito abstrato querendo expressar a substância, aquilo que permanece nas mudanças de uma realidade concreta. Hipóstase podia expressar também uma realidade objetiva e *subsistente* em oposição a uma realidade inconsistente, mera palavra sem conteúdo. Não raro, hipóstase era equiparada a coisa (*pragma* em grego, *eres* em latim). Ademais, Orígenes, o maior gênio do cristianismo, usara pela primeira vez esta palavra *hipóstase* para expressar as três Pessoas da Trindade. E a autoridade de Orígenes pesava muito naquele tempo. Então convencionou-se chamar o Pai, o Filho e o Espírito Santo de três hipóstases[36]. Hipóstase será sinônimo de pessoa. Em lugar da antiga hipóstase que expressava a unidade de Deus se conservou seu sinônimo, *ousía*. Os gregos expressavam assim sua fé na Trindade: em Deus existem três hipóstases e uma ousía (*ireis hypostáseis kai mia ousía*) ou em formulação latina: *tres personae et una essentia vel substantia*, traduzindo para o português: Deus existe em três pessoas e numa natureza, essência ou substância.

A confusão surgiu quando os latinos traduziram o novo emprego de hipóstase aplicado às três Pessoas. Em vez de traduzir por *persona* (pessoa), traduziam literalmente por *substantia* (substância, natureza, essência). E aí era evidente a heresia: em Deus haveria três substâncias (naturezas), portanto, haveria três deuses. Por isso os latinos insistiam que se mantivesse o termo já consagrado outrora *prósopon*. Esta confusão se evidenciou em Antioquia no final do século IV.

Durante cerca de 20 anos dois bispos armaram uma grande disputa com a criação de duas facções. A facção do Bispo Melécio († 381) queria manter a expressão *três hipóstases* para as três Pessoas, e era apoiada pelos três grandes capadócios; havia o risco de serem entendidos de forma triteísta ou subordinacionista (ariana). A outra facção, do Bispo Paulino, sustentava a expressão *três prósopa* e contava com o

---

36. No Sínodo de Alexandria em 362, presidido por Santo Atanásio, consagrou como legítima a fórmula "treis hypostáseis". Esclareceu-se igualmente o sentido: "treis hypostáseis" não é mais sinônimo de "treis ousíai" (três essências), pois implicaria o triteísmo (na afirmação da existência de três deuses). Caso hipóstase continuasse como sinônimo de *ousía*, deveríamos então dizer: Em Deus há uma só hipóstase ou uma só *ousía* (natureza, substância ou essência).

103

apoio dos ocidentais, do Papa Dâmaso († 384) e de Santo Atanásio de Alexandria († 373); havia o risco de serem entendidos de forma modalista. Um grupo anatematizava o outro; os gregos criticavam especialmente o termo *prósopon* (individualidade concreta) por ser muito ambíguo e evocar o modalismo; os latinos criticavam a expressão *hipóstase* (o sentido de Orígenes e agora consagrado: individualidade subsistente e concreta) porque temiam que fosse entendida literalmente e então fosse traduzida para o latim não como *persona* (pessoa), mas como *substantia* (substância, natureza); isso levaria ao triteísmo ou ao subordinacionismo.

O acordo foi conseguido por São Gregório Nazianzeno no Concílio Ecumênico de Constantinopla (381) quando deixou clara a equivalência, aceita por todos, entre a fórmula grega três *hipóstases* e a fórmula latina de três *pessoas*.

Em 382 os bispos que estavam presentes no Concílio de Constantinopla I (381) enviaram uma profissão de fé ao Papa Dâmaso explicitando esta equivalência nos seguintes termos: Cremos "na única divindade e potência e substância (*ousía*) do Pai e do Filho e do Espírito Santo, a dignidade igual e o império coeterno em três perfeitas *hipóstases* (*hypostáseis*), isto é, em três perfeitas pessoas (*prósopa*)". Como se evidencia, aparecem aqui os dois termos clássicos e técnicos: uma essência ou substância (*ousía*) e três *hipóstases* ou *prósopa*, vale dizer, três *pessoas*.

d) Há realmente equivalência entre hipóstase e pessoa?

A intenção dos teólogos latinos e gregos era de expressar com palavras diferentes a mesma fé. Entretanto, as palavras possuem conotações diversas e sugerem perspectivas que nem sempre são idênticas em latim e em grego. Aqui importa ter clareza sobre a autêntica intenção dos Padres Conciliares ao usarem as palavras que usaram: *hipóstases* (gregos) e *pessoas* (latinos). Todos querem reafirmar que Deus coexiste em três subsistentes distintos. Os três não são algo meramente verbal ou metafórico, mas algo realmente objetivo e concreto. Dito numa formulação que toma o dogma cristológico como paradigma: aquilo que em Cristo é um (a Pessoa divina do Filho) é na Trindade múltiplo (as três Pessoas); aquilo que em Cristo é múltiplo (as duas naturezas, a divina e a humana) na Trindade é um (uma única *ousía* ou substantia ou natureza). Esta foi a intenção do concílio e que faz fé.

Qual o conteúdo concreto dos três? Parece que o Concílio de Constantinopla nada definiu a respeito. Deixou a questão aberta à reflexão dos teólogos. Santo Agostinho o diz expressamente: "Quando se nos pergunta que são estes três, temos que reconhecer a indigência extrema de nossa linguagem. Dizemos três Pessoas para não guardar silêncio, não como se pretendêssemos definir a Trindade"[37].

Entretanto, as palavras usadas pelos gregos e pelos latinos possuem, filológica e pragmaticamente, conotações distintas. Os gregos usam *hipóstase* para expressar o que se distingue em Deus. Em si, esta palavra *hipóstase*, no uso corriqueiro, designa apenas um indivíduo concreto e distinto de outro; assim um cavalo, uma árvore, uma pessoa podiam ser chamados de hipóstase. O acento no uso desta palavra não recaía sobre a dimensão de subjetividade, mas

---

37. *De Trinitale* V, 9, 10. Cf. ibid., VII, 6, 11.

tão somente de objetividade. Em outras palavras: aí há um ser distinto e identificável que não é o outro, mas dele se distingue. Aplicado à Trindade implica dizer: coexistem três realidades objetivas e distintas entre si, o Pai, o Filho e o Espírito Santo: a Trindade santa.

Evidentemente em se tratando de Deus, a palavra *hipóstase* assume um conteúdo de subjetividade; mas isso não é necessitante, já que a palavra em si quer enfatizar que o Deus cristão implica a existência de três "coisas" (*prágmata*) reais e não meramente imaginadas: o Pai, o Filho e o Espírito Santo. Devemos contudo observar que a pesquisa dos últimos vinte anos mostrou que a expressão *prósopon* (pessoa) assumiu também entre teólogos notáveis como Tertuliano, Novaciano, Ireneu e outros uma conotação de subjetividade. Ao comentarem os textos bíblicos que aludiam a uma possível revelação trinitária (Gn 1,26; 19,24; Is 45,14s.; Sl 44,1.8; 109,1) usavam a expressão *prósopon-persona* (pessoa) numa perspectiva dialogal e de mútua relação, pelo menos entre o Pai e o Filho, aparecendo assim o caráter subjetivo e "pessoal" dos Três divinos[38].

A palavra latina *persona*, correspondente a hipóstase, aponta, no seu uso, para esta dimensão de subjetividade. Para os latinos, pessoa encerra a ideia de um sujeito consciente, um interlocutor e não uma realidade meramente objetiva e concreta. Pessoa conota, pois, a ideia de três portadores dos atributos divinos de forma igual, como aparece

---

38. Cf. ANDRESEN, C. "Zur Entstehung und Geschichte des trinitarischen Person-Begriffes". *Zeitschrift für neutestamentliche Wissenschaft*, 52, 1961, p. 1-39. • STUDER, B. "Zur Entwicklung der patristischen Trinitätslehre". *Theologie und Glaube*, 74, 1984, p. 81-93, que valoriza positivamente a perspectiva de Andresen.

na Confissão de fé do Papa Dâmaso ao Bispo Paulino: os três são igualmente vivos, vivificantes, criadores de tudo, salvadores etc. (DS 173). A palavra *pessoa* evoca, espontaneamente, Três divinos, como a fé sempre o creu.

Pergunta-se: Há equivalência entre hipóstase e pessoa? Num primeiro sentido sim, há na medida em que gregos e latinos querem expressar que Deus significa três "realidades" e que por isso Deus é Trindade; em seguida, há na medida em que *prósopon* em alguns autores (que ajudaram a formular a teologia trinitária) já encerrava uma referência personalista. Não há equivalência em muitas passagens nas quais hipóstase não inclui aquela dimensão de subjetividade que está presente na *persona* latina. Repetindo: hipóstase afirma a objetividade dos Três divinos e pessoa a subjetividade. Embora as conotações sejam diversas, ambas se completam, pois se poderá dizer com sentido: o que é objetivo quando falamos de Deus é a natureza (*ousía* ou *substantia*) e o que é subjetivo são as três Pessoas (*personae* ou *hypostáseis*).

De todas as formas à deriva da concepção latina de *pessoa* a teologia do Ocidente irá, a partir de Agostinho com Boécio, Santo Tomás de Aquino, Duns Escoto e os modernos, aprofundar de maneira original o conceito pessoa para poder aplicá-lo ortodoxamente à Santíssima Trindade. Mas esta parte será abordada mais adiante.

IV
A compreensão dogmática da Trindade Santíssima

Nesta parte pretendemos expor sucintamente a doutrina obrigatória como foi consagrada pelos grandes concílios concernentes à Santíssima Trindade. A experiência cristã que se exprimia na fé em Deus-Pai, no Deus-Filho e no Deus-Espírito Santo exigiu cerca de 150 anos de reflexão para chegar a ser formulada numa doutrina com suas palavras técnicas (instrumentos teóricos) com as quais conseguimos *falar* ortodoxamente sobre este augusto mistério. O tempo vai desde os inícios do século III com Tertuliano até o Concílio de Constantinopla em 381. A formulação da doutrina trinitária caminhou *pari passu* com a doutrina sobre Cristo, Filho de Deus consubstancial com o Pai.

1 Pronunciamentos oficiais do Magistério

Dentre os muitos pronunciamentos oficiais do Magistério (seja papal como dos papas Dionísio e Dâmaso, seja conciliar) destacamos alguns que nos parecem recolher a substância da fé dogmática sobre a Trindade. Usamos a expressão "dogmática" num sentido positivo: a doutrina vinculante para todos os fiéis expressa oficialmente pela instância doutrinária autêntica da Igreja que é o Magistério dos Concílios Ecumênicos ou o solene dos papas.

a) O símbolo de Niceia: o Filho consubstancial ao Pai

Em 19 de junho de 325 o Imperador Constantino convocou para a pequena cidade de Niceia 318 bispos que ficaram reunidos até 25 de agosto do mesmo ano. Contra os arianos que sustentavam Jesus ser apenas semelhante a Deus, mas não igual a Ele em natureza, os padres conciliares definiram de forma soleníssima a seguinte fórmula que abre o caminho para uma concepção trinitária de Deus:

> Cremos em um só Deus *Pai* oniponte, criador de todas as coisas, visíveis e invisíveis; e em um só Senhor Jesus Cristo *Filho* de Deus, nascido unigênito do Pai, isto é, da substância do Pai, Deus de Deus, luz de Luz, Deus verdadeiro de Deus verdadeiro, engendrado, não feito, *consubstancial* ao Pai (em grego se diz *homooúsion*), por quem todas as coisas foram feitas, as que há no céu e as que há na terra, que por nós homens e por nossa salvação desceu (do céu) e se encarnou, se fez homem, padeceu, e ressuscitou ao terceiro dia, subiu aos céus, e há de vir para julgar os vivos e os mortos.
>
> E no *Espírito Santo*.
>
> Mas aos que afirmam: Houve um tempo em que não foi e que antes de ser engendrado não foi e que foi feito do nada, ou os que dizem que é de outra *hipóstase* ou de outra *substância* ou que o Filho de Deus é cambiável ou mutável, a estes anatematiza a Igreja Católica (DS 125).

Sublinhamos os seguintes pontos: em primeiro lugar, enuncia-se a fé na Trindade, Pai, Filho e Espírito Santo; em segundo lugar, define-se a relação entre o Pai e o Filho: são da mesma substância; aqui ocorre a palavra-chave *homooúsion*, da mesma e igual *ousía*, quer dizer, essência e substância; esta palavra vai se impor, como vimos, para expressar o que une na Trindade; em terceiro lugar, usa-se a palavra *hipóstase* como sinônimo de *ousía* ou substância; já consideramos que assim era até Niceia; posteriormente, sob a influência de Orígenes e decisivamente pelos capadócios, hipóstase vai ser sinônimo de *prósopon*, de *pessoa* para designar o que distingue em Deus. Por fim se fala do Espírito Santo sem precisar nada objetivamente, o que será feito depois de Niceia até o primeiro Concílio de Constantinopla em 381; mas Ele consta como pertencendo ao *Credo* comum de toda a Igreja.

Niceia decide o caminho posterior da cristologia e da doutrina sobre a Trindade, porque deixa claro que sob o nome Deus coexistem três, Pai, Filho e Espírito Santo, constituindo a unidade e unicidade de Deus.

b) O símbolo niceno-constantinopolitano: o Espírito Santo é Deus com o Pai e o Filho

O que Niceia insinuou, explicitou-o plenamente o Concílio Ecumênico de Constantinopla que reuniu 150 bispos entre maio e 30 de julho de 381: o Espírito Santo é da mesma natureza do Pai e do Filho; é, portanto, Deus. Vejamos o texto que retoma o Credo de Niceia completando-o:

> Cremos em um só *Deus*, Pai todo-poderoso, criador do céu e da terra, de todas as coisas visíveis e invisíveis.

E em um só Senhor Jesus Cristo, o *Filho* unigênito de Deus, nascido do Pai antes de todos os séculos, luz de Luz, Deus verdadeiro de Deus verdadeiro, nascido, não feito, *consubstancial* com o Pai, por quem foram feitas todas as coisas; que por nós homens e por nossa salvação desceu dos céus e se encarnou por obra do Espírito Santo e de Maria Virgem, e se fez homem e foi crucificado por nós sob Pôncio Pilatos e padeceu e foi sepultado e ressuscitou ao terceiro dia segundo as Escrituras, e subiu aos céus, e está sentado à destra do Pai, e outra vez há de vir com glória para julgar os vivos e os mortos; e seu reino não terá fim.

E no *Espírito Santo*, Senhor e fonte de vida, que procede do Pai, que juntamente com o Pai e o Filho é adorado e glorificado, que falou pelos profetas.

Em uma única Santa Igreja Católica, e Apostólica. Confessamos um só batismo para a remissão dos pecados. Esperamos a ressurreição da carne e a vida do século futuro. Amém (DS 150).

Neste Credo se indica com toda a clareza o que é três em Deus: Pai, Filho e Espírito Santo; o texto conciliar não usa a expressão típica que foi cunhada e aceita por todos: três hipóstases (em grego) ou três pessoas (em latim), por obra e esforço de São Gregório Nazianzeno. Mas exprime-se com igual clareza a unidade de substância ou natureza entre os três. Observe-se que na fórmula apenas se diz que o Espírito Santo procede do Pai. Deixa-se em aberto a forma como procede: se diretamente ou *através do* Filho (espiritualidade grega) ou *com* o Filho (espiritualidade latina).

c) O símbolo "Quicumque" ou pseudoatanasiano: unidade na Trindade e Trindade na unidade

À base dos pontos assegurados por Niceia e Constantinopla de que Deus é três Pessoas ou hipóstases e uma substância ou *ousía* (essência) construiu o genial Santo Agostinho o primeiro tratamento verdadeiramente sistemático do dogma trinitário. Agostinho marca o caminho tipicamente ocidental de acesso ao mistério (embora não exclusivamente, pois também teólogos orientais trilharam por esta mesma via como Gregório Nazianzeno, Epifânio e outros). Parte da unidade absoluta de Deus. Deus significa, não como os gregos, em sentido absoluto, o Pai, mas a Trindade das Pessoas, pois "a Trindade é o único Deus verdadeiro"[1]. Desta unidade passa à consideração de cada uma das Pessoas. Esta diferenciação da unidade vem da relação absolutamente substancial que é própria de Deus. As relações que Deus tem para consigo mesmo não são determinações ulteriores ou modificadoras de sua essência; são esta mesma essência em correlação imanente, inerente e eterna. Estas relações absolutas constituem o único Deus verdadeiro que se chama Pai, Filho e Espírito Santo. A unidade na Trindade e a Trindade na unidade: eis a fórmula básica de Agostinho.

Esta expressão teológica da fé trinitária comum ganhou corpo num Credo chamado "Quicumque" (porque assim começa em latim), atribuído falsamente a Santo Atanásio (295-373). Na verdade foi composto por um autor anônimo entre 430-500 no sul da França. Este símbolo ga-

---

1. SANTO AGOSTINHO. *De Trinitate,* I, 6, 12; XV, 4.6. Cf. BOURASSA, F. "Théologie trinitaire chez Saint Augustin". *Gregorianum,* 58, 1977), p. 675-725.

nhou uma autoridade enorme a ponto de ser equiparado com o niceno-constantinopolitano e ter sido assimilado na liturgia. Ele possui, entretanto, um limite interno porque justapõe demasiadamente unidade e trindade sem pôr em evidência suficiente a articulação de ambas. Transcrevemos o texto porque nele ocorrem todos os termos técnicos da compreensão dogmática:

> Todo aquele (*Quicumque*) que quiser salvar-se, antes de tudo é necessário que mantenha a fé católica; e quem não a guardar íntegra e inviolada sem dúvida perecerá para sempre.
>
> Ora bem, a fé católica é esta: que veneremos a um só Deus na Trindade e a Trindade na unidade; sem confundir as pessoas nem separar a substância. Porque uma é a pessoa do Pai, outra a do Filho e outra (também) a do Espírito Santo; porém, o Pai, o Filho e o Espírito Santo têm uma só divindade, glória igual e coeterna majestade. Qual o Pai, tal o Filho e tal (também) o Espírito Santo; incriado o Pai, incriado o Filho e incriado (também) o Espírito Santo; imenso o Pai, imenso o Filho, imenso (também) o Espírito Santo. E não obstante, não são três eternos, senão um só eterno, como não são três incriados, nem três imensos, senão um só eterno, e um só imenso. Igualmente, onipotente o Pai, onipotente o Filho, onipotente (também) o Espírito Santo. E no entanto não são três onipotentes, senão um só onipotente.
>
> Assim Deus é Pai, Deus é Filho, Deus é (também) Espírito Santo; e, no entanto, não são três deuses, senão um só Deus. Assim, Senhor é o Pai, Senhor é o Filho, Senhor é (também)

o Espírito Santo; e, no entanto, não são três Senhores, senão um só Senhor: porque assim como pela verdade cristã somos compelidos a confessar como Deus e Senhor a cada pessoa em particular, assim a religião católica nos proíbe dizer três deuses e senhores. O Pai por ninguém foi feito nem criado nem engendrado. O Filho foi somente pelo Pai, não feito nem criado, mas engendrado. O Espírito Santo, do Pai e do Filho, não foi feito nem criado nem engendrado senão que procede.

Há, consequentemente, um só Pai, não três pais; um só Filho, não três filhos; um só Espírito Santo, não três espíritos santos; e nesta Trindade nada é antes nem depois, nada maior ou menor, senão que as três pessoas são entre si coeternas e coiguais, de sorte que, como antes se disse, por tudo deve-se venerar tanto a unidade na Trindade quanto a Trindade na unidade.

Quem quiser, pois, salvar-se assim deve pensar da Trindade (DS 75).

Como se depreende, predomina uma consideração doutrinária com um sentido quase estatutário das formulações. À diferença dos símbolos anteriores nos quais se enfatizava, em primeiro plano, a Trindade econômica (sua revelação e ação na história), aqui se permanece na perspectiva da Trindade imanente. Sente-se que a doutrina trinitária já está assegurada: unidade de substância e diversidade de Pessoas com igual dignidade; por isso a cada uma se atribuem todos os atributos divinos.

d) O símbolo do Concílio de Toledo e o Concílio de Florença: o Espírito Santo procede do Pai e do Filho (filioque)

O símbolo niceno-constantinopolitano quando se refere ao Espírito Santo diz que Ele procede do Pai sem citar o Filho. Os latinos, para reforçar a igualdade de substância também do Espírito Santo e assim rebater o subordinacionismo (arianismo) ainda persistente na Espanha visigótica, começaram a falar que o Espírito Santo procede do Pai e do Filho (*filioque*). O texto do I Concílio de Toledo do ano 400 reza assim:

> Existe também o Espírito Paráclito, que não é nem o Pai nem o Filho, senão que procede *do Pai e do Filho*. É pois ingênito o Pai, engendrado o Filho, não engendrado o Espírito Santo senão que procede *do Pai e do Filho* (DS 188).

Bastante depois, no III Concílio de Toledo em 589, o Rei Recaredo, recém-convertido do arianismo, ordena intercalar a nova fórmula do *Filioque* (e do Filho) no símbolo niceno-constantinopolitano. No assim chamado símbolo do Rei Recaredo, elaborado neste Concílio de Toledo, se diz claramente:

> O Espírito Santo é igualmente professado e pregado por nós como procedendo *do Pai e do Filho*, e com o Pai e o Filho possui a mesma substância; portanto, a terceira pessoa da Trindade é o Espírito Santo que possui também com o Pai e o Filho a essência da divindade (DS 470).

A fórmula, útil para combater os que negavam a divindade do Filho e do Espírito Santo (arianos) se divulgou por toda a Igreja latina até que em 1014, por ocasião da coroação de Henrique II pelo Papa Bento VIII em Roma, o Credo fosse cantado com a interpolação do *Filioque* na Basílica de São Pedro.

Os orientais consideraram um ato cismático modificar o texto sagrado do Credo comum, ainda mais que o Concílio de Éfeso (431) havia condenado com anátema quem professasse "uma outra fé", diversa daquela do Concílio de Niceia. O Concílio de Calcedônia (451) renovara a mesma sanção.

Mas vigoravam também razões de ordem teológica. Para os orientais a causa única das Pessoas divinas é o Pai (monarquia do Pai). São João Damasceno no século VIII assim resumia a posição dos orientais: "O Espírito é Espírito do Pai [...] mas Ele é também Espírito do Filho, não porque Ele procede do Filho, mas porque Ele procede *mediante* o Filho do Pai, porquanto não há senão uma única causa, o Pai"[2]. O Pai, portanto, na concepção grega, constitui a fonte originante de toda divindade e da diversidade das Pessoas. Num outro texto, enfatiza São João Damasceno: "Nós não dizemos que o Filho é causa, por isso nós não dizemos que Ele é Pai [...]. Nós não dizemos que o Espírito procede do Filho, mas nós dizemos que Ele é o Espírito do Filho"[3].

O Filho e o Espírito provêm do Pai conjuntamente e juntos, porquanto a Palavra e o Sopro (Espírito) saem juntos da boca do Pai[4].

Não queremos entrar, por agora, nesta árdua discussão; apenas queremos entender a perspectiva dos orientais e as dificuldades que encontraram com o *Filioque* interpolado no

---

2. SÃO JOÃO DAMASCENO. *De fide orthodoxa*, I, 12: PG 94, p. 849.

3. Ibid., p. 832-833.

4. Cf. EVDOKIMOV, P. *L'Esprit Saint dans la tradition orthodoxe*. Paris, 1969, p. 56.

Credo. A par de querelas políticas entre Ocidente e Oriente, esta questão do *Filioque* levou a um doloroso cisma em 1054 quando o legado papal Humberto depositou sobre o altar da Santa Sofia em Bizâncio seu documento acusando os gregos de haverem suprimido o *Filioque* do Credo!

O *Concílio de Florença* (de 1431 a 1447), depois de difíceis discussões, formulou um texto de conciliação dogmática entre a concepção ocidental do *Filioque* e aquela clássica dos gregos (do Pai através do Filho: *ek Patrós dià Hyoú*). Apresentamos a tradução do latim:

> Da processão do Espírito Santo. Em nome da Santa Trindade, do Pai, do Filho e do Espírito Santo, com a aprovação deste concílio universal de Florença, definimos que por todos os cristãos seja crida e recebida esta verdade de fé e assim todos professem que o Espírito Santo procede eternamente *do Pai e do Filho*, e do Pai juntamente e do Filho tem sua essência e seu ser subsistente, e *de um e de outro* procede eternamente *como de um só princípio*, e por uma única espiração; declaramos ainda que o que os santos Doutores e os Padres dizem, que o Espírito Santo procede do Pai *pelo* e *através* do Filho, tende a esta compreensão, para significar através disso que também o Filho é, segundo os gregos, causa e, segundo os latinos, princípio da subsistência do Espírito Santo, como também o Pai. E posto que tudo o que é do Pai, o Pai mesmo o deu a seu Filho unigênito ao gerá-lo, fora o fato de ser Pai, o fato de o Espírito Santo proceder do Filho, isso o tem o mesmo Filho eternamente também do Pai, de quem é também eternamente gerado. Definimos além disso que a adi-

ção das palavras *Filioque* (e do Filho), foi lícita e razoavelmente posta no Símbolo por declarar a verdade e por necessidade urgente daquele tempo (DS 1300-1302). Esta declaração é datada de 6 de julho de 1439. Como se percebe, há um esforço de conciliação. A partir de sua concepção de fundo (que iremos ainda explanar) os gregos distinguem entre a causalidade do Pai (*arché*) e aquela do Filho (*aitía*); para os gregos Deus é fundamentalmente o Pai; dele tudo procede, pois é a causa única de tudo e de todos, também do Filho e do Espírito; se o Filho é também causa, o é de uma forma recebida do Pai; por isso distinguem as duas causalidades. Os latinos, como se expressa no texto conciliar, englobam as duas causalidades pela única expressão "principium". Ao espirarem juntos o Espírito Santo, o Pai e o Filho não fundam dois princípios; são um só princípio (o Concílio de Florença diz bem "tanquam ab *uno* principio": DS 1300) porque o Filho juntamente com o Pai espira o Espírito Santo enquanto é Filho do Pai e não Filho simplesmente. As expressões: o Espírito Santo procede do Pai *e do* Filho (latinos) e o Espírito Santo procede do Pai pelo (através do) Filho (gregos) podem perfeitamente dizer a mesma coisa.

e) Decreto aos Jacobitas: a interpenetração das três Pessoas (pericórese)

Entre as divinas Pessoas nada há de anterior, superior, maior, menor e posterior. Elas são coeternas, coiguais, coonipotentes. A razão aduzida pelo Magistério é a unidade da mesma natureza, substância ou essência que está em cada

Pessoa. Por causa da única natureza, cada uma das Pessoas está toda na outra (circuminsessão), penetra e é penetrada pela outra (circumincessão ou pericórese). O Concílio de Florença em seu Decreto aos Jacobitas (coptas e etíopes) no ano de 1442 expressou a comunhão entre as divinas Pessoas, tema fundamental para as nossas reflexões. Trata-se da pericórese (termo grego para significar a comunhão trinitária), base para uma compreensão personalista e viva da Santíssima Trindade. Traduzimos o texto do latim:

> Em virtude da unidade, o Pai está todo no Filho, todo no Espírito Santo; o Filho está todo no Pai, todo no Espírito Santo; o Espírito Santo está todo no Pai, todo no Filho. Ninguém precede o outro em eternidade, ou o excede em grandeza, ou o sobrepuja em poder. Eterno, em efeito, e sem começo é que o Filho exista do Pai; e eterno e sem começo é que o Espírito Santo proceda do Pai e do Filho. O Pai, quanto é ou tem, não o tem de outro, senão de si mesmo; e é princípio sem princípio. O Filho, quanto é ou tem, o tem do Pai, e é princípio do princípio. O Espírito Santo, quanto é ou tem, o tem juntamente do Pai e do Filho. Mas o Pai e o Filho não são dois princípios do Espírito Santo, senão um só princípio: assim o Pai, o Filho e o Espírito Santo não são três princípios da criação, senão um só princípio (DS 1331).

O IV Concílio do Latrão (1215) contra o abade Joaquim de Fiore († 1202) reafirmou a unidade divina, própria da Trindade, pois, nas palavras do Concílio, o referido abade "confessava não ser esta unidade própria e verdadeira, senão coletiva e por semelhança, à maneira como mui-

tos homens se dizem um povo e muitos fiéis uma Igreja"
(DS 803).

Em seguida o Concílio do Latrão ensina que não se
pode dizer: "a natureza não engendra, nem é engendrada
nem procede senão que é o Pai quem engendra, o Filho que
é engendrado e o Espírito Santo quem procede, de modo
que a distinção está nas Pessoas e a unidade na natureza.
Consequentemente, embora um seja o Pai, outro o Filho e
outro ainda o Espírito Santo, não são outra coisa: senão o
que é o Pai, o mesmo é absolutamente o Filho e o Espírito
Santo; de modo que, segundo a fé ortodoxa e católica, são
cridos como consubstanciais" (DS 805).

*f) O IV Concílio do Latrão: harmonia entre a Trindade imanente
e a Trindade econômica*

Talvez a fórmula mais clara nos termos e no equilíbrio
entre uma visão econômica e imanente da Trindade deve-
mo-la ao IV Concílio do Latrão celebrado em 1215 sob a
presidência do Papa Inocêncio III. Trata-se de dois textos,
um contra os valdenses e albigenses e outro contra o abade
Joaquim de Fiore. Vejamos o primeiro:

> Cremos firmemente e confessamos com simpli-
> cidade que é um só o verdadeiro Deus, eterno,
> imenso e imutável, incompreensível, onipoten-
> te e inefável, Pai, Filho e Espírito Santo; três
> Pessoas realmente e uma só essência – ou subs-
> tância ou natureza – absolutamente simples.
>
> O Pai de nenhum outro se origina; o Filho so-
> mente do Pai e o Espírito Santo de ambos con-
> juntamente: sem começo, sem continuação e

sem fim: o Pai gera, o Filho nasce e o Espírito Santo procede: consubstanciais e coiguais, coonipotentes e coeternos: princípio único de todos os seres, criador de todas as coisas, visíveis e invisíveis, espirituais e corporais: por sua força onipotente produziu do nada, simultaneamente, no começo do tempo ambas as criaturas, isto é, a espiritual e a corporal, ou seja, o anjo e o mundo, e depois o homem, como termo médio, composto de espírito e de corpo. Satanás e os outros demônios foram criados por Deus bons por natureza, tornando-se porém maus; e o homem pecou sob insinuação de satanás.

Esta Santíssima Trindade, indivisa segundo a essência comum e distinta segundo as propriedades das pessoas, concedeu ao gênero humano a doutrina da salvação, primeiramente por Moisés, os santos profetas e outros servos seus, conforme a ordenadíssima sucessão dos tempos. E finalmente, o Filho único de Deus, Jesus Cristo, encarnado pela operação comum de toda a Trindade (*a tota Trinitate communiter incarnatus*), concebido de Maria sempre Virgem por obra do Espírito Santo, feito verdadeiro homem, composto de alma racional e carne humana, pessoa única em duas naturezas, ensinou-nos mais abertamente o caminho da vida (DS 800-801).

Os textos trinitários sobre a Trindade para rebater Joaquim de Fiore († 1202) não são menos claros:

Cremos e professamos com a aprovação do Concílio (IV do Latrão)... que existe uma como que suprema realidade (*summa res*), por certo incompreensível e inefável, que é, entretanto, verdadeiramente, Pai, Filho e Espírito Santo; os três são simultaneamente Pessoas, cada uma distinta da outra, e por isso há em Deus uma única Trindade, e não uma quaternidade; com efeito, cada uma das três Pessoas é esta mesma Realidade (*res*), isto é, a substância, essência ou natureza divina; e só ela é o princípio único de todas as coisas, não havendo outro além deste.

Ora, esta Realidade nem gera, nem é gerada, nem procede e sim é o Pai que gera, o Filho que é gerado e o Espírito Santo que procede; assim as distinções se referem às Pessoas e a unidade à natureza. Por conseguinte, embora um seja o Pai, outro o Filho e outro o Espírito Santo, não são, contudo, outra coisa, mas o que é o Pai, o mesmo absolutamente é o Filho e o Espírito Santo de modo que, conforme a fé ortodoxa e católica, são cridos como consubstanciais.

De fato, o Pai, gerando o Filho desde toda a eternidade, comunica-lhe sua substância, consoante o mesmo Filho afirmou: O que o Pai me deu é maior que todas as coisas (Jo 10,29). Não é lícito, entretanto, dizer que o Pai lhe tenha dado parte da própria substância, retendo para si outra parte, visto ser a substância do Pai indivisível, como absolutamente simples é; nem tampouco se poderá dizer que, ao gerar o Filho, lhe haja o Pai transferido a própria substância, como que dando-a sem a reter para si, porquanto desta forma deixaria de ser substância. Resta, pois, que, sem diminuição alguma da substância do Pai, recebe-a o Filho ao nascer, e assim Pai e Filho possuem uma mesma substância.

Destarte a mesma Realidade (*res*) é o Pai, o Filho e o Espírito Santo também, procedendo este último dos outros dois (DS 804-805).

Nestas duas formulações encontramos a expressão clássica do dogma trinitário: uma natureza única e três Pessoas distintas; a distinção das Pessoas entre si se estabelece a partir de sua origem: o Pai sem origem, o Filho do Pai e o Espírito Santo do Pai e do Filho. O pronunciamento do Concílio equilibra maravilhosamente a Trindade imanente (as Pessoas em si mesmas) com a Trindade econômica (sua ação na história).

g) A declaração O mistério do Filho de Deus: *da Trindade econômica à Trindade imanente*

Nas reflexões iniciais sobre os dados reguladores da fé encontrados no Novo Testamento ficou claro que Deus se revelou assim como Ele mesmo é, vale dizer, como Trindade, Pai, Filho e Espírito Santo. A partir da Trindade que se manifestou no caminho de Jesus Cristo e na atuação do Espírito Santo nos é dado contemplar, na penumbra, o mistério próprio da comunhão que as três divinas Pessoas entretêm entre si. Modernamente, alguns teólogos, no marco de uma concepção radical da historicidade projetada também para dentro de Deus, sustentaram que Deus enquanto Trindade começou uma vez, quando estabeleceu uma relação para com sua criação. Punha-se assim em xeque a eternidade da Trindade. Tais teologúmenos (teorias teológicas) provocaram um pronunciamento da Sagrada Congregação para a Doutrina da Fé a 21 de fevereiro de 1972. Ela é importante porque não apenas reafirma o caráter ontológico da Trindade (Deus é Trino eternamente porque esta é sua natureza), mas também a ordem de nosso conhecimento: da economia à teologia, da Trindade manifestada na história à Trindade assim como ela é em si mesma. Eis o texto:

> A ideia de que a revelação nos deixou incertos sobre a eternidade da Trindade e particularmente sobre a existência do Espírito Santo como pessoa em Deus, distinta do Pai e do Filho, mostra-se contrária à fé. É verdade que o mistério da Santíssima Trindade nos foi revelado na economia da salvação, e principalmente no próprio Cristo, o qual, enviado ao mundo pelo Pai, juntamente com o Pai envia o Espírito Santo ao Povo de Deus para vivificá-lo.
>
> Mas por esta revelação dá-se aos fiéis certo conhecimento da vida íntima de Deus, na qual o Pai que gera, o Filho unigênito e o Espírito Santo procedente são da mesma substância e perfeitamente iguais, coonipotentes e coeternos (AAS 64 (1972) 237s.).

A relação entre Trindade econômica e Trindade imanente fica salvaguardada e também o "certo conhecimento" que, por causa desta relação, podemos desenvolver da Trindade assim como ela é em si mesma.

Para concluir esta parte doutrinal, seja recordado o Decreto aos Jacobitas do Concílio de Florença de 4 de fevereiro de 1442 onde se enunciou um princípio muito importante para a teologia trinitária, princípio este primeiramente formulado por Santo Anselmo de Cantuária († 1109): *"In Deo omnia sunt unum, ubi non obviat relationis oppositio":* "Em Deus tudo é um, onde não o impede a oposição das relações" (DS 1330). Neste Concílio de Florença, João, teólogo dos latinos, atestou o seguinte: "Segundo os doutores gregos e latinos, somente a relação é que multiplica as Pessoas nas produções divinas e se chama relação de origem; esta atende a estas duas coisas: de quem um e quem de outro. De modo semelhante o doutíssimo Cardeal Besarion († 1472), teólogo dos gregos, arcebispo de Niceia, disse no mesmo Concílio de Florença: "Ninguém ignora que os nomes pessoais da Trindade são relativos"[5]. Em outras palavras: Em Deus tudo é um (a criação, a redenção, a grandeza, a infinitude, a bondade) quando não o impede aquilo que é próprio e exclusivo de cada Pessoa; assim é próprio e exclusivo do Pai o ser sem origem; é próprio do Filho o ser gerado e proceder do Pai; é próprio do Espírito Santo o ser espirado pelo Pai e pelo Filho. Afora estas propriedades exclusivas, tudo na Trindade é um e tudo é realizado "communiter" por toda a Trindade.

2 Três tendências na sistematização trinitária

A doutrina teológica da Trindade construiu de forma rigorosa os instrumentos teóricos (termos e conceitos) com os quais pensa e expressa a verdade de Deus uno e trino. Vigoram regras estritas para o jogo linguístico trinitário; com isso se procura evitar as heresias (formas deturpadas de formular a fé) e dizer, de modo mais ou menos pertinente (na medida em que esta diligência é possível), o mistério inefável[6].

---

5. Rodapé explicativo referente ao Decreto aos Jacobitas encontra-se no *Denzinger-Rahner*, n. 703. Na edição de Denzinger-Schönmetzer esta nota foi supressa.

6. Cf. as belas advertências de Santo Agostinho, válidas para todos os tratadistas deste augusto mistério. O bispo de Hipona reconhece que "não há assunto

Cada termo técnico tem seu lugar e sua posição no jogo de linguagem, mas os acentos variam consoante as distintas formas de sistematizar todos os dados reguladores da fé. Na história da reflexão trinitária e, mesmo numa perspectiva teórica, podem-se discernir três grandes tendências de sistematização[7]. As tendências não surgem a bel-prazer. Elas se constituem quando o tema da Trindade deve ser pensado e exposto tendo em vista erros a serem combatidos. Num ambiente eivado de *politeísmo* (como era o caso do Império Romano e dos teólogos latinos em geral) é natural que a reflexão trinitária comece enfatizando a unicidade de Deus; se começar pregando a Trindade, os ouvintes parecerão escutar um politeísmo reduzido a três deuses em vez de muitos; a situação favorece uma reflexão centrada sobre a unidade de Deus e a partir daí sobre a diversidade de Pessoas.

Num outro ambiente, onde se insiste no monoteísmo, e na *monarquia* absoluta de Deus a ponto de se recusar qualquer outro ao lado de Deus e assim se negar a divindade de Jesus Cristo (situação dos pensadores gregos às voltas com o arianismo e o modalismo), a reflexão é levada a acentuar a diversidade em Deus; insiste-se na Trindade e nas Pessoas (Pai, Filho e Espírito Santo); a partir da diversidade se

---

a propósito do qual o erro não seja mais perigoso, a investigação mais árdua e a descoberta mais fecunda" (*De Trinitate* I, 3, 5). Santo Tomás aconselha neste tratado sobre a Santíssima Trindade "cautela e modéstia" (*Sum. Theol.* I, q. 31, a. 2).

7. A tipificação, com as simplificações que comporta, foi sugerida, primeiramente, por T. de Régnon: *Études de thèologie positive sur la Sainte Trinité.* Vol. I, 1892, p. 335-340; 428-435. • PIKASA, J. "Trinidad y ontologia en torno al planteamiento sistemático del misterio trinitario". *Estudios Trinitarios*, 8, 1974, p. 189-236, esp. p. 200-205. • BARRÉ, H. *Trinité que j'adore*. Paris, 1965, p. 21-54.

chega à unidade; somente assim se faz frente aos erros de um monarquismo rígido que não abre espaço à aceitação da Trindade.

Numa outra situação onde predomina fortemente o *individualismo*, a falta de comunhão e de solidariedade entre as pessoas em nível pessoal e social (é o nosso caso das sociedades excludentes no modo de produção capitalista), a reflexão é convidada a dirigir seu olhar nem para o monoteísmo nem para o trinitarismo, mas para a forma de relação que se estabelece entre as divinas Pessoas; insistir-se-á sobre a comunhão como o princípio primeiro e fundamental em Deus e em todos os seres, feitos à imagem e semelhança das relações trinitárias.

Como transparece, as distintas tendências se definem de fora para dentro; todas elas procuram tornar significativa a verdade da fé para a existência humana, lá onde esta sofre deturpações que podem ser corrigidas pela verdade da fé; ademais, a doutrina trinitária ajuda à existência e à sociedade a encontrar sua própria verdade querida pela Trindade.

Vejamos rapidamente cada uma destas tendências.

a) Da unidade da natureza à Trindade das Pessoas

No Credo rezamos: *"Credo in unum Deum...* creio em um só Deus..."* Nesta fórmula pode se expressar uma autêntica experiência espiritual centrada na unicidade de Deus. Deixou-se para trás a multiplicidade de "deuses" e a pessoa dialoga com um princípio único, Senhor dos céus e da terra, Deus, começo e fim de tudo. Ao rezar, o fiel não se dirige a uma Tri-unidade, a um Pai, Filho e Espírito Santo, mas simplesmente ao Mistério supremo, pessoalíssimo, espiritual, acessível às buscas humanas. Como passar desta unidade para a Trindade de Pessoas? Para esta questão se elaboraram dois caminhos que evitam erros históricos; de um lado impedir de entender as Pessoas como modalidades de expressão do mesmo e único Deus (modalismo) e de outro como uma evolução descendente do único Deus (subordinacionismo ou arianismo):

O primeiro caminho se elabora da seguinte forma: Deus é um *espírito absoluto* e perfeitíssimo. É próprio de todo espírito (também o criado) pensar e querer como concreção de sua essência. O Espírito perfeitíssimo é "reflexivus sui", isto é, se pensa a si mesmo também de forma perfeitíssima, vale dizer, produz em si uma expressão absolutamente perfeita de si mesmo. Ele gera aquilo que a fé chama de Filho ou Verbo. Ao gerar esta expressão de si, Deus se revela como Pai capaz de gerar um Filho eterno e unigênito. Pai e Filho não apenas se pensam mutuamente, mas também se querem eternamente. O amor recíproco de ambos é tão perfeito e absoluto que se chama Espírito Santo. Esta Trindade de Pessoas não multiplica o Espírito perfeitíssimo, mas manifesta sua dinâmica interna e eterna. Então as Pessoas divinas são este mesmo Espírito em seu processo eterno. Por isso devemos dizer que as Pessoas não têm uma essência própria, mas uma essência única, o Espírito perfeitíssimo. Este Espírito perfeitíssimo é denominado, em teologia trinitária, Substância ou Natureza única.

O segundo caminho se inspira numa larga tradição mística que vem de Platão, passa por Agostinho, São Boaventura e a escola franciscana medieval e encontra seguidores até os dias atuais. Segundo esta tradição, Deus é muito mais do que um Espírito perfeitíssimo; Ele é o *sumo Bem*, o *Amor supremo*. É próprio do Bem e do Amor ser difusivo e autocomunicar-se, sair de si e fazer-se Dom a outrem. Ora, a revelação testemunha que Deus é amor (1Jo 4,8.16). Ao expandir-se este infinito Princípio amoroso se mostra como Verbo ou Filho, da mesma natureza que Ele. O Verbo é um único Deus com o Pai, distinto dele como Filho. A relação de amor e mútua entrega entre Pai e Filho é tão suprema e perfeita que origina o Espírito Santo, expressão de comunhão entre ambos. Destarte se fecha o círculo amoroso dos supremos Amantes de uma única Realidade de Amor.

Nesta compreensão, a unidade está assegurada, pois ela constitui o ponto de partida; com efeito, arranca-se da unidade e unicidade do Espírito supremo ou do Amor infinito; avança-se até perceber que a dinâmica interna desta *summa Res* (suprema Realidade) se diferencia internamente; aí emergem as divinas Pessoas como três modos de se concretizar *realmente* e de possuir *verdadeiramente* a mesma natureza divina. O tratamento sistemático começará por falar do Deus uno (*De Deo uno*) e em seguida abordará o Deus trino (*De Deo trino*). Santo Tomás foi o mais genial sistematizador desta perspectiva, prolongando as intuições de Santo Agostinho. Assim diz na Suma Teológica: "Primeiramente haveremos de considerar o que concerne à *essência* divina (questões 2-26); em segundo lugar aquilo que pertence à distinção das *Pessoas* (questões 27-43), em terceiro lugar tudo o que diz respeito à criação processual das criaturas por Deus (questões 44ss.)".

O risco permanente desta concepção que parte da unidade da essência divina reside no modalismo, quer dizer, as

Pessoas aparecem como *modos* do mesmo Ser, não havendo realmente um três em Deus; permaneceríamos, então, sempre no nível do monoteísmo. Para fazer frente a este risco e sustentar uma compreensão ortodoxa, a teologia (especialmente a latina, mas não exclusivamente) irá enfatizar que os modos de possessão e concretização da mesma essência são modos *reais* e *distintos*; não se trata, pois, de modos de expressão ou etapas da revelação para nós, portanto, uma questão verbal; o modo de possuir a essência por parte do Pai é realmente distinto daquele do Filho, e ambos, por sua vez, também distintos daquele do Espírito Santo. A diferença real nos modos de possessão e de concretização da mesma e única essência se baseia na diferente procedência de uma Pessoa da outra. Assim dizemos: o Pai (a primeira Pessoa) possui a essência como essência não gerada nem comunicada, princípio sem princípio; o Filho (a segunda Pessoa) recebe a essência por geração do Pai; o Espírito Santo (a terceira Pessoa) recebe a essência por espiração do Pai e do Filho conjuntamente.

As Pessoas se definem pela relação de uma com a outra; elas jamais são absolutas, subsistentes em si mesmas (isso é o que caracteriza a essência), mas são *relativas*, quer dizer, relacionadas uma com a outra. Então devemos compreender assim, como o ensinou o XI Concílio de Toledo (675): o Pai se refere ao Filho, o Filho ao Pai e o Espírito Santo a um e ao outro; embora se diga três Pessoas por relação, contudo, crê-se numa única substância (DS 528). Em outras palavras, as Pessoas recebem sua personalidade unicamente da relação que cada uma mantém com a outra.

A distinção entre as Pessoas é real, por isso uma não é a outra, embora uma esteja sempre relacionada com as outras. A distinção entre as Pessoas e a essência não pode ser *real*, senão teríamos uma quaternidade: uma essência e mais as três Pessoas (4). A distinção não pode ser também *mental*, porque isso seria puro modalismo; haveria uma só essência e três modos verbais e mentais diferentes de exprimir o mesmo. Entretanto deve haver alguma distinção entre a essência única e as Pessoas. Os teólogos dizem que vigora uma distinção *formal* (virtual segundo a escola tomista), que evita fundir a Trindade na unidade e ao mesmo tempo sustenta e permite manter uma diferença dentro da identidade divina. Na distinção formal não se multiplica a realidade, mas é possível captar, como no caso da Trindade, três modos de subsistência, diferentes entre si, da mesma realidade. Estes três modos têm seu fundamento não na nossa mente, mas na própria realidade. É exatamente isto o que significa a distinção *formal*: sob outra formalidade (por isso *formal*) se entrega a mesma essência, natureza ou realidade[8]. Trinitariamente falando isto quer dizer: a realidade de Deus (natureza) é apreendida como realizada sob a formalidade de Pai, de Filho e de Espírito Santo. Com isso se quer exprimir a dinâmica e riqueza interna desta mesma e única realidade divina.

Desta forma se entende por que as três Pessoas divinas possuem juntas a mesma e única natureza, por que a unidade dos atributos (o Pai é eterno, o Filho é eterno, o Espírito Santo é eterno; assim com ser infinito, criador, misericordioso etc.), e por que a unidade na ação externa (as três Pessoas divinas agem inseparavelmente juntas

---

8. Para uma explicação mais detalhada do que seja uma distinção formal, particularmente em Duns Escoto, e sua aplicação à Trindade, cf. SCHMAUS, M. *A fé da Igreja*. Vol. 3. Petrópolis, 1977, p. 126-127.

na história, redimindo, salvando, divinizando, conduzindo tudo ao Reino eterno na glória). Resumindo tudo podemos dizer: Embora cada Pessoa seja verdadeiramente Deus, todas as três Pessoas são um só Deus. Esta é a argumentação básica desta corrente que sistematiza os dados de fé sobre o Deus trino a partir da unidade e unicidade fundamental da natureza divina.

b) Da unidade da substância do Pai à Trindade de Pessoas

No Credo rezamos: "Credo in unum Deum *Pairem omni-potentem...* creio em um Deus *Pai todo-poderoso*". Podemos colocar ênfase no caráter pessoal de Deus que então aparece como Pai. O Pai é Deus por antonomásia; como diziam os teólogos gregos: "Ele é a fonte e a origem da divindade". A unidade não reside tanto na natureza divina, igual nas três Pessoas, mas "a unidade é o Pai, do qual e mediante o qual se contam as outras pessoas"[9]. Há um só Deus porque há uma única fonte divina, o Pai onipotente. Há um só princípio da divindade, o Pai, e por isso vigora a mais absoluta monarquia. Entretanto, o Pai comunica toda sua substância divina ao Filho; sozinho ou mediante (ou juntamente com) o Filho entrega também toda sua substância ao Espírito Santo. No mistério da Trindade, tudo, pois, provém de um único princípio gerador e espirador que é o Pai. A unidade reside na substância do Pai comunicada. Por isso as três Pessoas divinas são consubstanciais, pois participam de forma absoluta da mesma substância do Pai.

---

9. GREGÓRIO NAZIANZENO. *Oratio* 42, 15: PG 36, 476.

Nesta compreensão as relações entre as Pessoas da Santíssima Trindade não são de oposição nem de separação, mas de diversidade na comunhão com o Pai. O Pai comunica toda sua sabedoria, todo seu amor, toda sua vontade, toda sua eternidade ao Filho e ao Espírito. Por isso não há três eternos, mas um só eterno, um só santo, um só senhor. À diferença da concepção anteriormente exposta, nesta a natureza (substância ou essência divina) já aparece personalizada. É o Pai que coloca as relações de origem a partir dele mesmo, pois Ele é e constitui a única fonte e origem de toda relação.

A distinção das Pessoas com referência ao Pai não se resume e se conclui na distinção; isto apenas esclareceria que um não é o outro, o Pai não é o Filho etc. A distinção é para possibilitar a comunhão. Um movimento eterno de amor envolve as três Pessoas e as faz inseparáveis umas das outras. Na expressão de São João Damasceno são "como três sóis que se compenetram mutuamente numa única luz"[10]. Cada uma das Pessoas é Deus por causa da consubstancialidade. Deus é as três Pessoas consideradas juntas e em comunhão absoluta e eterna.

Esta comunhão é tão absoluta que o número três transcende todo número matemático. O grande teólogo do Espírito Santo, São Basílio (chamado também o Grande), diz a este respeito: "Nós não contamos indo do um ao múltiplo, aumentando e dizendo um, dois, três, ou o primeiro, o segundo e o terceiro. Confessando as três Pessoas (hipóstases) sem dividir a natureza em multidão, nós permanecemos na unidade do Pai (monarquia)"[11]. Em outras palavras,

---

10. *De fide orthodoxa* I, 18: PG 94, 828.

11. *Tratado do Espírito Santo* 18: Sources Chrétiennes 17. Paris, 1945, p. 190s.

dizendo três, não queremos exprimir uma quantidade, mas uma ordem inefável de três que são um na comunhão. De forma muito feliz o disse um teólogo ortodoxo moderno: "A Trindade das Pessoas, unidas pela distinção e distintas pela união, designa uma diferença que não se opõe, mas se põe, pondo as outras"[12].

Esta forma de sistematizar nossos pensamentos sobre a Trindade se situa na plataforma do Novo Testamento. Aí fala-se de cada uma das Pessoas como realidades subsistentes e com seu caráter tipológico em ordem à salvação e à divinização do ser humano. Evita-se todo o abstracionismo e formalismo essencialista. Ao se falar de Deus e a Deus não se pensa, primeiramente, numa essência divina, num mistério sem nome, mas concretamente se intenciona o Pai, o Filho e o Espírito Santo. Não se corre o risco de despersonalizar Deus. E quando se pensa na unidade de Deus não se pensa numa natureza única, substrato idêntico a cada uma das Pessoas, mas se pensa no Pai que comunica toda sua substância às demais Pessoas. A Trindade é una porque provém do Uno que é o Pai.

Se o risco da tendência anterior era o modalismo, nesta é o subordinacionismo. Ambas as tendências arrancam da unidade, seja vista como natureza, seja vista como pessoa (Pai). A monarquia do Pai é tão absoluta que nele tudo está e se resolve. Filho e Espírito Santo constituem expressões (embora eternas e infinitas) do único princípio, o Pai. O Pai é, fundamentalmente, tudo. As demais Pessoas são derivações eternas dele. Evidentemente, se afirma e reafirma a igualdade de substância (natureza ou essência); entretanto,

---

12. EVDOKIMOV, P. *L'Esprit Saint*. Op. cit., p. 44.

as formulações teológicas, à força de tudo derivar do Pai, favorecem uma compreensão subordinacionista.

O risco é mais facilmente obviado se tivermos sempre presente que se trata de relações entre Pessoas divinas, sumamente amorosas; ninguém se define, como pode ocorrer entre nós humanos, contra o outro, mas em relação ao outro, para o outro, pelo outro, com o outro e no outro. Bem ponderava São Gregório Nazianzeno: "A glória do Princípio (Pai) não consiste jamais no rebaixamento daqueles que procedem dele... Deus é os Três considerados juntos; cada um é Deus por causa da consubstancialidade; os três são Deus por causa da Monarquia (do Pai)"[13].

c) Da Trindade das Pessoas à unidade da natureza-comunhão

Esta tendência pretende partir da experiência específica da fé cristã que afirma, primeiramente, a Trindade. O que existe realmente é o Pai, o Filho e o Espírito Santo. Porque existe eterna comunhão e unidade entre os Três, existe um só Deus. Não basta afirmar que existem três Pessoas. Isto poderia resultar na heresia do triteísmo (afirmar que existem três deuses). O que cabe sustentar é o fato de que cada Pessoa está plena e totalmente na outra. A Tradição, particularmente, os teólogos capadócios e São João Damasceno († 749) insistiram na total *pericórese* ou *circuminsessio* ou *circumincessio* trinitária[14]. Por estas palavras técnicas se quer expressar "a íntima e perfeita inabitação de uma pessoa na outra" (*intima et perfecta inhabitatio unius personae in alia*). As

---

13. *Oratio* 40: PG 36, 417B; 419B.

14. SÃO JOÃO DAMASCENO. *De fide orthodoxa*, I, 8; PG 94, p. 828-829.

três Pessoas divinas compenetram-se reciprocamente (*pericórese* em grego, *circumincessio* em latim).

Jesus já dizia claramente: "crede em mim, pois estou no Pai e o Pai está em mim" (Jo 14,11); ou então, incluindo também os homens: "Que todos sejam um como Tu, Pai, estás em mim e eu em ti, para que eles estejam em nós e o mundo creia que Tu me enviaste" (Jo 17,21). Pela radical e eterna comunhão entre as três Pessoas divinas, "o Pai está todo no Filho e todo no Espírito Santo; o Filho está todo no Pai e todo no Espírito Santo; o Espírito Santo está todo no Pai e todo no Filho; ninguém precede ao outro em eternidade ou o excede em grandeza ou o sobrepuja em poder" como se disse no Concílio de Florença em 1442 (DS 1331).

Vigora tal troca de amor eterno entre as três Pessoas, a vida circula tão absolutamente entre elas, a comunhão é tão infinita, cada Pessoa entregando às outras tudo o que pode entregar, que elas formam uma união. As três possuem uma só vontade, uma só inteligência, um só amor.

Não devemos imaginar que as três divinas Pessoas são como que três indivíduos que, posteriormente, se relacionam em comunhão e se unem. Tal representação não evitaria o triteísmo. Devemos dizer que as Pessoas não apenas estabelecem relações entre si, senão que elas se constituem como Pessoas exatamente pela mútua entrega da vida e do amor. Então, elas são distintas para se unir e se unem, não para se confundir, mas para uma conter a outra. A unidade, mais que unidade da mesma substância ou unidade da mesma origem (do Pai), seria uma união das Pessoas por virtude da recíproca comunhão entre elas. Ao *Filioque* cumpre, consequentemente, acrescentar o *Spirituque*.

Esta eterna pericórese de amor e de vida entre Pai, Filho e Espírito Santo constitui a matriz fontal de todo amor, vida e comunhão na criação feita à imagem da Trindade.

Não queremos detalhar melhor esta perspectiva porque a faremos nossa; mais adiante tentaremos articular uma visão mais estruturada e completa dela; mostraremos sua relevância para a sociedade e para a Igreja, como geradora de mais participação, comunhão e simetria em todos os níveis dos relacionamentos humanos.

Estabelecidas estas três possibilidades conhecidas de sistematização da fé sobre a Trindade, consideraremos agora cada palavra-chave com a qual a reflexão consegue falar com algum sentido sobre tão augusto mistério. No final, é bem certo, o teólogo consciente e o fiel perspicaz terminarão no silêncio respeitoso. A Trindade aparece então como um mistério mais para ser contemplado e adorado do que para ser refletido e devassado. Mas isso só no final; agora cabe o esforço de compreensão.

3 O jogo de linguagem trinitário: explicação dos termos-chave

a) Substância = natureza = essência: uma única

Para expressar o que em Deus é um, a tradição doutrinal da Igreja utilizou estas três palavras técnicas: substância, natureza e essência. Elas são empregadas como sinônimos (DS 804), embora cada uma tenha nuanças próprias.

Substância (do latim *sub-stare*, estar debaixo de, sustentar) designa aquela realidade que suporta de forma permanente todas as diferenciações que nela ou sobre ela ou a partir dela se derivarem. Assim, no mistério trinitário, dizemos que a substância divina é aquilo que permanentemente sustenta e une as três Pessoas, Pai, Filho e Espírito Santo; a substância divina está em cada uma das Pessoas, de modo diverso e de forma igualmente real, verdadeira e plena, de tal maneira que da unicidade e unidade da substância divina resulta a unidade das Pessoas.

Natureza (*natura*, do latim nasci, nascer; *physis* do grego *phyomai,* nascer) designa esta mesma substância na medida em que ela constitui um princípio que origina algo, um princípio de atividade. Assim podemos representar a natureza divina com tal exuberância de vida interna, de inteligência e de amor que ela se diferencia e se concretiza em três modos reais (não só para nós) que são as três Pessoas; ou também esta mesma natureza personalizada de três maneiras distintas age para fora do círculo trinitário e cria o universo dos seres como manifestações de sua glória (cf. DS 804).

Essência designa a razão íntima do ser, aquilo pelo qual algo é o que é. A essência de Deus (*divinitas*, divindade) é aquilo que constitui Deus em si mesmo, à diferença de qualquer outro ser. Então a essência de Deus é o ser, o bem, o amor, a verdade, no modo do infinito, do eterno, do onipotente etc. A essência indica a própria substância ou natureza de uma forma mais abstrata na medida em que nos interrogamos sobre o que significa, propriamente, Deus em distinção de todos os demais seres que se nos antolham[15].

---

15. Deus é Deus não porque possui a divindade como Waldemar é homem porque possui a humanidade que, por sua vez, está também em Hugo e Rui, e assim indefinidamente. Deus é Deus pela própria divindade (*Deus est ipsa*

Importa jamais olvidar que tais termos-chave são instrumentos teóricos da cultura greco-latina mediante os quais balbuciamos algo – para não ficarmos totalmente calados – sobre o mistério de Deus. Deus, propriamente, não é nem substância, nem natureza, nem essência; Ele está para além destas categorias; se, entretanto, empregamos tais palavras à realidade divina é sempre de modo analógico e aproximativo, embora em seu sentido eminente que exclui qualquer sombra de imperfeição. A pouca vigilância sobre o limite de nossa linguagem acerca de Deus pode gerar distorções teológicas, como já aludimos anteriormente.

b) Hipóstase = subsistência = pessoa: três realmente distintas

Para designar o que é três em Deus, a teologia oficial da Igreja utilizou as palavras hipóstase (em grego), pessoa (em latim) e subsistência. A despeito das conotações próprias a cada uma destas palavras, elas, na linguagem trinitária, são equivalentes. Vejamos, rapidamente, a significação de cada uma destas palavras.

Hipóstase designa a individualidade que existe em si, distinta de todas as demais. Assim devemos dizer que cada Pessoa divina existe em si numa existência singular, distinta das duas outras[16].

---

deitas; Deus est quod habet). A substância divina existe em unidade numérica absoluta (unicidade); existe, portanto, uma só vez, embora sob três modos reais de apropriação ou de subsistência que são as três Pessoas divinas.

16. Os escolásticos exprimiam-se assim: "indivisum in se, divisum ab omni alio"; trata-se, pois, de um indivíduo que existe em si e é distinto de todos os demais.

Subsistência é o termo latino para hipóstase. Cada Pessoa divina é um Subsistente, vale dizer, possui uma existência real, não dependendo de nossa mente e de nossa representação, porquanto subsiste em si mesmo de modo singular.

Pessoa designa a individualidade racional, o sujeito espiritual que se possui a si mesmo. Inicialmente, como já o mostramos, o termo era apenas empregado para significar a existência objetiva de três em Deus. Pelo termo pessoa ou hipóstase não se pretendia dizer mais que isto. Entretanto, como pessoa para os latinos implicava certa subjetividade e espiritualidade, abriu-se o caminho para o aprofundamento teológico. A reflexão teológica sobre esta realidade da pessoa constitui um dos grandes acontecimentos culturais do Ocidente. Foi no interior do discurso da fé sobre a Santíssima Trindade e sobre o mistério da encarnação que se elaborou esta categoria, hoje certamente a mais importante da cultura planetária.

Não queremos nos adentrar nas distintas etapas de enriquecimento da compreensão de pessoa. Destacamos apenas três momentos decisivos que ajudaram a penetrar melhor no incompreensível de Deus.

O *primeiro* sentido de pessoa é aquele dos antigos: o *sujeito existente* (subsistente), *distinto dos outros.* Com esta formulação se enfrentava o unitarismo monoteísta que não permitia a pluralidade de Pessoas em Deus; evitava-se, outrossim, o modalismo (as Pessoas são apenas modos de considerar humanos). Persiste, entretanto, o risco de triteísmo, pois insiste demasiadamente na individualidade das três Pessoas. Este risco é evitado ao se acentuar que todas elas são consubstanciais, ou que o Filho e o Espírito procedem de um único princípio (a substância do Pai). Se as Pessoas são distintas entre si é porque cada uma procede de maneira diferente do único princípio ou pelo fato de cada uma se apropriar diferentemente da mesma e única substância divina.

Esta compreensão ajuda a entender que uma Pessoa não é a outra e que existem, verdadeira e realmente, três Pessoas divinas. Mas não se reflete sobre as propriedades de cada Pessoa. Qual é o conteúdo concreto de cada Pessoa? Santo Agostinho descreve assim sua desolação: "Quando nos perguntam que são estes três, temos que reconhecer a indigência extremada da linguagem. Dizemos três Pessoas para não guardar silêncio, não como se tivéssemos a pretensão de definir a Trindade"[17]. Ademais, Agostinho levanta o seguinte questionamento: Se cada uma das Pessoas é realmente distinta da outra, por que as chamamos por um nome comum e genérico, pessoa? Não deveríamos dar uma denominação específica para cada uma? Daí conclui Agostinho: "não se encontrou tal nome; pessoa é um termo muito genérico que se pode aplicar também ao ser humano, apesar da distância que vigora entre Deus e o homem"[18]. Em outros termos, a distinção é apenas um dos aspectos da pessoa. Há outros; os medievais acentuaram particularmente aquele da incomunicabilidade ou irredutibilidade da Pessoa.

O *segundo* sentido de pessoa foi elaborado pela vigorosa reflexão escolástica acerca das processões e das relações

---

17. *De Trinitate* V, 9, 10.

18. Ibid., VII, 4, 7.

entre os divinos Três[19]. Pela relação um termo se ordena ao outro. Em Deus esta ordenação é eterna e substancial (não é acidental e passageira como na criatura), por isso as relações são subsistentes. Pessoa vai significar então uma *relação subsistente* ou a *subsistência individual e incomunicável de uma natureza racional*. Na Trindade tudo o que é possível é posto em comum, entra no jogo eterno das relações e perfaz a comunhão trinitária.

Entretanto, a comunhão por mais completa e eterna, sempre deixa um resíduo: o fato de ser um que tudo entrega ao outro. O Pai tudo entrega ao Filho, menos o fato de ser Pai; o Filho tudo entrega ao Pai e ao Espírito Santo, menos o fato de ser Filho gerado do Pai; o Espírito Santo tudo entrega ao Pai e ao Filho, menos o fato de ser espirado pelo Pai e pelo Filho. Esta incomunicabilidade constitui, para os teólogos medievais, a essência da pessoa. Duns Escoto, genial teólogo franciscano que profundamente especulou sobre a especificidade da pessoa, assim a define: a incomunicabilidade atual e potencial. Em outros termos, a pessoa está em si e para si em total independência do outro exatamente no ato de se entregar totalmente ao outro. Por aí se entende o axioma trinitário que em Deus tudo é um ou comum às três Pessoas, menos a oposição da relação pela qual uma Pessoa procede da outra e se distingue, por isso, da outra. Simplesmente dito: em Deus tudo é um, menos o fato de o Pai ser Pai, o Filho Filho e o Espírito Santo Espírito Santo.

---

19. Cf. BOURASSA, F. "Personne et conscience en théologie trinitaire". *Gregorianum*, 55, 1974, p. 471-493; p. 677-719. • BOURASSA, F. "Sur la Trinité. Dogme et théologie". *Science et Esprit*, 24, 1972, p. 257-284. Com referência à escolástica, um bom resumo apresenta FOLCH GOMES, C. *A doutrina da Trindade eterna*. Op. cit., p. 310-370.

O ter-consciência-de-si não é um elemento distintivo das Pessoas. Evidentemente cada Pessoa tem consciência-de-si, mas esta lhe é dada pela substância divina que cada qual carrega. O realismo desta incomunicabilidade substancial poderia levar ao triteísmo. Este é obviado com a afirmação de que as três Pessoas são concreções reais de uma mesma e única substância divina. A incomunicabilidade da Pessoa reside no modo próprio como ela concretiza realmente (não modalisticamente) esta substância divina.

Face ao primeiro conceito de pessoa, este segundo significa um avanço: acentua a relação entre os divinos Três. Entretanto, na relação enfatiza aquilo que não entra na relação, pois é a condição de sua possibilidade, a incomunicabilidade de cada um ao se comunicar. A reflexão moderna tentará explorar exatamente aquilo que era menos considerado pelo pensamento medieval.

O *terceiro* conceito de pessoas se constrói a partir do pensamento *moderno*. Aqui emerge a pessoa como um *ser--para,* um *nó de relações,* uma identidade que se faz e perfaz a partir da relação para com o outro. Em primeiro lugar, a pessoa é um estar em si consciente. Possui uma configuração ontológica (substancial, diriam os clássicos); mas em segundo lugar ela é assim estruturada que sempre se orienta para o outro. É no encontro com o outro que o estar-em-si se enriquece e alimenta a reciprocidade para com o outro. Interioridade (consciência em seu aspecto ontológico) e abertura ao outro (a liberdade e a dimensão ética) constituem o modo de ser próprio da pessoa. Jesus acena para esta dialética dele para com o Pai: "Eu estou no Pai e o Pai está em mim" (Jo 14,11; 17,21).

Este conceito nos ajuda a entender as relações entre os divinos Três. Não se trata de aplicar estritamente a compreensão moderna de pessoa à Trindade, porquanto nela não temos três consciências, mas uma só, bem como uma só liberdade, e a mesma felicidade. No máximo poderíamos dizer que na Trindade temos uma única consciência substancial (natureza) que se expressa realmente por três Conscientes divinos (Pessoas). O que podemos sustentar é que, analogicamente, cada Pessoa divina é um centro de interioridade e liberdade, cuja razão de ser (natureza) consiste em estar sempre em relação às outras Pessoas, impedindo assim que se chegasse a um puro triteísmo. Não queria dizer a mesma coisa a tradição, quando fala dos três Subsistentes na divina natureza?

Este conceito moderno não se opõe, antes prolonga e completa o conceito clássico, tornando mais acessível o mistério trinitário a partir do mistério da pessoa e compreendendo melhor por que este mistério da pessoa é imagem e semelhança das três divinas Pessoas da Trindade.

Novamente importa recordar o caráter fragmentário de nossos instrumentos teóricos com os quais tentamos significar o Deus cristão, Pai, Filho e Espírito Santo. Que em Deus haja um e três, isto é de fé. Que chamemos o um em Deus de natureza (substância ou essência) e o três de pessoas (hipóstases, subsistentes), isto é teologia, construção humana para melhor vislumbrar a realidade do mistério. Razão tinha Santo Agostinho ao dizer que estas expressões (natureza e pessoa) "são partos de necessidade" mais para evitar equívocos e heresias do que para expressar uma adequada apreensão da Santíssima Trindade.

c) Processões: duas: por geração e por espiração

A experiência histórico-salvífica de Deus nos dá conta de que junto do Pai, como mistério absoluto e último, existe o Filho e o Espírito Santo que também são chamados Deus. Ademais se diz que o Filho procede e vem de Deus (Jo 8,42) e que o Espírito Santo é enviado pelo Filho da parte do Pai, pois este Espírito de verdade procede do Pai (Jo 15,26). Existe uma ordem nas três Pessoas: primeiro é o Pai, segundo é o Filho e terceiro é o Espírito Santo. Os testemunhos da revelação deste mistério atestam outrossim que as Pessoas procedem uma da outra. Por processão (*processio, emanatio* em latim ou *ekpóreusis* ou *probolé* em grego) se designa a origem de uma Pessoa da outra. Assim existem no mistério trinitário duas processões: aquela do Filho e aquela do Espírito Santo. O Pai gera desde toda a eternidade o Filho e junto com o (através do) Filho dá origem ao Espírito Santo.

Bem-entendido que em Deus não se pode tratar de sucessão temporal, pois em Deus tudo é eterno (não existe um antes e um depois temporais) e simultâneo; os atos geradores não encerram nenhum caráter passivo, pois em Deus vige a explosão e implosão da vida, do amor e da inteligência.

O Pai não procede de ninguém. Como assevera o Concílio de Florença (1442): "O Pai, tudo o que é ou possui não o recebe de outrem, mas de si mesmo, pois é princípio sem princípio" (DS 1331). A Ele pertence à inascibilidade, o ser fonte primigênia da qual tudo emana e promana.

Para explicar o processo trinitário das Pessoas a teologia, desde Santo Agostinho, passando por Santo Tomás de

Aquino (e o Magistério se apropriou desta hermenêutica), utiliza uma analogia tirada do processo espiritual humano. Já nos referimos a ele quando apontamos para as três tendências básicas da reflexão trinitária. A analogia se baseia nos processos específicos e imanentes ao espírito humano. É próprio do espírito estar presente a si mesmo, fazer-se uma ideia de si mesmo (elaborar o verbo mental de si próprio), estabelecendo uma operação intelectiva. É também próprio do espírito amar-se a si mesmo, com uma total adesão de si para consigo mesmo; estabelece uma operação volitiva. O sujeito pensante se torna para si mesmo objeto pensado; entre estes dois termos se estabelece uma conexão que é o amor.

Analogamente a este processo humano, pode-se entrever no Espírito absoluto duas operações imanentes, sem ferir a infinita simplicidade de Deus, duas operações – a intelecção e a volição. O Pai se conhece absolutamente e a expressão disto (*Logos*, Verbo) é o Filho. É a primeira processão que possui o caráter de uma *geração*. Esta geração se enuncia na própria terminologia usada no processo cognitivo humano (conceber, conceito, reproduzir); porque se trata de um processo eterno e absolutamente perfeito, o Pai não causa o Filho, mas lhe *comunica* o próprio ser; por isso se diz que o Pai não é causa, mas *princípio* do Filho.

Deus Pai se contempla no Filho e se ama. O amor que une Pai e Filho se denomina Espírito Santo. Como o Filho procede por uma operação intelectiva, o Espírito Santo procede de uma operação volitiva do Pai e do Filho.

Destarte, por duas processões de origem, Filho e Espírito Santo procedem, cada um em sua ordem: o Filho do

Pai somente, e o Espírito Santo do Pai e do Filho (segundo a compreensão latina). Sem começo, sem interrupção, sem fim, o Pai gera, o Filho nasce e o Espírito Santo procede (cf. DS 804).

Quando estudarmos cada uma das Pessoas, analisaremos mais detalhadamente este tipo de compreensão analógica, que visa esclarecer o que são as processões em Deus.

d) Relações: quatro reais

O fato de o Filho proceder do Pai e o Espírito Santo do Pai e do Filho (segundo os latinos) como de um único princípio, faz com que entre as três divinas Pessoas vigorem relações mútuas. Relação significa a ordenação de uma Pessoa à outra, a conexão entre os divinos Três.

Na Trindade, por causa das processões, discernimos quatro relações reais: a *paternidade* do Pai para com o Filho (1); a *filiação* do Filho para com o Pai (2); a *espiração ativa* do Pai e do Filho para o Espírito Santo (3); a *espiração passiva* do Espírito Santo para com o Pai e o Filho (4).

Como se depreende, as relações constituem as Pessoas[20]; em outras palavras: é pela relação que uma Pessoa coloca a outra e assim se diferencia dela; cada uma supõe essencialmente a outra e a exige. Assim o Pai supõe o Filho; o Filho exige o Pai; o Espírito Santo só se entende na

---

20. *De Trinitate* VII, 4, 9. Agostinho conscientizou perfeitamente o problema e os impasses do emprego do termo pessoa para os três Nomes (Pai, Filho e Espírito Santo). Cada Pessoa é um único. Como aplicar um termo comum – pessoa – ao Pai, ao Filho e ao Espírito? "Não nos resta senão confessar [diz Agostinho] que estas expressões são partos de necessidade para melhor fazer frente aos erros dos hereges".

espiração do Pai e do Filho. As Pessoas se opõem (uma não é a outra) e se exigem (uma coloca a outra) mutuamente[21].

Cada uma das Pessoas entrega tudo às outras (todas as perfeições) menos aquilo que é próprio e exclusivo dela e que por isso é incomunicável: no Pai a paternidade, no Filho a filiação, no Espírito Santo a espiração passiva. Bem diz o Concílio de Florença (1442): "Tudo o que o Pai tem, entregou-o ao seu Filho unigênito no ato de gerá-lo, *menos o ser Pai*" (DS 1301). O mesmo vale para o Espírito Santo. A paternidade é a propriedade pessoal do Pai; por ela se distingue do Filho. O Filho por sua filiação constitui o Pai como Pai. O mesmo vale para o Espírito Santo em relação ao seu princípio de procedência: o Pai e o Filho (sempre dentro da compreensão latina).

Em razão das relações se entende o axioma que, como ideia, já se encontrava em São Basílio (C. Eunom. 1,19) e São Gregório Nazianzeno (Orat. 29,16) e que encontrou sua formulação clássica em Santo Anselmo de Cantuária: "Em Deus tudo é um, onde não se trata das relações opostas"[22]. Só as Pessoas estabelecem a diferença em

---

21. A espiração ativa por parte do Pai e do Filho fazendo proceder o Espírito Santo constitui uma propriedade do Pai e do Filho. Constitui também uma oposição relativa com a Terceira Pessoa. Pela lógica trinitária das relações deveria constituir uma personalidade própria. Mas tal não acontece porque não se pensa a espiração ativa como um princípio diferente da paternidade e da filiação. Pai e Filho são o princípio único do Espírito Santo (o Filho recebe do Pai o ser também princípio). A espiração passiva é a propriedade do Espírito Santo e ela não produz outra Pessoa porque o Espírito Santo constitui a união entre o Pai e o Filho, fechando assim o círculo trinitário. Se assim é, devemos então dizer: há só três relações constitutivas de Pessoa: a paternidade, a filiação e a espiração passiva.

22. "In Deo omnia sunt unum, ubi non obviat relationis oppositio": *De processione Spiritus Sancti*, 2. O Concílio de Florença assumiu este axioma (DS 1330). Para um aprofundamento deste axioma e de suas origens históricas, cf. SCHMAUS, M. *Katholische Dogmatlk* I. Munique, 1960, p. 494s. • MÜHLEN, H. "Person und Appropriation. Zum Verständnis des Axioms: in Deo

Deus; tudo o mais é uno e participado igualmente pelas três Pessoas.

Já consideramos anteriormente que estas relações são entitativas. Isto significa que cada relação se identifica com a substância divina: no Pai está toda a substância divina, assim no Filho e no Espírito Santo, cada vez num modo de apropriação diverso.

e) *Noções: cinco*

Por noções trinitárias se designam as características ou notas (daí noções) que nos permitem conhecer as Pessoas nelas mesmas, uma diferente da outra.

Comumente se enumeram cinco noções (características): a *paternidade*, e a *inascibilidade* (princípio) para a primeira Pessoa (Pai); a *filiação* (Verbo, Imagem, expressão, sacramento) para a segunda Pessoa (Filho); a *espiração ativa* para o Pai e o Filho; a *espiração passiva* para o Espírito Santo (dom, amor, nexo entre o Pai e o Filho).

f) *Afirmações essenciais e nocionais*

Por afirmações *essenciais* se designam aquelas afirmações que se fundamentam na essência divina. Estas afirmações valem tanto para Deus (essência) como para as Pessoas, portadoras desta essência divina. Assim podemos dizer: Deus é misericordioso, a Trindade é misericordiosa, o Pai é infinitamente misericordioso.

---

omnia sunt unum, ubi non obviat relationis oppositio". *Münchener Theologische Zeitschrift*, 16, 1965, p. 37-57.

Afirmações *nocionais* são aquelas que se baseiam somente nas Pessoas em sua distinção umas das outras. Assim dizemos que a geração e a espiração (as duas processões trinitárias) são realidades nocionais e permitem afirmações nocionais. Dizemos também que em Deus há quatro atos nocionais (que se referem às propriedades das Pessoas): a *geração* ativa e passiva e a *espiração* ativa e passiva. Outrossim afirmamos que existem cinco propriedades nocionais: ser-sem-origem, paternidade, filiação, espirar e ser espirado.

g) Pericórese, circumincessão, circuminsessão

As relações de comunhão entre as três Pessoas, uma dentro totalmente da outra, o fato de Pai, Filho e Espírito Santo serem consubstanciais, permitem contemplar a plena interpenetração das Pessoas entre si. Tal realidade é expressa pela palavra grega *pericórese* ou pelas latinas *circuminsessão* ou *circumincessão*[23]. Como a filologia dos termos sugere, significa: a coabitação, coexistência e a compenetração das Pessoas divinas entre si. Há uma circulação total da vida e uma coigualdade perfeita entre as Pessoas, sem qualquer anterioridade, ou superioridade de uma à outra. Tudo nelas é comum e é comunicado entre si, menos aquilo que é impossível de comunicar: o que as distingue umas das outras. O Pai está todo no Filho e no Espírito Santo; o Filho está todo no Pai e no Espírito Santo; e o Espírito Santo está todo no Pai e no Filho. Daqui derivamos a utopia da igualdade, respeitadas as diferenças, da comunhão plena e das relações justas para a sociedade e a história.

---

23. Abordaremos em especial este tema no capítulo VII.

h) A Trindade como único sujeito da ação

A pericórese nos faz entender que as três Pessoas divinas sempre agem juntas dentro da criação. Tal é a comunhão entre elas que, quando criam (o cosmos, o homem, a história), salvam, julgam, intervêm no desenrolar dos acontecimentos, agem sempre conjuntamente. Caso contrário haveria três infinitos, três criadores, três eternos e se romperia a interpenetração entre os divinos Três.

i) Ações apropriadas e ações próprias

Todas as ações *ad extra* (para fora da Trindade), dentro da criação, devem ser atribuídas às três Pessoas divinas conjuntamente. Entretanto a liturgia e a piedade atribuem, em razão de certa afinidade, a alguma Pessoa ações que em si pertencem às três. Assim se atribui ao Pai a *criação*, porque Ele é dentro da Trindade o gerador e espirador (junto com o Filho); ao Filho se atribui a *revelação* porque Ele é na Trindade a expressão e revelação do Pai; atribui-se a Ele a redenção porque foi Ele quem se encarnou e nos libertou; atribui-se ao Espírito Santo a *santificação* porque Ele é chamado, por excelência, o Santo. Tais ações são *apropriadas* por esta ou aquela Pessoa, embora sejam comuns às três. Quando a Trindade age como "suprema causa eficiente" (DS 3814) em ordem à criação, estarão sempre agindo simultaneamente e em perfeita *koinonía* o Pai, o Filho e o Espírito Santo.

Existem ainda ações *próprias* de uma ou de outra Pessoa. A Pessoa estabelece uma relação pessoal com alguém criado. Aqui não se trata, propriamente, de criação (pois as Pessoas agiriam conjuntamente), mas de uma autocomunicação pessoal do Filho ou do Espírito Santo para com a criatura. As Pessoas como que assimilam, para dentro da Trindade, a criatura à qual se entregam pessoalmente. Assim devemos dizer que a encarnação é obra própria do Filho porque foi somente Ele quem se encarnou. Evidentemente na encarnação há uma presença do Pai (que envia o Filho) e do Espírito Santo (que vem junto e forma no seio de Maria a humanidade do Filho), mas quem se encarna efetivamente é somente o Filho. O mesmo diríamos do Espírito Santo; segundo o nosso *teologúmenon*, o Espírito foi enviado a Maria e a pneumatificou, de sorte que esta ação é própria dele, ou sua presença na vida dos justos e como alma da Igreja.

j) As missões divinas

A reflexão sobre as ações próprias nos abrem à compreensão para as missões divinas. As missões designam a presença da Pessoa divina na criatura; trata-se, como dissemos, de uma autocomunicação de uma Pessoa a alguém criado. As Pessoas divinas não se entregam mutuamente tão somente no círculo trinitário. A efusão da vida divina e a fecundidade do amor faz com que Pessoas se autoentreguem para fora, na criação. Não bastou à Trindade dar-nos bondade, beleza, amor, força etc. Quis inserir alguém de nossa história dentro de sua história eterna. Assim o Pai enviou o seu Filho ao mundo para no homem Jesus divinizar, verbificar e filiar todos os seres humanos. Enviou juntamente com o Filho o Espírito Santo para na mulher Maria pneumatificar a humanidade e revelar o rosto materno de Deus.

As Escrituras nos falam explicitamente do envio e da missão do Filho no mundo; o Filho foi enviado pelo Pai (Jo 3,16; 5,23.36.38); o Espírito Santo também foi enviado pelo Pai através do Filho (Lc 24,19; Jo 14,16.26; 15,26; 16,7; Gl 4,6). Pela presença pessoal do Filho e do Espírito no mundo se nos revela o rosto inefável e misterioso do Pai. A encarnação e a pneumatificação significam já a chegada total de Deus à sua criação e de forma antecipada a entronização da criação em Deus e no seu Reino. Por isso são eventos escatológicos, definitivos e antecipadores do fim eternamente intencionado por Deus.

k) Trindade econômica e Trindade imanente

A rápida reflexão sobre as missões divinas nos leva a uma outra expressão que deve ser aclarada e que recebeu uma formulação em forma de axioma por Karl Rahner: "A Trindade econômica é a Trindade imanente e vice-versa"[24]; o modo pelo qual Deus vem ao encontro do ser humano é o modo no qual Ele subsiste. Por Trindade econômica entendemos a presença da Trindade ou das distintas Pessoas dentro da história da salvação. Esta história era entendida na Igreja Antiga como *economia*, que dizer, como a sucessão de fases de um projeto divino que progressivamente vai se realizando e simultaneamente vai sendo revelado. Assim dizemos que foi pelo caminho concreto de Jesus Cristo, Filho de Deus encarnado, foi pela atuação do Espírito dentro

---

24. Cf. *Mysterium Salutis* II/1. Petrópolis, 1972, p. 293-296. Uma análise crítica com o alcance e o limite deste axioma se encontra em KASPER, W. "Das trinitarische Geheimnis Gottes". *Der Gott Jesu Christi*. Mainz, 1982, p. 333-337.

da história que se nos comunicou o mistério da Santíssima Trindade. Na experiência de fé e de revelação dos cristãos Deus apareceu como Pai, como Filho e como Espírito Santo. A Trindade que se revela em tal percurso histórico-salvífico chamamos de Trindade econômica.

Ora, Deus se revela assim como é. Se para nós Ele aparece como Trindade é porque Ele é em si mesmo Trindade; não apenas para nós, mas também nele mesmo, Deus é Pai, Filho e Espírito Santo. Se Deus apareceu como mistério fontal e princípio sem princípio (por isso absoluta transcendência), portanto, como Pai, é porque Deus é Pai. Se Ele se nos revelou como Palavra esclarecedora e Verdade, portanto, como Filho ou *Logos* eterno, é porque Deus é Verdade. Se Ele se nos comunicou como Amor e Força que busca a realização do desígnio último de Deus, portanto, como Espírito Santo, é porque Deus é Espírito Santo. A realidade trinitária faz com que a manifestação divina na história seja trinitária e a manifestação realmente trinitária de Deus nos faz compreender que Deus é de fato Trindade de Pessoas, Pai, Filho, Espírito Santo. A Trindade entendida em si mesma, a relação interna entre as divinas Pessoas, o mistério eterno de processão trinitária, a tudo isto chamamos de Trindade imanente.

4 Regras de sintaxe para um correto discurso trinitário

A reflexão trinitária através dos séculos desenvolveu uma sintaxe rigorosa do modo de falar sobre Deus e as Pessoas divinas com o intuito de salvaguardar a fé de expressões inadequadas ou errôneas. Não se trata de domesticar o mistério, mas de regrar a linguagem para não dividir a essência divina nem confundir as Pessoas.

a) Os substantivos que designam a essência divina devem ser empregados no singular: a misericórdia, a bondade, a sabedoria. Não se dirá, por exemplo, três sabedorias, três deuses... mas uma Sabedoria e um só Deus.

b) Os adjetivos podem empregar-se no plural quando atribuídos às Pessoas: O Pai é onipotente, o Filho misericordioso ou também o Pai e o Filho são (igualmente) misericordiosos, onipotentes.

Os adjetivos devem ser empregados no singular quando aplicados à natureza divina: um único Deus onipotente, eterno, bom e não três Onipotentes, três Eternos etc.

c) Os adjetivos e os advérbios não devem ser usados para designar a natureza. Assim não se deve dizer: Deus tríplice ou: no único Deus existe a Trindade, mas deve-se dizer: o Deus uno é a Trindade. Pode-se entretanto dizer Deus trino (DS 528).

d) As propriedades pessoais não podem aplicar-se à natureza divina. Não se dirá: a natureza gera, nasce, procede, mas se dirá: o Pai gera, o Filho nasce e o Espírito Santo procede (DS 804).

Tomando-se, porém, no sentido de Pessoa (visto ser cada Pessoa Deus), pode-se dizer: Deus é Pai, Deus sofre, Deus morre na cruz etc.

e) Cunharam-se modismos trinitários que exprimem melhor a verdade de fé: assim não se diz que as Pessoas possuem uma essência *igual*, mas *uma única* essência, porque a essência em Deus não é comum, mas *única*, com uma unidade numérica absoluta.

Em consonância com a formulação anterior diz-se: O Pai é outro, o Filho é outro e o Espírito Santo é outro, mas não outra coisa, porque os três detêm a única e mesma natureza (DS 805).

Também não se diz: três Pessoas diversas, mas distintas; nem se dirá: Deus solitário, porque Deus é sempre trino.

Resumindo em breves proposições a gramática trinitária, podemos dizer com São Boaventura († 1274) no *Breviloquium*: em Deus discernimos progressivamente:

Uma natureza (essência ou substância).

Duas processões (ou emanações): Filho e Espírito Santo.

Três Pessoas (hipóstases ou subsistentes): Pai, Filho e Espírito Santo.

Quatro relações: paternidade, filiação, espiração ativa, espiração passiva.

Cinco noções: inascibilidade, paternidade, filiação, espiração ativa, espiração passiva.

5 Conclusão: sete proposições da ortodoxia trinitária

Ao cabo de todos estes esclarecimentos podemos resumir em sete proposições as afirmações principais da fé ortodoxa trinitária, assim como foi elaborada pela Igreja:

1ª proposição sobre a primeira Pessoa da Trindade: É Deus *Pai*, criador onipotente do céu e da terra, princípio sem princípio, fonte e origem da vida trinitária. Ele é o Pai do Filho unigênito. É também princípio ativo espirador do Espírito Santo (DS 1, 10, 19, 21, 25, 27, 36, 40, 44, 46,

48, 50, 55, 60, 64, 71, 125, 139, 150, 441, 470, 485, 490, 525, 572, 683, 1330, 1862, 3326).

2ª proposição concernente à segunda Pessoa da Trindade: É o *Filho*, eternamente gerado do Pai, não sendo por isso criatura. Por comunicação recebe do Pai a natureza divina, a essência e a substância, não por ato arbitrário de vontade nem por qualquer coação extrínseca. Sendo consubstancial ao Pai é dele Verbo, imagem e sacramento tanto na esfera intratrinitária quanto em sua missão encarnatória (DS 2, 11, 25, 40, 60, 71, 125, 150, 178, 258, 266, 300, 683, 3350, 40-51, 250-263, 430, 441).

3ª proposição referente à terceira Pessoa da Trindade: É o *Espírito Santo* que procede, como de um só princípio, do Pai e do Filho, sendo consubstancial a eles, igualmente adorado e glorificado. A processão do Espírito a partir do Pai e do Filho (ou também pelo Filho) não deve ser chamada de geração, mas de espiração, expressão eterna do mútuo amor do Pai e do Filho (DS 570, 1300, 1529, 1552, 1561, 1690, 1986, 330, 3331).

4ª proposição se refere às *propriedades* e às *missões* salvíficas das divinas Pessoas. Na ordem imanente (Trindade em si mesma) diz-se que é próprio do Pai a inascibilidade e a paternidade; do Filho o ser gerado; do Espírito o ser espirado do Pai e do Filho (também pelo Filho). Na ordem da história da salvação (Trindade econômica) a fé crê e professa que o Pai é origem da história da salvação e das missões do Filho e do Espírito Santo. É próprio do Filho a encarnação e do Espírito Santo a missão de santificação e de produção da humanidade de Jesus no seio da virgem Maria (DS 71, 188, 284, 367, 470, 532, 800; 101, 145, 527, 538, 1522, 3806; 60, 145, 681, 3325).

5ª proposição tange à distinção entre as divinas Pessoas na esfera intradivina. As Pessoas se distinguem pela relação de procedência e origem. Elas são distintas para se unirem e a distinção se funda na oposição mutuamente relativa entre as divinas Pessoas: paternidade, filialidade, espiração ativa e passiva (DS 73, 125, 150, 188, 408, 470, 527, 532, 570, 800, 850, 973, 1330).

6ª proposição concerne à *comunhão* que vigora entre as três Pessoas divinas. Entre as Pessoas e a divina natureza existe tão somente uma distinção formal ou virtual, caso contrário, teríamos uma quaternidade (as três Pessoas mais a natureza divina). A mútua interpenetração, o existir uma na outra, pela e para a outra (pericórese ou circumincessio) constitui a inexistência das Pessoas divinas (DS 534, 745, 800, 803, 1330, 3814), expressão da eterna comunhão.

7ª proposição diz respeito ao caráter de *mistério* da revelação trinitária: mesmo revelada, a verdade sobre a Santíssima Trindade permanece um mistério sempre aberto a novas compreensões humanas e por fim constitui um mistério absoluto que se nos entrega em liberdade e amor para nossa divinização (DS 3115, 3225). Esse mistério é essencial e, por isso, permanece mistério também na eternidade.

V
A Santíssima Trindade no imaginário teológico

A rigidez das fórmulas trinitárias e o rigor das expressões teológicas ficaram para o uso dos eruditos da fé cristã. Cabe reconhecer que, dificilmente, pode-se rezar e deixar inflamar-se o coração com tais construções mentais. Elas são necessárias para a intelecção da fé; é aqui que se realiza a vigência de seu significado. Entretanto não é o único caminho de acesso ao mistério trinitário. A linguagem da catequese, da homilética e da piedade utilizou fortemente o imaginário. Mediante símbolos e imagens concretizamos melhor a significação deste augusto mistério. Os próprios Santos Padres quando abordaram, em suas longas e ardorosas discussões, a Santíssima Trindade não deixaram de trabalhar sobre analogias, figuras e imagens.

1 O significante, o significado e a significação

Convém distinguir, para nossa ulterior exposição, três conceitos: o significante, o significado e a significação. O *significante* é constituído pelas palavras técnicas utilizadas na exposição desta verdade de fé, como o consideramos no capítulo anterior (natureza, pessoa, relação, processões, missões etc.). O *significado* é constituído pelos conteúdos dos significantes (natureza é o que une em Deus e é a mesma e única nas três Pessoas; pessoa é o que diferencia o Pai, o Filho e o Espírito Santo um do outro e ao mesmo tempo os coloca em comunhão; processão é a ordem existente entre as três divinas Pessoas, de tal modo que segundo a doutrina tradicional o Filho procede do Pai e o Espírito Santo do Pai e do Filho ou através do Filho). *Significação* é o conteúdo afetivo, a vibração valorativa que cada termo (significante e significado) produz em nossa vida. É dentro do regime das significações que emergem as imagens e os símbolos mediante os quais nos relacionamos de forma globalizante com o mistério trinitário, melhor, com o Pai, o Filho e o Espírito Santo. As imagens não substituem as palavras técnicas nem os conteúdos definidos pela Igreja[1]; precisamos saber o que queremos dizer e o que não devemos dizer do Deus tri-uno quando tentamos pensar neste mistério. As imagens, entretanto, procuram concretizar e materializar o que representamos de forma abstrata e conceptual.

Assim como nossas palavras e nossos conceitos possuem seu alcance e seu imenso limite (mais escondem da Trindade do que no-la revelam), da mesma forma as imagens possuem seu campo estrito de validez. Muitas delas podem até encerrar perigos, porque nos dão a ilusão de termos compreendido nas malhas de nosso imaginário a realidade incomensurável do mistério trinitário.

---

1. Santo Agostinho, que elaborou a grande imagem antropológica da Trindade, estava muito consciente de que nunca se trata de verdadeiras analogias, mas apenas de imagens aproximativas onde o que afasta é maior do que aquilo que aproxima. Cf. o *Sermão* 52, 10, 23: PL 38, 364.

A importância das imagens reside no fato de que elas nos ajudam a ter determinadas atitudes face à Trindade em si mesma e face a cada uma das Pessoas. Assim, quando dizemos Pai ou Mãe correspondem em nós certas ressonâncias que atingem o mais profundo de nossa psique. Temos a ver com arquétipos ancestrais carregados de valores, pois estão ligados às experiências-matrizes de nossa estruturação psicológica. Quando dizemos Filho surge em nós o sentimento de uma relação para com o Pai ou Mãe, não de dependência, mas de intimidade em razão da origem; ela pode se manifestar em termos de reconhecimento, entrega e agradecimento. Da mesma forma quando pronunciamos Espírito Santo nos vem à mente tudo o que o espírito significa como vida, compreensão da realidade, comunhão e amor. Quem se deixa conduzir pela animação suscitada pelo Espírito aceita o Filho e quem aceita o Filho descobre o rosto paterno e materno de Deus. Estas atitudes constituem a base de nossa fé viva na Santíssima Trindade. Elas também, pedagogicamente, significam o ponto de partida para a reflexão. Como poderia ser diferente? São Gregório de Nissa († 394) em seu grande catecismo (*Oratio catechetica magna*) diz: "Assim como aprendemos a conhecer a Palavra, elevando-nos da esfera de nossa vida até à natureza soberana, assim também chegamos a conceber o Espírito, considerando-o em nossa própria natureza que é uma sombra e uma imagem do poder invisível... Na natureza divina a piedade nos obriga a crer num Espírito (Sopro) de Deus, pois que existe também uma Palavra de Deus. A Palavra de Deus não deve ser inferior à nossa palavra; assim como nossa palavra vem acompanhada do sopro, assim a Palavra vem acompanhada do Sopro (Espírito)"[2]. Esta pedagogia não deduz a Santíssima Trindade de nossa experiência; ao invés, à luz da Trindade descobre na experiência humana semelhanças e analogias; elas confirmam a fé de que somos feitos à imagem e semelhança de Deus que é sempre trino.

Queremos considerar algumas destas estruturas simbólicas.

2 A simbólica "econômica"

A forma mais acessível à Trindade continua ser aquela que o Deus trino mesmo escolheu para revelar-se no caminho de Jesus Cristo. Basta que recordemos o que foi dito no capítulo II. Aí se depreende que das relações que Jesus entreteve com seu Deus, chamando-o de Pai, num contexto libertador, se revela simultaneamente o Pai e o Filho. Jesus se entende como o Enviado do Pai, vivendo uma profunda intimidade com Ele a ponto de expressar-se de forma divina. A força que o tomava, o entusiasmo que imbuía sua pregação e a irradiação que difundia sobre seus ouvintes revelava aos homens o Espírito Santo. A estes três chamamos Deus, sem querer com isto multiplicar Deus. A Trindade se entrega ao nosso conhecimento na vida e na prática de Jesus; não se trata de uma reflexão abstrata sobre as profundidades do mistério, mas de relações, atitudes e práticas desenvolvidas por Jesus que nos colocam diante de significações divinas. A simbólica "econômica" contida nas expressões Pai, Filho e Espírito Santo nos deixa

---

2. *Oratio catechetica magna,* 2, 1. Cf. HAMMAN, A. "La Trinidad en la catequesis de los Padres griegos". *La Trinidad en la catequesis*. Salamanca, 1978, p. 87-101 [Semana de Estudios Trinitarios, 12].

penetrar na realidade de Deus assim como eternamente é, exatamente como tri-unidade. Achega-se à Trindade pelas ações das divinas Pessoas: o Pai que envia o Filho e como referência última de toda a história; o Filho que fala e age em nome do Pai em favor dos homens, particularmente dos pobres e pecadores; o Espírito que nos leva a acolher o Filho e nos incita a adorar o Pai.

Esta linguagem "econômica" perpassa a produção teológica dos Padres. Assim, por exemplo, Santo Inácio de Antioquia († 104) escreve aos efésios: "Sois pedras do templo do *Pai*, preparadas para a construção de Deus Pai, alçadas para as alturas pela alavanca de *Jesus Cristo*, alavanca que é a cruz, servindo-vos do *Espírito Santo* como de uma corda"[3]. As três Pessoas divinas aparecem em sua ação na história dos homens. A Trindade não é um mistério de pura contemplação; é um mistério de transformação da vida humana, de irrupção de novas formas de vida, cada vez mais semelhantes àquela vida que se concretiza nos divinos Três.

3 A simbólica da piedade

A Santíssima Trindade perpassa o dia a dia do cristão que possui uma explícita prática cristã. Assim todas as orações e atos litúrgicos, toda ação importante começam pela invocação do Pai, do Filho e do Espírito Santo. As conclusões se fazem na forma de agradecimento e glorificação ao Pai, pelo Filho no Espírito Santo.

Esta presença trinitária se faz visível nos ritos sacramentais, particularmente naquele batismal e naquele eu-

---

3. E f 9,39-40, tradução Ed. Vozes, 1972, p. 43.

carístico. Desde a Tradição Apostólica de Hipólito († 235) até na celebração atual temos a tríplice interrogação sobre as três Pessoas divinas com suas respectivas apropriações.

Na celebração eucarística se realiza uma como que recapitulação universal: a história da salvação caminha para o Pai mediante a obra libertadora do Filho e na força transformante e unificadora do Espírito Santo. É o *sacramentum fidei*![4]

4 A simbólica arquetípica

A presença dos Três é mais do que uma questão de número. O três, como foi mostrado particularmente com C.G. Jung[5], é um arquétipo universalmente atestado. Ele expressa a totalidade; psicologicamente é o símbolo da individualização da pessoa humana na medida em que o inconsciente e o consciente se ligam de forma criadora e harmoniosa. O número três aparece sob mil formas nos sonhos, nas representações artísticas, nas formulações conceptuais. Este símbolo atende as exigências da vida humana em busca de integração, associação e totalidade. Ele mostra, em nível antropológico e visível, a verdade religiosa de que a pessoa humana é imagem e semelhança de Deus trino.

O estudo das representações da Trindade revela que junto a ela, frequentemente, aparece um quarto elemento

---

4. Para toda esta parte cf. HAMMAN, A. "A Trindade na liturgia e na vida cristã". *Mysterium Salutis*, II/1. Petrópolis, 1972, p. 119-129.

5. JUNG, C.G. *Tentativa de uma interpretação psicológica do dogma da Trindade*. Petrópolis, 1980, p. 109-202 [Obras Completas XI]. Cf. UNTERSTE, P. *Die Quaternität bei C.G. Jung*. Zurique, 1974, p. 61-85; p. 145-158.

(a criação, a Virgem Maria, a Eucaristia, geralmente, de natureza feminina). Tal fato não destrói a natureza do símbolo trinitário. Demonstra tão somente a riqueza interna dele. O quarto elemento significa a abertura da totalidade mediante a inclusão de um elemento estranho que assim participa da integração. A integração humana (expressa pelas tríades) não descansa em si mesma, nem se faz somente pela conjugação de todas as energias psíquicas, mas também inclui os outros, o mundo e a história. Semelhantemente ocorre com o mistério da Santíssima Trindade. De fato, assim como nos é conhecido, o Deus tri-uno jamais está só; Ele se autocomunica criando o universo e em seguida se autoentregando em amor e comunhão aos seres inteligentes. Por isso, dizíamos, o mistério trinitário é para nós peregrinos sempre histórico-salvífico e um processo eterno de comunhão que desborda para fora do círculo estritamente trinitário. Este fato vem expresso pelo símbolo do quatro: é uma totalidade aberta e integradora de outros elementos. O famoso ícone de Andrei Rublev (por volta de 1410) mostra, maravilhosamente, as três Pessoas divinas iguais e, ao mesmo tempo, distintas, ao redor de uma mesa sobre a qual está a Eucaristia. O quarto elemento é tanto a Eucaristia quanto a própria pessoa que contempla o quadro, deixa-se embevecer por ele, e assim participa do processo da divinização, tema central da espiritualidade e teologia oriental.

Outras vezes as três Pessoas são representadas coroando a Virgem Maria, como o mostra a imagem da Trindade no Santuário da Trindade, um dos poucos no mundo no qual se venera, especificamente, a Trindade, em Goiás, no Brasil Central. Igualmente ilustrativa é a grandiosa pintura do teto da capela-mor da Matriz de Nossa Senhora de Nazaré em Cachoeira do Campo, em Minas Gerais, ou a coroação da Virgem pela Santíssima Trindade da catedral basílica de São João del-Rei[6]. Extremamente sugestivo é o afresco da Santíssima Trindade da Igreja de Urschalling bei Prien junto ao Lago Chiemsee, na Baixa Baviera. Aí o Espírito Santo é representado por uma mulher, entre o Pai e o Filho que descansam suas mãos sobre os seios da Virgem. O afresco termina unindo as Pessoas embaixo com os símbolos nítidos da geração humana. Outras vezes a Trindade é apresentada apoiada numa esfera que simboliza a criação. Sempre, concretamente, expressa-se a verdade de fé de que a Trindade é um mistério de comunhão e de amor que envolve e penetra todo o universo para fazê-lo participar de seu oceano de vida.

5 A simbólica antropológica

À luz da fé trinitária se enriquece a intuição da fé de que a pessoa humana é imagem e semelhança da divindade (cf. Gn 1,27). Se há um símbolo real deste augusto mistério, então este será a própria dinâmica vital do ser humano. Ela se manifesta, primeiramente, como uma unidade vital e simultânea de três concretizações radicais, como o intuiu Santo Agostinho e o desenvolveu largamente em seu Tratado sobre a Santíssima Trindade[7]. Inicialmente há o sen-

---

6. Cf. Cônego Vidigal Carvalho. *A devoção à Santíssima Trindade na época colonial*. Viçosa, 1979; • P. REDENTORISTAS. *Santuário da Trindade*: sua história, sua imagem, sua mensagem. Aparecida do Norte, 1982.

7. Cf. SANTO AGOSTINHO. *De Trinitate,* livros IX-XV. Cf. a obra clássica de SCHMAUS, M. *Die psychologische Trinitätslehre des hl. Augustinus*. Münster, 1927. Cf. tb. as críticas corretivas de TURRADO, A. *Trinidad* em *Gran*

timento profundo de que a pessoa humana é um mistério; quanto mais conhecido mais se abre ao conhecimento; não há categorias que recolham toda a exuberância de uma existência concreta. Este mistério, entretanto, manifesta-se como compreensão de si mesmo e verdade de seu próprio ser; não é a inteligência que entende, é a pessoa que emerge como inteligente e portadora da verdade de si mesma. Este mistério não apenas se expressa inteligivelmente; ele também se comunica e estabelece uma comunhão de amor com o outro; não é a vontade que ama; é a pessoa que ama e se autoentrega. O sentimento profundo, a inteligência e a vontade ou então o mistério, a verdade e o amor não são apenas potencialidades da alma; é a própria vida humana em seu viver como unidade dinâmica, sempre idêntica e, ao mesmo tempo, diferenciada. Tais manifestações revelam-se como figurativas de uma Realidade maior, da qual provêm e de quem são imagens: o Deus trino, o Pai, o Filho e o Espírito Santo. Por analogia com a existência humana (já criada à imagem da Trindade) podemos dizer: o mistério abissal, enquanto mistério, sem origem e do qual tudo procede, fonte e referência última de tudo, representa a Pessoa do Pai. Este mesmo mistério, enquanto se comunica e se mostra como verdade, simboliza o Filho. Por fim este mistério, enquanto se dá em amor e unifica tudo pelo Filho com o Pai, significa o Espírito Santo.

Não estamos diante de três mistérios, mas de um único Mistério aberto e vivo, num eterno processo de estar-em-si,

---

Enciclopedia Rialp. Vol. 22. Madri, 1975, p. 775-782. • MARGERIE, B. de. *La Trinité chrétienne dans l'histoire*. Paris, 1975, p. 397-417. • BERG, A. "A Santíssma Trindade e a existência humana". *Revista Eclesiástica Brasileira*, 33, 1973, p. 629-648; 36, 1976, p. 323-346. • SCIACCA, M.F. "Trinité et unité de l'esprit". *Augustinus Magister*. Vol. 1. Paris, 1954, p. 521-533.

sair de si e de retornar sobre si, envolvendo a criação, particularmente, os seres humanos.

Quanto mais alguém vive a radicalidade de sua própria vida, na pureza e inteireza de suas concretizações, mais se torna revelador potencial da Trindade na história, mais se faz caminho de acesso ao Mistério último que habita sua própria profundidade existencial: o Pai, o Filho e o Espírito Santo.

6 A simbólica familiar

A simbólica antropológica acentua preferencialmente as relações *intrassubjetivas* (a vida humana como expressão da Trindade), acentuado de modo especial a unidade do Deus trino. A simbólica familiar tem a vantagem de sublinhar as relações intersubjetivas e assim enfatizar o caráter tripessoal de Deus[8].

Já o Antigo Testamento via no matrimônio um símbolo da relação de amor entre o Povo eleito e seu Deus. O Novo Testamento vê na união amorosa dos esposos um símbolo do amor de Cristo para com a humanidade fiel (a Igreja: Ef 5,23). Na Tradição da Igreja, nos grandes teólogos gregos como Gregório Nazianzeno, Metódio e Efrém se usava com frequência esta analogia. Nela o que conta, efetivamente, são os três termos que sempre estão em relação, dentro da diversidade: pai, mãe e filho (Adão-Eva-Set). Juntos formam uma só realidade que é a família. Pai e mãe se amam, se conhecem e reconhecem. O filho é o testemunho da realidade deste amor diante dos parentes e de todos os

---

8. Para esta imagem cf. o estudo detalhado de MARGERIE, B. de. *La Trinité*. Op. cit., p. 368-390.

outros. Analogicamente, ocorrem na Trindade relações de conhecimento e de amor. O Espírito Santo é prova de que Pai e Filho se amam; Ele proclama e testemunha este amor. Ele é o "condilectus" (coamado). Os três juntos formam a família de Deus, onde tudo circula e tudo é envolto num mesmo círculo de vida, à semelhança da família humana. Esta analogia possui uma poderosa força de evocação, porque se sustenta na experiência humana mais natural e elevada a sacramento pela fé cristã: a vida matrimonial. Não se trata de introduzir na analogia as diferenças sexuais; consideram-se apenas as diferenças pessoais que constituem a unidade plural da única e mesma família.

7 A simbólica eclesial

Tertuliano cunhou uma expressão famosa, cujo sentido foi pouco aprofundado na teologia: "Onde estão o Pai, o Filho e o Espírito Santo, aí também se encontra a Igreja que é o corpo dos Três"[9]. Onde hoje aparece com maior visibilidade o mistério trinitário? É naquela comunidade de fé, esperança e amor que procura viver, conscientemente, o ideal de unidade proposto por Jesus a seus discípulos: "Que todos sejam um como Tu, Pai, estás em mim e eu em ti, para que eles estejam em nós" (Jo 17,21). A unidade da Igreja não reside numa uniformização burocrática, mas numa pericórese entre todos os fiéis, a serviço dos outros (missão)[10]; esta unidade se constrói sobre três eixos

---

9. *De baptismo* VI, 1.

10. Cf. CONGAR, Y. "La Tri-unité de Dieu et l'Église". *La Vie Spirituelle*, 604, 1974, p. 687-703. • FORTE, B. *La Chiesa icona della Trinità*. Bréscia, 1984, p. 27-59.

principais: a fé, o culto e a organização em vista da coesão interna, da caridade e da missão. Estes três momentos são concretizações da própria comunidade que se reúne para proclamar e aprofundar a fé, para celebrar a presença das *magnalia Dei* na história de ontem e de hoje, organizada em vista da construção harmônica do mesmo corpo, em razão do serviço dos outros, particularmente dos pobres e da missão. Não são três partes da Igreja, mas a única e mesma Igreja que se desdobra nestes três momentos concretos de sua realização histórica. Esta unidade não se restringe apenas à perspectiva religiosa; ela se traduz num projeto de comunhão de bens e de vida, como foi vivido na comunidade primitiva dos Atos dos Apóstolos (cf. At 2,44-45; 4,34-36). Na medida em que a comunidade realiza esta interpenetração, ela efetivamente se torna uma figura e analogia da Trindade, fazendo-a como que palpável aos olhos dos homens. A Igreja se faz, no seguimento evangélico, o templo do Deus tri-uno. A unidade trinitária que é sempre unidade dos divinos Três se reflete na unidade dos muitos que formam uma só comunidade (cf. UR, 2). Este simbolismo, como todos os demais, somente se constitui processualmente na comunidade que se renova sempre de novo e supera seus enrijecimentos institucionais. Ela é "o corpo dos Três" não simplesmente pelo fato de existir como Igreja e assim se denominar, mas no esforço contínuo de fazer-se comunidade de fé, de celebração e de serviço.

8 A simbólica social

Toda sociedade humana se constrói, se estrutura e perdura historicamente pela interação dialética de três instâncias de base: a econômica, a política e a simbólica. Pela instância econômica os homens garantem a produção e a reprodução da vida pelo acesso organizado aos bens da terra; esta instância é fundamental porque concerne a todos indistintamente, deve ser atendida permanentemente e permite todas as demais manifestações da vida. Pela instância política os homens organizam as relações sociais, os regimes de convivência e a distribuição do trabalho em vista do bem comum; ninguém vive fora do feixe das relações sociais e cada um ocupa um determinado lugar no conjunto humano. A instância simbólica (ideias, filosofias, religiões etc.) responde pelo sentido que os seres humanos conferem ao seu trabalho, à sua convivência social, à vida, aos fracassos, à história e à morte. Nenhuma organização humana prescinde destes três eixos fundacionais: todos precisam garantir a vida, relacionar-se comunitária e socialmente e conferir valor às suas práticas e sentido à sua esperança. Estas três instâncias sempre se interpenetram, coabitam e se implicam mutuamente. Não se trata de três partes separáveis (a modo de uma falsa compreensão liberal-burguesa), mas de três historizações da mesma e única sociedade, de tal forma que no econômico sempre se dá também o político e o simbólico, no político o econômico e simbólico e no simbólico o econômico e o político. Há uma verdadeira pericórese entre as instâncias. Isto, aliás, já o detalhamos anteriormente. Há diversas formas de estas três instâncias se concretizarem historicamente, propiciando numas mais participação e fraternidade e noutras mais segregação e conflitos. Na medida em que uma sociedade consegue formas históricas de interação em que os seres humanos veem promovida e desabrochada sua vida pessoal, social e utópica, mais se tornam espelho da Trindade que é a convivência da diversidade na comunhão e unidade de uma mesma vida e mistério. Já temos largamente considerado: a realidade-fonte na Trindade reside exatamente na interpenetração e coexistência harmônica dos Três Divinos que assim encontram na sociedade um reflexo, ainda que pálido, pela dialetização das três instâncias sustentadoras do todo social.

9 A simbólica material

Já nas mais antigas reflexões trinitárias lançou-se mão, para efeitos pedagógicos, de analogias tiradas da ordem da criação material. Assim se dizia que temos o sol, o raio e a luz, constituindo a única realidade; ou então o fogo, a luz e o calor; ou três velas que se encontram em cima formando uma só chama; o trifólio, que, sendo uma única folha, apresenta três pontas distintas. Outros apelam para as três energias fundamentais do mundo físico: a energia gravitacional, a eletromagnética e a atômica, constituindo a única e idêntica realidade da energia[11]. A força evocadora destas imagens é muito reduzida pelo seu caráter formal e por sua parca relação com os processos de vida e de sentido. Esta simbólica material pode visualizar doutrinas, mas não o encontro com Deus tri-uno.

10 A simbólica formal

Por fim, a pedagogia cristã procurou símbolos meramente formais, tirados da matemática, como o triângulo

---

11. Cf. KALIBA, C. *Die Welt als Gleichnis des dreieinigen Gottes*. Salzburg, 1952, p. 165-199.

equilátero; possui uma única superfície e três lados absolutamente iguais; outras vezes, este símbolo formal foi enriquecido com um nimbo para expressar a glória da Trindade e ilustrado com formulações curtas para lembrar a unidade de natureza, bem como a distinção e igualdade das Pessoas, como se pode ver no desenho que segue:

11 Conclusão: o caráter insubstituível mas limitado dos símbolos

Após estas breves reflexões sobre o simbólico trinitário convém enfatizar a importância e o limite deste tipo de compreensão e interiorização do mistério da fé. Já os grandes teólogos como São João Damasceno e Santo Tomás[12] o viram claramente: é insipiência e até impiedade querer figurar o Divino, pois Deus sendo incorporal não poderá jamais ser representado por figuras corporais. Entretanto

---

12. *De fide orthodoxa* IV, 16: PG 44, 1172; *Sum. Theol.* III, q. 25, a. 3 ad 1.

a criação inteira, o ser humano e o fato da encarnação do Filho de Deus nos abrem a possibilidade de vislumbrar as imagens do Divino refletidas na história. Nestas imagens, ensinou-o o Concílio do Latrão IV (1215), a dissemelhança entre o Criador e a criatura é maior do que a semelhança (DS 806). Por isso, todo o imaginário humano, seja de que fonte da experiência humana ele for induzido, mostra-se limitado. Ao nível da compreensão intelectual, ele não ilumina as trevas luminosas do mistério trinitário[13].

Entretanto, sublinhávamos no início, existe o campo da significação humana que é melhor expresso por imagens do que por categorias conceptuais. Estas não atendem suficientemente às exigências do espírito humano que, em sua paixão infinita, anseia por uma expressão da totalidade. Esta totalidade só pode ser expressa por símbolos que eclodem das profundezas do inconsciente pessoal e coletivo. Nenhum conceito, nem o mais sistemático possível, pode substituir os símbolos da totalidade, especialmente em seu caráter de significação existencial, de valor incondicional e de unificação dos sentidos num Sentido último. É neste contexto que ganham valor insubstituível os símbolos trinitários como os desenvolvemos acima. Por eles a fé se concretiza, o próprio ser humano se sente participante da Trindade, e a Trindade se faz presente na vida quotidiana. Vigora aqui uma verdadeira pericórese cujo protótipo é a pericórese das próprias Pessoas divinas.

---

13. Cf. as críticas de K. Barth à doutrina dos vestígios da Trindade em *Die kirchliche Dogmaük* 1/1, p. 352-367.

VI
A doutrina trinitária numa situação cultural mudada

1 Mudanças que afetam a doutrina trinitária

A teologia trinitária clássica padece de grande formalismo, como se comprovou nos capítulos anteriores. Só aos iniciados na gramática e sintaxe trinitárias é dado saborear as profundidades do mistério. A grande maioria dos fiéis, dos próprios padres e bispos, distancia-se, com suspeitas, dos voos demasiadamente altos da razão teológica. A impressão (que não deixa de ter seu peso na prática da fé) deixada pelas disquisições da teologia é que a Trindade se apresenta mais como um *mysterium logicum* do que um *mysterium salutis*.

O senso da fé nos garante, apesar de tudo, que o mistério trinitário deve ser o mistério mais fontal, mais próximo, mais iluminador do sentido da vida que imaginar se possa. Deve haver uma forma de apresentação que não esconda esta riqueza, mas a comunique adequadamente. Persiste a suspeita (sem haver razões suficientes para demonstrar o contrário) de que a complicação conceptual e terminológica se deve menos ao mistério mesmo do que à nossa herança cultural e à nossa abordagem que privilegia a clareza dos conceitos e das formas mais do que a inserção existencial.

Ademais nossa época se caracteriza pela crise da razão. Depois que a razão instrumental-analítica mostrou seu poder destruidor nas guerras, nas quebras de quase todos os ecossistemas e na produção de ideologias totalitárias, alimentamos profundas reservas face a ela. Desconfiamos de seus voos, de suas deduções, de sua capacidade de discernir a verdade do erro. Afinal, acedemos à realidade e à verdade não somente pelo *lógos*, mas principalmente pelo *páthos*; não apenas pela razão, mas também pelo coração, coisa que as religiões sempre souberam e também viveram. Por causa disto tudo, a doutrina clássica da Trindade – que supunha confiança na razão e entusiasmo por sua *performance* – perdeu, para as nossas gerações (embora nem para todas as pessoas), grande parte de sua força persuasiva.

Importa refazer a experiência da fé no Deus cristão Pai, Filho e Espírito Santo. Ao falarmos da Trindade precisamos *ver*, na fé, o fenômeno divino expresso na nossa fala. Em outras palavras, faz-se urgente encontrar uma ponte fiável entre a Economia e a Teologia. Explico-me: a reflexão sobre as Pessoas divinas em si, em seu processo eterno (Teologia), deve guardar estreita relação com as manifestações delas dentro de nossa história salvífica na gesta do Filho encarnado em Jesus Cristo e na ação do Espírito Santo pneumatizado em Maria e agindo sempre nos processos históricos (Economia).

Ao redizermos o mistério de Deus trino não podemos prescindir das contribuições da nossa cultura moderna, que afetam diretamente a compreensão trinitária. Os últimos dois séculos conheceram a irrupção da subjetividade; valorizou-se enormemente a consciência, aprecia-se sumamente a pessoa humana; coloca-se a história como uma catego-

176

ria básica para entender a vida, a sociedade e a liberdade. Surgiram as ciências do homem, da sociedade, da história. A categoria *pessoa* tão decisiva para a doutrina trinitária conheceu aprofundamentos, impossíveis nos séculos anteriores. Como não aproveitar tais contribuições no nosso acesso ao mistério do Pai, do Filho e do Espírito Santo?

Entrevemos com crescente clareza que Deus e mundo não são realidades que simplesmente se opõem como imanência e transcendência, tempo e eternidade, criatura e Criador. Uma visão estática do ser propiciava este tipo de metafísica da representação. Se introduzirmos, entretanto, as categorias história, processo, liberdade etc. aparece o dinamismo, o jogo das relações, a dialética da mútua inclusão. O mundo emerge não como mera exterioridade de Deus, mas como receptáculo de sua autocomunicação. O mundo começa a pertencer à história do Deus trino.

Tal verdade se confirma com a encarnação e a pneumatificação. Algo da criação e da história começa a pertencer definitivamente à segunda Pessoa, respectivamente, à terceira Pessoa da Santíssima Trindade. Que consequências tem para nossa compreensão da Trindade o fato de o ser humano por Jesus e por Maria ter sido irreversivelmente inserido no mistério trinitário? A reflexão trinitária pensou muito pouco sobre este evento de infinita beatitude para nós. E se mostra com isso como o mundo e Deus devem ser pensados numa espécie de pericórese e não simplesmente por categorias de oposição e de distinção.

Tais fatos nos convencem da urgência de repensar a doutrina trinitária para pôr em luz mais meridiana o mistério trinitário. As doutrinas devem apontar para a realidade de Deus trino e, quanto possível, transportar-nos para o coração do mistério.

2 Caminhos de acesso à Trindade santa

Queremos apresentar algumas tendências da reflexão sistemática cristã que tomam em conta os desafios vindos do quadro cultural mudado. Trata-se apenas de identificar alguns rumos sem entrar no detalhamento de cada posição com autores e obras, o que foi feito com mais competência por outros[1].

Um ponto decisivo está presente e assegurado em todas as tendências: na reflexão trinitária se há de partir sempre da Trindade econômica, vale dizer, da revelação do mistério assim como é apresentado nas Escrituras cristãs.

A Trindade não foi revelada como "doutrina", mas como história do Filho encarnado em Jesus e como gesta vivificadora do Espírito Santo em Maria, na Igreja e na humanidade, tendo sempre como pano de fundo e referência última o mistério do Pai. A revelação ocorre numa narração e menos numa reflexão formal, embora esta também não falte no Evangelho de São João. Os estudos patrísticos

---

1. Cf. alguma bibliografia orientadora: FOLCH GOMES, C. *A doutrina da Trindade eterna*. Rio de Janeiro, 1979, p. 15-162, 310-352. • GROM, B. & GUERRERO, J. *El anuncio del Dios cristiano*. Salamanca, 1979, p. 34-57. • ALONSO, J.M. "La reflexión teológica trinitaria hoy". *La Trinidad hoy*. Salamanca, 1971, p. 169-202. • MARGERIE, B. de. *La Trinité chretienne dans l'histoire*. Paris, 1975, p. 335-420. • WEICH, C. *The Trinity in Contemporary Theology*. Londres, 1953. • BREUNING, W. "Trinitätslehre". *Bilanz der Theologie*, 3. Friburgo, 1970, p. 21-36. • RUH, U. "Das unterscheidend Christliche in der Gottesfrage. Zu neueren Entwicklungen in der Trinitätstheologie". *Herderkorrespondenz*, 36 (1982), p. 187-192. • VV.AA. *Trinidad y vida cristiana*. Salamanca, 1979. • FORTE, B. *Trinità come storia*. Turim, 1985, p. 68-88.

e litúrgicos evidenciaram que este sempre foi o ponto de arranque da grande reflexão trinitária da Igreja.

A partir da Trindade econômica, tendo sempre em vista os dados reguladores da revelação histórico-salvífica, pode a teologia alçar-se a uma especulação que intenta vislumbrar a Trindade imanente, como as Pessoas divinas são em si mesmas e mutuamente se relacionam.

Aqui se esboçam várias atitudes teóricas: Na primeira – *doxológica* – o teólogo se satisfaz com o que o Novo Testamento e a tradição litúrgica expressam. Por receio da especulação desgarrada da história da salvação, renuncia ir além do que os dados reguladores dizem. Termina na doxologia, no louvor e na celebração litúrgica das três divinas Pessoas: *per Filium in Spiritu Sancto ad Patrem* ou *a Patre per Filium in Spiritu Sancto*. Aqui, praticamente, não há teologia, mas exegese e piedade.

Na segunda atitude – *historicista* – o teólogo se atém estritamente à revelação histórica da Trindade. A história apresenta-se para ele como processo do próprio Deus. O Deus uno e único segundo alguns teólogos se torna Trindade no processo de penetração em sua criação. Assim se inaugura na história uma "trinificação do Deus uno por causa de sua livre decisão de autocomunicar-se à criatura como ocorreu em Jesus"[2]. Nesta concepção a Trindade não seria eterna, mas ela mesma revelaria uma história processual do próprio Deus. Denominamos esta atitude de historicista porque ela absolutiza de tal modo a história que projeta realidades no-

---

2. SCHOONENBERG, P. "Trinität: der vollendete Bund – Thesen zur Lehre von dreipersönlichen Gott". *Orientierung*, 37, 1973, p. 115-117. • FORTE, B. *Trinità come storia*. Turim, 1985 oferece uma reflexão perfeitamente ortodoxa acerca da Trindade na história e a história na Trindade.

vas no próprio mistério de Deus. Esta atitude parece romper com a tradição da fé, por isso não a assumimos.

Na terceira atitude – a *dialética* – o teólogo assume radicalmente o que significa a presença da Trindade na história e a história na Trindade. Trata-se de um mistério de salvação, comunicado não para a nossa curiosidade, mas para a nossa divinização.

Deus se revela assim como é; como se revelou como Pai, Filho e Espírito Santo é sinal que em si mesmo é Pai, Filho e Espírito Santo. Então podemos formular o axioma básico da reflexão trinitária: *"A Trindade econômica é a Trindade imanente e a Trindade imanente é a Trindade econômica"*[3].

Na encarnação e na pneumatificação ocorre esta identificação. Na história ocorre uma autocomunicação do Filho e do Espírito Santo que não é simplesmente fruto da causalidade eficiente de Deus uno, mas um *ato próprio* de cada uma destas Pessoas. A encarnação é a autocomunicação pessoal do Filho de tal modo que Ele está realmente, sem figura ou metáfora, presente como Filho na santa humanidade de Jesus Cristo. Semelhantemente poderíamos falar do Espírito Santo com referência a Maria (consoante o nosso *teologúmenon*). Filho e Espírito Santo são testemunhados como enviados pelo Pai que neles se faz, cada vez por um modo peculiar, presente e atuante. Assim encarnação e pneumatificação concretizam a unidade da Trindade imanente com a Trindade econômica e vice-versa.

A partir desta fundamentação a teologia pode fazer o que se espera dela: refletir sobre Deus trino não somen-

---

3. RAHNER, K. "O Deus trino, fundamento transcendente da história da salvação". *Mysterium Salutis*, II/1. Petrópolis, 1972, p. 292.

te em sua relação para com a história, mas em si mesmo, como Mistério escondido que se revela e que fica Mistério na revelação. Daí resulta uma elaboração sistemática da verdade trinitária revelada.

Dentro da elaboração sistemática cristã (católica e protestante) no transfundo comum da Trindade econômica como ponto de partida se discernem várias tendências. Enumeraremos tão somente as mais relevantes.

a) Prolongando e aprofundando a Tradição

Há um significativo número de teólogos[4] que assumem a contribuição moderna acerca da noção de *pessoa* e tentam prolongar e enriquecer a compreensão clássica (pessoa como *subsistens distinctum*). A compreensão atual explora intuições que, germinalmente, encontram-se nos capadócios, em Santo Tomás, São Boaventura e Duns Escoto[5]. Para os modernos a pessoa, fundamentalmente, significa um ser-de-relação. A pessoa é um sujeito existente como centro de autonomia, dotado de consciência e de liberdade. Para evitar o triteísmo se acentua a *relação*, a abertura total de uma Pessoa à outra; pelo fato de tratar-se de uma realidade espiritual, a pessoa é essencialmente consciência, não meramente no sentido psicológico como um centro de toda a atividade psíquica, mas no sentido ontológico como

---

4. Citamos apenas alguns nomes conhecidos na teologia trinitária como C. Folch Gomes, R. Guardini, M. Schmaus, B. Lonergan, F. Bourassa, H. Mühlen, G. Lafont, G. Ebeling e E. Brunner.

5. Cf. os eruditos estudos de BOURASSA, F. "Personne et conscience en théologie trinitaire". *Gregorianum*, 55, 1974, p. 471-493. • BOURASSA, F. "Sur la Trinité: Dogme et théologie". *Science et Esprit*, 24, 1972, p. 257-284. • BOURASSA, F. *Questions de théologie trinitaire*. Roma, 1970.

permanente presença do espírito a si mesmo. Trata-se, portanto, de uma presença do sujeito ao sujeito e não apenas presença do objeto ao sujeito. Na terminologia clássica, diríamos: a consciência trinitária é um *ato essencial*. Porque é um ato essencial é participado por cada uma das Pessoas; aparece então como um *ato nocional*. Existe então uma consciência e três sujeitos cônscios.

Na formulação rigorosa que lhe deu B. Lonergan, podemos então dizer: "O Pai, o Filho e o Espírito Santo são, por meio de uma consciência real, três sujeitos cônscios tanto de si como de cada um dos outros, e tanto de seu ato nocional como de seu ato essencial"[6]. O Pai, o Filho e o Espírito Santo são três sujeitos inteligentes e livres, mas possuem a mesma inteligência e a mesma vontade, à semelhança de um triângulo que possui três ângulos, mas uma e mesma superfície[7]. Cada Pessoa se afirma como Eu, não para fechar-se sobre si, mas para poder doar-se às outras duas. Aflora assim uma verdadeira pericórese psicológica.

Esta pericórese das subjetividades pode ser expressa também de outra forma, seguindo o modelo de uma analítica ontológica fundamental das relações eu-tu-nós. Na existência pessoal surpreendemos dois modos de relação com características próprias. O primeiro é constituído pela relação eu-tu e resulta no *diálogo*. O segundo funda a relação de comunhão (relação comum) entre o eu-tu e origina

---

6. LONERGAN, B. *Divinarum Personarum conceptio analogica*. Roma, 1956, p. 165. Uma boa apresentação da concepção trinitária de B. Lonergan o leitor poderá encontrar em FOLCH GOMES, C. *A doutrina da Trindade eterna*. Op. cit., p. 72-95.

7. Cf. GARRIGOU-LAGRANGE, R. "Le clair-obscur de la Sainte Trinité". *Revue Thomiste*, 45 (1939), p. 659.

o *nós*. Os pronomes pessoais eu-tu-nós designam o indivíduo, não enquanto encerrado em si mesmo, mas enquanto aberto ao outro, como o seu *vis-à-vis* ou interlocutor (cf. Gn 2,18). O Pai pode ser chamado como o Eu intratrinitário que suscita o Tu intratrinitário que é o Filho. O Filho não é somente a Palavra *do* Pai, mas também se constitui como a Palavra *ao* Pai. Então, entre o Eu e o Tu se estabelece um diálogo de conhecimento e de amor, de mútua proposta e mútua resposta.

O Espírito Santo que procede por uma espiração ativa do Pai e do Filho pode ser considerado como o *nós* do Pai e do Filho. Ele é "o *nosso* Espírito" (do Pai e do Filho). Por outro lado, Ele também se relaciona em verdade e amor com o Pai e o Filho. Nesta relação emerge sua personalidade. Na pericórese Pai-Filho, um está no outro; na pericórese do Espírito Santo, a Pessoa do Espírito Santo está nas duas Pessoas, naquela do Pai e do Filho, simultaneamente.

Na formulação de H. Mühlen, que elaborou esta perspectiva, podemos dizer: "O Espírito Santo *é* como Pessoa, uma Pessoa em duas Pessoas"[8]. Destarte aparece a peculiaridade do Espírito Santo que na reflexão clássica ficava sem solução clara.

Esta reflexão trinitária põe em sua devida luz a verdade de fé de que as pessoas humanas são criadas à imagem e semelhança da Trindade. O jogo de amor, de vida e de relações intersubjetivas no seio da Trindade santíssima se espelha nos relacionamentos humanos e sociais, urgindo transformações da presente situação decadente para que seja mais e

---

8. MÜHLEN, H. *Der Heilige Geist als Person* – In der Trinität, bei der Inkarnation und im Gnadenbund: Ich-Du-Wir. Münster, 1963, p. 164. • MÜHLEN, H. *Una mystica persona* – Eine Person in vielen Personen. Paderborn, 1964.

mais reflexo da Realidade, fundamento de toda a comunhão.

b) Alternativas ao conceito de pessoa

Há outros teólogos[9] que veem o caráter despistador do conceito moderno de pessoa aplicado à Trindade. Se entendermos pessoa como subjetividade, centro espiritual de ação e liberdade e a aplicarmos simplesmente à Trindade, caímos, dizem, num triteísmo vulgar. Na Trindade não se encontra triplicada a consciência, embora cada Pessoa seja consciente; mas não o é em razão de três subjetividades, senão em razão de uma única consciência que é consubstancial aos três Divinos. Consciência e liberdade não são distintivas, mas são comuns às três Pessoas.

Quando a teologia clássica fala de pessoa, não o entende como os modernos o entendem. Se não o explicarmos, cada vez, ao povo, corremos o risco de que este entenda o mistério de forma herética.

Em razão destas dificuldades, Barth, por exemplo, propõe que se lance mão de um conceito também antigo, surgido no tempo das discussões trinitárias da Igreja do século IV e V: *modo de existência ou maneira de ser*. Tais expressões traduzem o conceito grego *tropos hypárxeos* ou o latino *modus entitativus*[10]. O modo de ser não é um novo ser. Assim

---

9. Pensamos especialmente em RAHNER, K. Op. cit., p. 306-307. • BARTH, K. *Kirchliche Dogmatik,* I, I, 165s. Zurique, 1964.

10. *Kirchliche Dogmatik* I, 1, 379. Esta expressão foi empregada por São Basílio e outros Padres. O próprio Santo Tomás caracteriza a pessoa como um "modus existendi" (De Pot. q. 9, a. 4, c). Para os textos patrísticos desta expressão cf. PRESTIGE, J.L. *Dios en el pensamiento de los Padres*. Salamanca, 1977, p. 245-264, esp. p. 248s.

Barth mantém a unidade em Deus, possibilitando também uma diversidade. As Pessoas significam então para Barth *"três modos de existência"*[11] do único e mesmo Sujeito absoluto e eterno.

Sugere manter, entretanto, o conceito de pessoa para qualificar Deus e superar assim uma representação impessoal e substancialista; Deus é o Sujeito absoluto, Espírito infinito, e por isso um centro de consciência, amor e liberdade, Pessoa divina.

Rahner oferece uma genial reflexão sobre a Trindade, visando intencionalmente aproximá-la à experiência cristã já que este mistério acontece em nós mesmo antes de se formular a doutrina sobre ele. A intuição básica de Rahner consiste em apresentar Deus como um mistério absoluto que se autocomunica. Esta autocomunicação possui um tríplice aspecto: A autocomunicação enquanto realidade comunicada que permanece soberana, incompreensível, como um princípio sem princípio se chama Pai; a autocomunicação enquanto realidade que se exprime, está presente, e é Verdade se chama Filho; a autocomunicação enquanto realidade que acolhe a autocomunicação em Amor se chama Espírito Santo. Este tríplice aspecto da autocomunicação não deve ser concebido, adverte Rahner, como desdobramento puramente *verbal* de uma comunicação indistinta em si mesma, mas como uma diferença verdadeiramente *real*.

Para expressar esta tríplice autocomunicação do único mistério divino Rahner aconselha não abandonar a terminologia clássica que emprega o termo *pessoa*. É um termo consagrado que importa manter. Mas cabe ao teólogo ex-

---

11. *Kirchliche Dogmatik* I, 1, 379s. Cf. WELCH, C. *The Trinity in Contemporary Theology*. Londres, 1954, p. 190s.

plicá-lo de tal forma que seu sentido dogmático seja imune aos riscos latentes no sentido moderno de pessoa. Rahner, na sequência de Barth, mas com uma pequena precisão, entende pessoa como *"modo distinto de subsistência"*[12]. Rahner vê vantagem em exprimir assim o que é três em Deus, porque se expressa bem a unidade divina. "Três Pessoas" não exprime em si nada a respeito da unidade destas pessoas, devendo-se agregar a unidade às "Três Pessoas".

Se com esta alternativa à "pessoa" Rahner ganha em clareza teológica (porque dissipa a falsa imagem triteísta), perde em clareza espiritual. Ninguém adora "um modo distinto de subsistência", mas adora o Pai, o Filho e o Espírito. "Modo distinto de subsistência" ou, na versão de Barth, "modo distinto de existência", são expressões "que se encontram num plano subpessoal, um tanto coisístico, nada dizendo à vida cristã concreta que se situa num plano pessoal, sobretudo deixando na sombra o caráter *relativo* das Pessoas divinas"[13].

Esta crítica fundamental nos permite discernir mais valor nas reflexões que aprofundam o conceito tradicional de pessoa do que nestas que procuram uma alternativa a ele.

c) Um novo ponto de partida: a perspectiva comunitária e social da Trindade

As sistematizações trinitárias clássicas e recentes, acenadas acima, possuem um limite interno sensível. Orientam-se ou pela categoria *substância* (natureza, essência) ou

---

12. *Mysterium Salutis*, II/1, p. 348-351.

13. FRANÇA MIRANDA, M. *O mistério de Deus em nossa vida* – A doutrina trinitária de Karl Rahner. São Paulo, 1975, p. 178.

pela categoria *pessoa* (sujeito, subsistente); a tônica hegemônica do pensamento ou é metafísica ou personalista. Alude-se aqui e acolá para o social e o histórico. Entretanto a sociedade, a comunidade e a grande história (do cosmos e da humanidade) não significam ponto de partida e objeto de tematização; entram, quando entram, por via de consequência das reflexões feitas sobre a pessoa, o sujeito livre, realidades que encontram na Trindade sua suprema forma de concretização.

A renovação da teologia trinitária está ocorrendo a partir de uma reflexão, incipiente ainda, mas muito séria, sobre as relações comunitárias e sociais que envolvem as mulheres e os homens todos entre si e também as Pessoas divinas.

A sociedade não resulta da soma de seus indivíduos, mas constitui um ser próprio urdido pelo tecido das relações entre pessoas, funções e instituições, constituindo a comunidade social e política. Da cooperação e colaboração de todos resulta o bem comum. Verifica-se uma unidade do processo social dentro de uma pluralidade de mediações, instrumentos sociais e políticos e manifestações da vida comunitária.

A sociedade humana representa um indicador em direção ao mistério trinitário; o mistério trinitário, assim como o conhecemos pela revelação, significa um indicador para a vida social e um arquétipo para ela[14]. A sociedade humana encerra um *vestigium Trinitatis*, pois a Trindade é a "sociedade divina"[15]. Esta ideia da Trindade como sociedade su-

---

14. É a tese central de D'EYPERNON, F.T. *Le mystère primordial* – La Trinité dans sa vivante image. Paris, 1946, esp. p. 56-62.

15. GROM, B. & GUERRERO, J.R. *El anuncio del Dios Cristiano*. Op. cit., p. 36, 99-106. Cf. GRECK, A. "Sozialtheologie". *Lexikon fur Theologie und Kirche*, 9, p. 925s.

prema, modelo para todo e qualquer tipo de sociedade que busca relações de participação e igualdade, fora acenada por M.J. Scheeben[16]. Modernamente foi sistematizada pelo teólogo belga Taymans d'Eypernon e por J. Moltmann. Taymans enfatiza o fato de que a sociedade resulta da unidade de uma multiplicidade de pessoas e ações. A interação de todos produz a justiça e a felicidade social. Ela serve de analogia ao ser único de Deus cujas Pessoas divinas atuando em comum e em sua própria ação geram a comunhão eterna e a igualdade infinita. Além disto, a Trindade serve de modelo para a sociedade integrada[17]. Em Deus cada Pessoa atua consoante sua peculiaridade, entretanto, com uma atividade que é comum aos divinos Três. No jogo trinitário da perfeita pericórese se vislumbra a coexistência entre o pessoal e o social, entre a felicidade de cada um e o bem-estar de todos. Estas questões estão na base de toda vida comunitária e social e se deixam iluminar e animar pela comunhão trinitária.

Uma reflexão original e estimulante foi elaborada por J. Moltmann à base de uma visão comunitária da Trindade[18]. A afirmação fundamental da fé cristã, salvaguardando

---

16. *Handbuch der katholischen Dogmatik*. Gesam. Schriften IV. Friburgo, 1948, § 1.038, p. 439. Cf. esta declaração surpreendente e sem nuanças de GORDON, G.A. *Ultimate Conceptions of the Faith*. Boston, 1903, p. 364: "A verdadeira questão é a de saber se Deus é um ser social ou um ser solitário, se é um eterno Egoísta ou um eterno Socialista. Se Deus é um eterno Egoísta está em contradição com a humanidade. Se é um eterno Socialista então nele está o princípio e a esperança".

17. Cf. FRAIGNEAU-JULIEN, B. "Réflexion sur la signification religieuse du mystère de la Sainte Trinité". *Nouvelle Revue Théologique*, 87, 1965, p. 673-687. • SALET, G. "Charité trinitaire et charité des chrétiens". *Christus*, 6, 1959, p. 362-376. • LOCHET, L. "Charité fraternelle et vie trinitaire". *Nouvelle Revue Théologique*, 78, 1956, p. 113-134.

18. A obra básica é *Trinität und Reich Gottes* – Zur Gotteslehre. Munique, 1980. • MOLTMANN, J. "La dottrina sociale della Trinità". *Sulla Trinità*.

assim a imagem especificamente cristã de Deus, reside na adesão às três Pessoas, Pai, Filho e Espírito Santo, em permanente e eterna reciprocidade que se abre sobre toda a criação. Deus é comunidade de Pessoas e não simplesmente o Uno; sua unidade existe na forma de comunhão (comum-união) dos divinos Três entre si e com a história. Há uma história trinitária. As missões do Filho e do Espírito introduzem a criação no processo trinitário. A Trindade se constitui assim num mistério aberto. A unidade, fruto da comunhão, inclui a humanidade e a criação; então escatologicamente tudo estará unificado na Trindade. "A história trinitária não é outra coisa senão a eterna pericórese do Pai, do Filho e do Espírito Santo em sua dimensão salvífica, quer dizer, em sua abertura para a acolhida e união de toda a criação. A história da salvação é a história do Deus trino, vivo e eterno que nos acolhe em sua vida trinitária, eternamente repleta de relações"[19]. Aqui aparece, claramente, o aspecto comunitário e social da Trindade: unidade e diversidade se mediatizam numa comunhão em Deus, fonte de sua associação com aquilo que é não Deus, mas que entra pela comunhão e pericórese a participar do mistério trinitário. Esta visão impede todo totalitarismo pretensamente baseado no monoteísmo divino ou todo paternalismo fundado no monarquismo do Pai que a todos submete ou do qual todos dependem. O modelo da dominação é substituído pelo modelo da comunhão; aquele da produção pelo da acolhida, aquele da conquista pelo da participação. A Trindade compreendida humanamente como comunhão

---

Nápoles, 1982, p. 15-40. • MOLTMANN, J. "A unidade convidativa do Deus uno e trino". *Concilium*, 197, 1985, p. 54-63.

19. *Trinitat*. Op. cit., p. 174.

de Pessoas funda uma sociedade de irmãos e de irmãs, de iguais, onde o diálogo e o consenso constituem os fundamentos da convivência tanto para o mundo quanto para a Igreja.

Esta visão servirá de estímulo para a nossa própria elaboração posterior.

d) Outro novo ponto de partida: a teologia transexista do Deus Pai maternal e do Deus Mãe paternal

Nos últimos decênios ocorreu profunda tomada de consciência do caráter sexista e patriarcal das teologias cristãs[20].

Elas não são universalistas porque vêm produzidas quase absolutamente por varões, utilizando símbolos em sua grande maioria masculinos: Deus é Pai que gera um Filho que se encarna e se chama Jesus, cuja obra histórica, a Igreja, é dirigida e controlada quase exclusivamente por varões. Evidentemente ao nível da compreensão estrita da teologia Deus-Pai é transexual, indicando apenas aquela Fonte de vida da qual tudo deriva e para a qual tudo caminha. Entretanto, esta realidade só é representada por símbolos e imagens. Estes são elaborados culturalmente e em nossa história caíram sob o controle do grupo dominante que é constituído pelos machos. A imagem de Deus-Pai, na sua significação cultural vigente, mal aponta para além de si mesma, quer dizer, para a Fonte originária, transexista; ela tende a se identificar com a figura empírica do pai, e assim

---

20. Cf. RADFORD RUETHER, R. *Religión and Sexism*. Nova York, 1974. Para uma visão de conjunto, cf. a obra informativa de HUNT, M. & GIBELLINI, R. *La sfida dei femminismo alia teologia*. Bréscia, 1980.

corre o risco de transformar-se num ídolo e de legitimar a dominação dos pais e patrões sobre os filhos, as mulheres e todas as categorias femininas. Não houve nas Igrejas e nas teologias vigilância suficiente sobre a forma como são usados os símbolos, descurando o perigo que encerram ao discriminar o feminino e sub-repticiamente reforçando a dominação machista e patriarcal. Sabemos que são principalmente as imagens que plasmam as consciências e criam os comportamentos sociais; a predominância das imagens masculinas no cristianismo impediu que as mulheres pudessem expressar sua experiência religiosa a partir de sua própria condição feminina, utilizando uma simbólica adequada.

A postulação feita por certas correntes da teologia feminista consiste na criação de conceitos que não possam ser manipulados sexistamente (seja do lado masculino, seja do lado feminino) e de imagens que permitam colher a experiência global do humano que sempre se dá sob o signo do varão e da mulher. Assim Mary Daly[21] sugere compreendermos Deus menos como substância e mais como processo, Deus como um verbo ativo e menos como um substantivo. Deus significaria o viver, o eterno tornar-se incluindo o devir da criação inteira, criação que, ao invés de estar submetida ao Ser supremo, participaria do viver divino. Este Deus poderia ser expresso pelos símbolos do Pai e da Mãe ou pela combinação das propriedades de cada um deles: Deus como Pai maternal e Deus como Mãe paternal. A própria tradição cristã, especialmente ortodoxa, não deixou de acenar para tais formulações. O Concílio de Toledo (675) refere-se ao "útero do Pai" no qual é concebido e do

---

21. *Beyond God the Father*. Boston, 1973, esp. p. 34s.

qual nasce o Filho (DS 526). A mesma coisa valeria para o Filho que não deve ser entendido sexistamente, mas numa perspectiva aberta como a revelação absoluta e plena da Fonte originária; ela pode ser expressa no masculino como no feminino. A humanidade assumida na encarnação é simultaneamente masculina e feminina, embora Jesus fosse varão e não mulher; entretanto, Ele não era só masculino; nele vigorava também a dimensão feminina, assumida pela Palavra ou Verbo eterno.

Da mesma forma o Espírito Santo poderia ser expresso numa linguagem transexista. Pelas descrições bíblicas Ele é aproximado às dimensões femininas da vida (em hebraico Ruah é feminino): criação, animação, consolo, último aconchego.

Importa enfatizar que não se trata de introduzir sem mais a figura feminina na Trindade (a Mãe ao invés do Pai, a Filha no lugar do Filho, e sublinhar o caráter feminino do Espírito Santo), mas de elaborar a dimensão feminina de todo o mistério trinitário e de cada Pessoa divina[22]. Mais e mais cresce na consciência da humanidade que a simbólica feminina é tão digna quanto aquela masculina para significar o Deus trino. Chegamos hoje a um ponto da história no qual nos é permitido expressar Deus na riqueza das duas formas de comunhão e de coexistência, aquela masculina e a feminina. Assim nossa experiência de Deus pode ser mais completa e integradora. Mais adiante, em nossa elaboração, tentaremos delinear os traços femininos da revelação de cada uma das Pessoas divinas.

---

22. Cf. LUCCHETTI BINGEMER, M.C. "A Trindade a partir da perspectiva da mulher". *Revista Eclesiástica Brasileira*, 46, 1985, p. 73-99.

VII
A comunhão trinitária: base para uma libertação social e integral

Após apresentarmos a grande herança teológica que recebemos do passado e das reflexões recentes, queremos oferecer uma modesta sistematização que tenta acolher e elaborar os desafios propostos por nossa realidade marcada pela opressão e pelos anelos de libertação.

Aprofundaremos de forma esquemática uma tendência que identificamos no passado: pensar o mistério trinitário a partir das relações entre as divinas Pessoas. A pericórese, a circuminsessão, a circumincessão, a coabitação e interpenetração das três Pessoas divinas constituem as palavras-geradoras desta compreensão.

Arrancamos da convicção profunda que imperou em todas as disputas trinitárias: de forma a mais real possível devemos afirmar a existência de três como sendo o único Deus: o Pai, o Filho e o Espírito Santo. Esta era a questão primordial e protoprimária. Somente depois se discutia a questão da unidade das três Pessoas.

Mas não basta afirmar a existência real dos divinos Três. Importa acentuar, com igual insistência, a relação que vigora entre eles; a comunhão a mais completa e a participação a mais absoluta e eterna fazem com que exista um único Deus. A união das três Pessoas expressa o dinamismo infinito de comunhão e de interpenetração que eternamente vigora na Santíssima Trindade.

Cabe à reflexão teológica articular os argumentos, de forma a mostrar a lógica deste dinamismo e a beleza da vida transbordante da comunhão trinitária. Para tal desempenho necessitamos esclarecer os três conceitos-chave desta compreensão: o conceito de vida, de comunhão e de pericórese. Os dois primeiros possuem um claro enraizamento bíblico; o terceiro é um termo eminentemente teológico que procura enfaixar o essencial presente nos conceitos de vida e de comunhão.

1 Deus é um viver eterno

Deus é o vivente pura e simplesmente[1]. Com razão, o conceito que os homens consideram mais rico e alto – aquele da vida – foi atribuído a Deus. A realização suprema da vida humana é representada como participação na vida divina (cf. 1Pd 1,4).

Já no Antigo Testamento Deus é adorado, em polêmica contra a idolatria (Sl 115,4-8), como o Deus-Javé-que-vive (Sl 18,47) e como fonte de vida (Sl 36,10). Por Ele tudo vem à vida, particularmente, o ser humano (Sl 104,30; Is 42,5; Gn 2,7). Porque é vivo, Deus pode apresentar-se como "Eu sou aquele que está aí" (Ex 3,13-15), aquele que estabelece uma aliança com o povo (Ex 6,7; Dt 26,12), aquele que

---

1. Cf. GUTIÉRREZ, F. *El Dios de la vida*. Lima, 1982. • ARAYA, V. *El Dios de los pobres*. San José de Costa Rica, 1982. Para a dimensão bíblica cf. o verbete "Vida" no *Gran Lessico del Nuovo Testamento (Kittel)*. Vol. III. Bréscia, 1976, p. 1.365-1.480.

escuta o grito do oprimido e se decide a libertá-lo (Ex 3,7-10); numa palavra, o Deus que constrói o seu Reino na história promovendo a vida, a justiça, o amor e a paz.

Porque é a natureza íntima de Deus, a vida constitui a grande promessa que Deus faz aos homens e o supremo dom que galardoará a seus amigos. Todos os que se sentem ameaçados em sua vida podem contar com o apoio de Deus (cf. 1Sm 17,26.36; Dt 6,21; Os 2,1). A opção preferencial pelos pobres encontra seu fundamento na própria natureza divina. Deus, em suas entranhas, sente-se atraído pelos oprimidos e injustamente empobrecidos. Uma ofensa a eles é uma ofensa à sua natureza e à sua glória. Não é sem razão a frequência das tomadas de posição de Deus em favor dos violados em seus direitos: "O Senhor faz justiça aos oprimidos, dá pão aos famintos, liberta os cativos, dá vista aos cegos, endireita os encurvados, guarda os estrangeiros, sustenta o órfão e ampara a viúva" (Sl 146,7-9; Pr 14,31; 17,5; 22,23; Dt 10,18; Jr 22,16).

Deus se apresenta, portanto, como o Deus vivo, ternura dos pobres, gerador de vida e defensor dos ameaçados em suas vidas.

Quando se fala do Espírito que atua na criação, revoluciona a história, potencia a vida humana, temos sempre a ver com esta ideia de Deus vivo, vificante e vivificador (Gn 1,2; Sl 104,29-30; Ez 37).

No Novo Testamento aparece clara a consciência de Jesus de ser a vida em pessoa (Jo 11,25; 14,6; 5,26); sua missão consiste em trazer vida e vida em abundância (Jo 10,10). A ressurreição o revela como o "Vivente... aquele que possui as chaves da morte e do inferno" (Ap 1,18-19). Quem participa dele é feito nova criatura (2Cor 5,17; Rm 5,18.21; 6,22; Ef 2,5-6).

a) O que comporta a vida?

Precisamos aprofundar, analiticamente, o que comporta a vida[2]; renunciamos, completamente, à pretensão de definirmos a vida; ela é simplesmente um mistério de espontaneidade, um processo inesgotável e multiforme de desdobramentos a partir de dentro, irrompendo em relações para fora. Apesar disto, precisamos elaborar uma representação mínima que nos possa orientar na captação dos seres vivos e nos garanta um conteúdo conceptual ínfimo do que seja a vida eterna, a vida de Deus ou o Deus da vida. As experiências refletidas das várias formas de vida servem de base para representarmos a vida eterna. Discernimos em nossa experiência pensada as seguintes características do vivente:

• *Organismo*: apresenta-se como a conjugação articulada de multiformes partes, funções ou comportamentos, que se autorregula a partir de dentro constituindo uma organização ou um sistema.

• *Autofuncionamento*: o organismo resulta do funcionamento interno (auto) dos vários órgãos, partes e comportamentos num permanente processo de emergên-

---

2. Cf. TILLICH, P. "A vida e suas ambiguidades e a busca da vida sem ambiguidades". *Teologia Sistemática*. Vol. III. São Paulo, 1984, p. 393-469. • JACOB, F. *A lógica da vida*. Rio de Janeiro, 1983, p. 95-99, 299-321.• SCHRODER, J. *Was ist Leben?* Munique, 1971. • JORDAN, P. & RAHNER, K. *Das Geheimnis des Lebens*. Friburgo, 1968.

cia, desenvolvimento, amadurecimento, degeneração e dissolução.

• *Totalidade arquitetônica*: cada organismo em funcionamento apresenta uma totalidade orgânica, realiza um sentido evidente em si mesmo, pois vida significa presença e execução de um plano (programa, projeto); cada vida contém um *curriculum vitae* que vem de um passado, passa e se mostra no presente e está aberto para o futuro; cada existente é um universo com um dentro e um fora, um centro a partir donde tudo, escalonadamente, se organiza e se ordena.

• *Reprodução*: constitui uma marca distintiva de todo vivente a faculdade de se reproduzir em outro ser vivo da mesma espécie que vai levar avante o mesmo plano de vida, cujas possibilidades de concretização são ilimitadas.

Podemos, quiçá, numa curta fórmula resumir o processo da vida, em si mesmo irresumível: *vida consiste na autorrealização de um existente.* Tentemos esclarecer cada conceito:

• *Auto*: a vida tira a vida de seu próprio fundo e eclode de seu próprio ser; não recebe o princípio de sua espontaneidade e atividade de fora. Já os antigos[3] consideravam a vida como *entelechia* (Aristóteles), quer dizer, aquilo que possui um fim e um sentido em si mesmo. Isto é expresso pela partícula *auto*, que significa uma força de realização, expansão e coesão radicada em si mesma; por isso todo vivente possui interioridade.

• *Realização*: é uma ação que realiza, vale dizer, que transforma em real o que é potencial. Vida é um pro-

---

3. ARISTÓTELES. *De anima* II, 4, 415B. Cf. SANTO TOMÁS. *Super III Sent.*, d. 35, q. 1 a. 1; I q. 18, a. 1; *C. Gent.* I, qq. 97-98.

cesso de emergência, de produção e de expansão, um permanente vir-a-ser que nunca termina e jamais se conclui numa síntese fechada. Cada vez é um organismo, uma totalidade e um plano, mas permanentemente abertos para novas expressões. A categoria *presença* é própria do vivente, pois ela implica convivência e o ser em plenitude; pela presença o real é mais intensamente real a ponto de ser um sentido que irradia, obriga a tomar posição e lança uma mensagem que pode ser acolhida (afirmação da vida) ou rechaçada (negação da vida). Presença é vida em processo. O que está em processo não pode ser captado pelo conceito, mas pode ser intuído; vida chama à vida e convoca para uma adesão ao processo vital; a partir de dentro, participando e vivendo junto (convivendo) captamos o sentido da vida.

Ex-istente: ex-istente e vivo racional são sinônimos. Ex--istência é a propriedade daquele ser que a partir de dentro (interioridade) se relaciona para fora (ex), para outros seres, estabelecendo comunhão e relações de dar-e-receber. Por isso vida comporta comunhão e participação, síntese com o diferente, desdobramento de si mesmo em direção ao outro.

A vida que nós vivemos vem carregada de ambiguidades, pois é sempre vida contra a morte, processo de manutenção da vida contra forças desagregadoras e letais. A esperança humana reside, fundamentalmente, numa vida não mais ameaçada pela morte, num processo de autorrealização que se renova continuamente em direção ao futuro.

b) Deus como a autorrealização eterna

Quando dizemos Deus queremos expressar Aquele que é a vida eterna e vive eternamente (Ap 4,9; 10,6; 15,7) e, por isso, de si mesmo é imortal (atanasia: 1Tm 6,16). Ele é simplesmente o Vivente (zóon: Rm 9,26; Mt 16,16; 26,63; At 14,5). Jesus é o *Logos* da vida (Jo 1,4), no qual "apareceu a vida" (1Jo 1,2), porque é princípio fontal de vida (At 3,15).

Considerando bem, Deus é mais do que vida, pois a vida representaria um estado ou resultado de um processo de autorrealização. Deus seria o *viver* absoluto, como os místicos intuíram com acerto. As criaturas não vivem propriamente, pois dependem sempre de um equilíbrio difícil, continuamente ameaçado e, por fim, destruído pela morte. As criaturas passam pela vida. Deus permanece *na vida* em processo eterno de irrupção, desbordamento, autocomunicação e puro viver. Por isso Deus é melhor representado como um *viver*, uma ação que eternamente "produz" a realidade divina, manifestando-a, sem necessidade de responder à pergunta: Por que viver? Deus vive por viver, numa absoluta espontaneidade, num sentido evidente em si mesmo como a luz que brilha por brilhar, a água cristalina da fonte jorra por jorrar e o pássaro canta por cantar. Deus é, na medida em que eternamente está vivendo, quer dizer, está num processo infinito de autorrealização. A Ele cabe a vida eterna. Então, assumindo nossa fórmula anteriormente explicada podemos dizer: *"A vida eterna consiste na autorrealização do Ex-istente eterno"*. Pertence à vida, também eterna, o estar em si e um estar para fora, autocomunicar-se e voltar sobre si mesma, estar em comunhão consigo mesma e em comunhão com o distinto dela, mas que se relaciona com ela.

A fé cristã professa que a Realidade primeira não é a Vida eterna indiferenciada, mas a Vida eterna jorrando como Pai, Filho e Espírito Santo. São três Viventes. Porque são Viventes, na plenitude do Viver eterno, cada um jorra na direção do outro, se autoentrega ao outro sem resto, menos o fato indestrutível de ser cada um um Ex-istente distinto do outro.

Não basta afirmar a Trindade e a distinção das divinas Pessoas. A característica essencial de cada Pessoa consiste em ser *para* a outra, *pela* outra, *com* a outra e *na* outra. Nenhuma Pessoa existe em si para si, mas o "em si" é "para a outra". Um dinamismo de comunhão eterna, de participação da vida de cada uma na da outra, a interpenetração e coabitação das três constitui, propriamente, o processo de autorrealização da Santíssima Trindade. Assim repetimos as fórmulas da tradição: o Pai está todo no Filho e todo no Espírito Santo; o Filho está todo no Pai e no Espírito Santo; o Espírito Santo está todo no Pai e no Filho. Todos são igualmente eternos, infinitos e amáveis em comunhão.

A diversidade-em-comunhão forma a realidade-fonte em Deus. A unidade só pode ser a união desta diversidade pessoal. A unidade divina é a concreção do processo de comunhão de uma Pessoa nas outras, da participação de um Vivente na vida dos outros. Usando uma metáfora pálida: é como se foram três mananciais de água que simultaneamente jorrassem para cima e cada qual na direção do outro, encontrando-se de tal forma unidos e unificados que constituíssem um jato de água único[4]. Este jato não é logi-

---

4. O Papa São Dionísio escrevendo ao Bispo Dionísio de Alexandria por volta de 259 usava a seguinte figura: "É necessário que a divina Trindade se recapitule e se reúna como num vértice, em um só, isto é, no Deus onipotente do

camente primeiro, mas os mananciais. As Pessoas divinas formam o princípio sem princípio, simultâneo e coeterno. O processo de autorrealização é poder cada Pessoa realizar as outras Pessoas.

Esta realidade processual, chamada pela tradição de pericórese (circumincessio ou circuminsessio) é abordada lateralmente na reflexão teológica; aqui é colocada no centro do mistério trinitário. São portanto as relações eternas realizando a interpenetração e coabitação dos divinos Três que constitui, propriamente, a Trindade e a Unidade em Deus: três Pessoas e um único Deus; três Viventes e uma só Vida eterna.

2 Deus é um comungar infinito

Biblicamente viver implica comungar, pois viver é sempre con-viver, viver para e estar na presença de outros. A morte significa a ruptura com todos os laços vitais e por isso a solidão absoluta. É a partir da comunhão que a reflexão moderna entende a pessoa e também, como vimos, a natureza de Deus[5]. Queremos agora aprofundar a categoria comunhão para que ela sirva de instrumento de conhecimento. Ela foi aplicada a vários campos teológicos, principalmente à Igreja, à antropologia e à graça[6]. Aqui

---

universo": DS 112: "ideoque divinam Trinitatem in unum, quasi quendam verticem, hoc est, Deum universorum omnipotentem reduci atque colligi".

5. Cf. FOLCH GOMES, C. *Deus é comunhão* – O conceito moderno de pessoa e a teologia trinitária. Roma, 1978. É pena que na obra falte por completo um esclarecimento do conceito de comunhão.

6. Cf. alguns títulos sobre este tema: PASTOR, F.A. *Semântica do mistério* – A linguagem teológica da ortodoxia trinitária. São Paulo, 1982, p. 81-106. • MOLTMANN, J. "La dottrina sociale della Trinità". *Sulla Trinità*. Nápoles,

faremos um esforço analítico para termos alguma clareza teórica, pois raramente este conceito é, na literatura por nós conhecida, semanticamente demarcado e univocamente aplicado. Em seguida cabe considerar a maneira como pode ser referido a Deus.

a) *Analiticamente*, estudada pela sociologia e a antropologia, a comunhão não é entendida como uma coisa, mas como uma relação entre as coisas. Ela constitui uma forma de sociabilidade e de união, a mais alta de todas, própria dos seres dotados de espiritualidade. Porque é uma relação, a comunhão só existe no exercício. Por isso, mais que comunhão devemos falar em comungar. Vejamos algumas características desta relação:

• *Presença um ao outro*: não basta estar-aí; para a comunhão se necessita a presença de um face ao outro. A presença significa mais que ser, mas potenciação de ser. A presença implica um apresentar-se ao outro e uma acolhida do outro. Estar presente é estar aberto, é enviar uma mensagem ao outro na espera e na esperança de ser escutado e recebido e de, simultaneamente, escutar e receber a mensagem do outro. A mensagem é a própria presença de um que quer entrar em diálogo e comunhão com o outro.

• *Reciprocidade*: a comunhão implica um caminho de duas mãos que vai de um ao outro. Não há comu-

---

1982, p. 15-37. • MOLTMANN, J. "A unidade convidativa do Deus uno e trino". *Concilium*, 197, 1985, p. 54-63. • BRACKEN, J.A. "The Holy Trinity as a Community of Divine Persons". *Heythrop Journal*, 15, 1974, p. 166-182, 257-270. • BERG, A. "A Santíssima Trindade e a existência humana". *REB*, 33, 1973, p. 629-648; 36, 1976, p. 323-346. • BORI, P. *Koinonia* – L'idea della comunione nell'ecclesiologia recente e nel Nuovo Testamento. Bréscia, 1972. • HAMER, J. *L'Église est une communion*. Paris, 1962.

nhão só de um lado. A comunhão, em seu próprio conceito, supõe pelo menos duas presenças que se relacionam. Há, pois, uma reciprocidade entre as duas presenças. A reciprocidade, por sua vez, tem como pressuposto certa conaturalidade entre os que entre si comungam. Dois seres totalmente distintos, entre os quais pouco há de comum, dificilmente podem estabelecer laços de comunhão. Entre recíprocos e conaturais vigora certa atração; quanto maior, mais perfeita se apresenta a comunhão; nunca haverá fusão, pois cada parte conserva sua identidade; mas o desejo e o impulso de fusão, de tornar-se um com o outro, caracterizam o nível de profundidade da comunhão.

• *Imediatez*: na comunhão um quer estar com o outro, por si mesmo, mediante a própria presença, sem intermediação, quer estar para o outro até ser no outro. Comunhão envolve intimidade, transparência de intenções, união de corações, convergência de interesses. O bem comum pessoal e social somente resulta de laços de comunhão entre todas as partes.

• *Comunidade*: o resultado das relações de comunhão é a comunidade; ela implica convivência, valorização de cada um em sua individualidade, acolhida da diferença porque significa riqueza comunicada, estabelecimento de relações nominais, ausência de formalidades. Sociologicamente considerando, a comunidade é antes um espírito que deve presidir a todas as formas de convívio humano do que uma formação social concreta. Por isso o espírito comunitário, historicamente tomado, implica uma utopia: de uma convivência sem conflitos, de um jogo de relações em que o bem comum prevalece sobre o bem individual porque os membros se sentem integrados e realizados uns nos outros, pelos outros e com os outros. Esta utopia, embora jamais se realize nas condições da história assim como a conhecemos presentemente, possui uma eminente significação social e antropológica, pois deslancha continuamente energias de transformação social rumo a formas cada vez mais simétricas e participadas de convivência.

b) *Filosoficamente* considerada a comunhão encerra, entre outros, alguns elementos fundamentais; estes elementos não são outra coisa do que aqueles que apresentamos acima; são os mesmos, apenas considerados a partir de um interesse ontológico, quer dizer, a partir dos modos concretos de ser que estes elementos pressupõem. Que forma de ser é esta que é capaz de comunhão? Responder a semelhante questão cabe à filosofia.

• *Ser-em-abertura*: só pode comungar, relacionar-se, constituir comunidade com um diferente e conatural quem está aberto ao outro. É próprio do espírito caracterizar-se pela abertura. Estar aberto significa sentir-se referido para fora de si mesmo, não constituir uma totalidade fechada sobre si mesma. Sem esta abertura não há acolhida nem doação, não há o novo que emerge do encontro de duas presenças que se comunicam. Ser-em-abertura é ser em liberdade, ser capaz de amor que transfigura todo o universo.

• *Ser-em-transcendência*: significa que o ser sai efetivamente de si mesmo, entra em comunhão com o outro, faz uma história com ele, estabelece laços de interdependência. Esta transcendência viva não se esgota em nenhuma realização, pois se mantém aberta a outras modalidades de comunhão. Temos a ver aqui com um modo de ser ontológico, pelo qual o espírito humano sempre está orientado para além dele mesmo, para além da própria história, buscando um Absoluto em quem repousar. Na comunhão com Ele vê sua máxima realização.

• *Ser-nós*: o que resulta da dinâmica de comunhão é o *nós*, a comunidade concreta. Não se trata apenas da comunidade social, familiar ou amorosa, mas de um modo de ser pelo qual formamos um momento de um todo numericamente uno. Somos, vivemos, existimos como seres humanos que se encontram sempre em determinada comunhão com outros. O eu nunca existe sozinho; ele é habitado por muitos, pois suas raízes penetram os outros, como ele é penetrado pelos outros. Daí podermos dizer que o próprio do humano não é viver, mas con-viver; não é ser, mas existir-em-comunhão com os semelhantes, mesmo os mais distantes, é deixar-se penetrar pelos outros e penetrar também os outros. O ser-em-comunhão vive permanentemente uma excentricidade, pois seu centro é chamado por outro centro fora dele para formar com ele comunidade.

c) Após estas sucintas considerações analíticas e filosóficas cabe uma *reflexão teológica*. A teologia procura discernir a presença de Deus nos processos humanos e históricos. Se *analiticamente* um está presente no outro, percebe uma reciprocidade de base com ele, vive uma imediatez na relação a ponto de formar comunidade; se *filosoficamente* este modo de ser concreto mostra que estamos face a uma existência que se caracteriza essencialmente pela abertura, pela autotranscendência formando um *nós* com quem se relaciona, então *teologicamente* significa que tais valores e esta modalidade de ser encontra em Deus sua última raiz e seu modelo final. As criaturas são imagem e semelhança de Deus. Deus deve ser a abertura absoluta, a presença suprema, a imediatez total, a transcendência eterna e a comunhão infinita. Se Deus deve ser tudo isto (porque seus sinais são percebidos na criação), então deve também deixar-se perceber assim como é, na revelação histórica que nos entregou pelas Sagradas Escrituras. Vejamos como aí aparece Deus como comunhão[7].

No Antigo Testamento Deus se revela como o Deus da Aliança com a humanidade, quer dizer, quer associar todos os seres humanos a Ele (Gn 9). A aliança com o Patriarca Abraão (Gn 12) se destina a criar um sinal entre os povos, chamados também eles a serem povos de Deus (cf. Ap 21,3). A aliança com todo o povo de Israel (Ex 19; 24) é antecipação e símbolo daquilo que Deus quer fazer com todos os povos; as doze tribos e os doze apóstolos no Novo Testamento possuem uma significação simbólica: a reunião dos povos dispersos para servirem a Deus e se fazerem assim povos de Deus, numa única humanidade redimida e feita comunidade messiânica. Esta comunhão que Deus quer com a humanidade, expressa pela figura da aliança, é interiorizada no coração de cada pessoa (cf. Jr 31,33; Ez

---

7. Cf. HAUCK, F. *Koinonia* no *Gran Lessico del Nuovo Testamento* (Kittel). Vol. V. Bréscia, 1969, p. 693-726.

37,26; cf. Hb 10,16). A comunhão busca a intimidade e a liberdade do coração humano e não apenas sua expressão social e política.

No Novo Testamento é São Paulo, São João e os Atos dos Apóstolos que expressam melhor Deus-comunhão. Agora a comunhão ganha uma historização concreta na realidade-Jesus e na comunicação do Espírito. Estar em Cristo e no Espírito, viver com Cristo e com o Espírito constitui a grande comunhão com o Pai (cf. 1Jo 1,3). Em São Paulo dois são os caminhos da comunhão: a fé e a ceia eucarística. Pela fé nos unimos ao Senhor ressuscitado: se vive com Ele, se morre com Ele, se ressuscita com Ele, se está sentado na glória com Ele (cf. Rm 6,6; 8,17; 2Cor 7,3; Gl 2,19; Cl 2,12; 3,1; Ef 2,6; 2Tm 2,12); pela adesão a Cristo começa uma comunidade de vida e de destino com Ele, até no sofrimento (Fl 3,10). Esta comunhão se aprofunda mediante a ceia eucarística. Comendo do corpo do Senhor, a comunidade se faz corpo de Cristo (cf. 1Cor 10,16-18; Rm 12,5). A comunhão com Cristo significa também comunhão com o Espírito de Cristo (cf. 2Cor 13,13).

São João meditou sobre a comunhão a que Cristo nos introduziu, com o Pai, a fim de que todos sejamos uma coisa só (Jo 17,21). Ele o expressa também pelos verbos estar-em e permanecer-em (cf. Jo 14,20; 15,4).

A comunhão com o Pai, o Filho e o Espírito Santo se traduz em comunhão fraterna (cf. 1Jo 1,1-3). Ela ganha contornos materiais na colocação em comum dos bens (At 2,42; 4,32) e na preocupação para com a pobreza de outras comunidades para as quais se faziam coletas como expressão de comunhão (cf. 2Cor 9,13; Rm 15,26). A Epístola aos Hebreus nos recorda ainda que esta mútua assistência (comunhão) constitui o sacrifício com o qual Deus se compraz (13,16).

Pela fé, pela celebração da ceia, pela adesão à mensagem de Jesus, pela colocação em comum de todos os bens se realizava a utopia comunitária: "a multidão de fiéis era um só coração e uma só alma" (At 4,32). Na Igreja Antiga a comunidade eclesial se autodefinia como *communio sanctorum*. Não era tanto a instituição que se visava, mas as atitudes e comportamentos que regiam as relações entre os irmãos e entre as Igrejas locais. A Eucaristia de cada comunidade, reconhecida pelas outras, era expressão de viver em comunhão. Ademais, os fiéis que viajavam traziam as *litterae communicatoriae* (cartas de recomendação), uma espécie de passaporte que significava a comunhão entre as várias Igrejas locais. Comunhão revelava a abertura mútua, a reciprocidade de relações, o mútuo reconhecimento.

Saltando para o nosso tempo, o Concílio Vaticano II (e à sua deriva o Sínodo Extraordinário dos Bispos em 1985) enfatizou a realidade da comunhão como dimensão básica da antropologia, da eclesiologia e da ação política dos cristãos[8]. Puebla (1979) fez da comunhão e da participação os eixos fundamentais de todo o processo evangelizador e a meta a ser alcançada pela autêntica libertação[9].

---

8. Cf. ACERBI, A. *Due Ecclesiologie* – Ecclesiologia giuridica ed ecclesiologia di comunione nella *Lumen Gentium*. Bolonha, 1975.

9. ANTONIAZZI, A. "Comunhão e libertação em Puebla". *Atualização*, n. 115-116, 1979, p. 265-277. • LIBÂNIO, J.B. *Libertar para a comunhão e a participação*. Rio de Janeiro: CRB, 1980.

À luz destes esclarecimentos podemos vislumbrar melhor o que significa afirmar que Deus é comunhão. Ele é comunhão exatamente porque é Trindade de Pessoas. *São três Pessoas e uma só comunhão e uma só comunidade trinitária.* Eis a fórmula mais correta para se representar o Deus cristão. Ao falarmos de Deus devemos permanentemente significar o Pai, o Filho e o Espírito Santo em presença de um ao outro, em total reciprocidade, em imediatez de relações amorosas, sendo um para o outro, pelo outro, no outro e com o outro. Nenhuma Pessoa divina existe só para si. São sempre e eternamente Pessoas em relação. O Pai é Pai porque tem um Filho. O Filho só é Filho em relação ao Pai. O Espírito é Espírito por causa do amor com que o Pai gera o Filho e o Filho o devolve ao Pai. Ao pronunciar a Palavra (o Filho), o Pai emite o sopro que é o Espírito Santo. Fruto do amor, o Espírito ama o Pai e o Filho como é amado num jogo de mútua entrega e comunhão que vem da eternidade e vai para a eternidade. As Pessoas existem como Pessoas em razão de suas relações eternas de umas com as outras. A unidade trinitária é constituída por estas relações; é uma unidade própria à Santíssima Trindade, uma tri-unidade. Esta unidade é apontada por São João quando faz Jesus dizer: "Que todos sejam um como Tu, Pai, estás, em mim e eu em ti, para que estejam em nós... a fim de que sejam um como nós somos um... para que sejam consumados na unidade" (Jo 17,21-23). A unidade societária que existe na Trindade funda a unidade humana; esta vem inserida naquela. As pessoas não são anuladas, mas potenciadas. A unidade é constituída a partir das próprias pessoas, seja na Trindade seja na humanidade, enquanto as pessoas são essencialmente relacionais. A união que vigora entre as pessoas e na comunidade humana prefigura a união que existe na Trindade. Apesar de toda ruptura, a Trindade quer ver-se figurada na história, na medida em que as pessoas colocam tudo em comum, estabelecem relações igualitárias e justas entre todos, partilham o ser e o ter. Coube a Ricardo de São Vítor († 1173), na tradição teológica, haver aprofundado magistralmente esta perspectiva comunitária da Santíssima Trindade e suas incidências na vida humana[10]. Para ele, Deus é essencialmente amor que se comunica e estabelece comunhão. O amor do Pai faz surgir como fogo de suas entranhas o Filho a quem entrega todo o seu ser. O Filho, por sua vez, devolve ao Pai todo o amor recebido. É um encontro absoluto e eterno. Mas não é um amor de amantes enclausurados; ele se expande. Pai e Filho fazem uma entrega comum de si mesmos: é o Espírito Santo. Assim o Deus cristão é um processo de efusão, de encontro, de comunhão entre distintos enlaçados pela vida e pelo amor.

A teologia cristã cunhou uma palavra para expressar esta vida e esta comunhão, das quais se falou acima: *pericórese* (em grego) ou *circuminsessão* ou *circumincessão* (em latim). Aprofundemos agora esta questão.

3 A pericórese, a comunhão e interpenetração das três divinas Pessoas

Com esta expressão grega – *pericórese* – traduzida pelo latim medieval por *circumincessio* e *circuminsessio*[11] se quer re-

---

10. Cf. *De Trinitate* III, 3 e 4: PL 196, 917-923.

11. Cf. a principal bibliografia sobre o tema: RÉGNON, T. *Études de théologie positive sur la Sainte Trinité*. Vol. I. Paris, 1892, p. 409s. • DENEFFE, A. "Perichoresis, circumincessio, circuminsessio". *Zeitschrift für Katholische Theo-*

210

sumir o essencial da unidade trinitária, bem como da unidade das naturezas em Jesus, Deus-homem[12]. Expliquemos primeiramente a questão e depois o significado das palavras.

a) O que significa pericórese

O Novo Testamento testemunha a consciência de Jesus acerca de sua íntima união com o Pai: "eu e o Pai somos uma coisa só" (Jo 10,30); "o Pai está em mim e eu no Pai" (Jo 10,38; 14,11); "que todos sejam um como Tu, Pai, estás em mim e eu em ti" (Jo 17,21). A Tradição cristã, ao combater o arianismo, o triteísmo e o modalismo, afirmou, como já consideramos, a consubstancialidade das três divinas Pessoas. O Concílio de Florença (1441) daí deriva acertadamente que "o Pai está todo no Filho, todo no Espírito Santo; o Filho está todo no Pai, todo no Espírito Santo; o Espírito Santo, todo no Pai e todo no Filho. Ninguém precede ao outro em eternidade ou o excede em grandeza ou o sobrepuja em potestade" (DS 1331; cf. 112). O Concílio de Toledo (675) precisava: "Não se deve pensar que as três Pessoas sejam separáveis, pois não se há de crer que existiu ou atuou uma antes da outra, ou depois da outra ou sem a outra, porquanto são inseparáveis tanto no que são quanto no que fazem: porque entre o Pai que engendra e

---

logie, 47, 1923, p. 497-532. • PRESTIGE, J.L. "Perichoreo and Perichoresis in the Fathers". *Journal of Theological Studies*, 29, 1928, p. 242-252. • PRESTIGE, J.L. *Dios en el pensamiento de los Padres*. Salamanca, 1977, p. 281-297. • SCHEEBEN, J.M. *Katholische Dogmatik* II, n. 1.036-1.038. • D'ALES, A. *De Deo uno et Trino*. Paris, 1934, p. 249-257.

12. Cf. esta afirmação em DANEFFE, A. *Perichoresis*. Op. cit., p. 531-532; tb. em PETAVIUS. *De Incarnatione*, 4, 14, 8. Cf. tb. KASPER, W. *Der Gott Jesu Christi*. Mainz, 1982, p. 346.

o Filho que é engendrado e o Espírito Santo que procede, não cremos que se deu algum intervalo de tempo como se o engendrador precedesse alguma vez ao engendrado ou o engendrado faltasse ao engendrador ou o Espírito que procede aparecesse posterior ao Pai e ao Filho" (DS 531). Estas afirmações enfatizam a coexistência eterna das divinas Pessoas e sua respectividade, vale dizer, a relacionalidade que as envolve, uma com respeito à outra.

Para expressar esta interpenetração das Pessoas a teologia utiliza o termo técnico *pericórese*. Sua origem no campo trinitário é obscura[13]. Parece ter sido o Pseudo-Cirilo (do século VI), o primeiro a empregar o termo trinitariamente. Quem o assumiu e o transformou em instrumento teórico foi São João Damasceno († 750)[14]. Não o utilizaram grandes teólogos como Pedro Lombardo, Santo Tomás de Aquino, Caietano e os Salmanticenses. A escola franciscana com São Boaventura, Duns Escoto, Ockham e teólogos posteriores conheceu e aprofundou o termo e a questão.

O termo grego possui uma dupla significação, o que explica o aparecimento de duas traduções distintas em latim. Em primeiro lugar *pericórese* significa conter um ao outro, inabitar (morar um no outro), estar um no outro. Trata-se de uma situação, de fato, estática. Os latinos traduziram tal compreensão por *circuminsessio*. É uma palavra derivada de *sedere, sessio* que significa sentar, ter sua sede. Aplicado

---

13. O estudo mais completo, dando todos os vaivéns deste termo, é ainda aquele de PRESTIGE, J.L. *Dios en el pensamiento de los Padres*. Op. cit., p. 281-297.

14. Estes são os lugares clássicos onde se encontra o termo na obra de São João Damasceno: *De fide orthodoxa* 1, 8: PG 94, 829A; 1, 14, 860B; 3, 5, 1000B; 4, 18, 1181B; *De recta sententia* 1: PG 94, 1424A; *Contra Jacobitas* 78: PG 94, 1476B; *De natura composita contra Acephalos* 4: PG 95, 118D.

ao mistério da comunhão trinitária significa: uma Pessoa está dentro da outra, envolve a outra por todos os lados (circum), ocupa o mesmo espaço que a outra, enchendo-a com sua presença.

O segundo significado de *pericórese* é ativo e quer dizer: interpenetração e entrelaçamento de uma Pessoa na outra e com a outra. Esta compreensão quer expressar o processo de relacionamento vivo e eterno que as divinas Pessoas possuem intrinsecamente, fazendo com que cada uma penetre sempre a outra. Este sentido foi traduzido em latim por *circumincessio* derivado de *incedere* que quer dizer permear, compenetrar e interpenetrar[15].

O termo *pericórese*, como se depreende, traduz bem o que anteriormente escrevíamos sobre a comunhão e *koinonía*. Sempre se trata de um processo de reciprocidade ativa, de um caminho de duas mãos: as Pessoas se interpenetram umas às outras e este processo de comunhão constitui a própria natureza das Pessoas.

O termo *pericórese* era conhecido na teologia em dois campos distintos: no relacionamento de Deus com a matéria e na relação entre as duas naturezas em Jesus Cristo. Dizia-se que há uma penetração de Deus na matéria toda da criação; Deus está no mundo, pervade-o com sua presença, atuação e providência; mas não há uma reciprocidade, pois a matéria não é capaz de conscientemente responder a Deus e de estar em Deus. A pericórese não é completa.

---

15. Estes são alguns sinônimos latinos à circumincessio/circuminsessio: circuitio, immentio, commeatio, immansio, immanentia, assessio, inexistentia, circuminexistentia, accessio ou os verbos permeare, pervadere e circumdare. A expressão circumincessio foi cunhada pelo primeiro tradutor de João Damasceno, o juiz de Pisa Burgúndio, nos meados do século XII.

Em Jesus Cristo há a coexistência de duas naturezas, a divina e a humana, unidas pela única Pessoa do Filho. Esta união é tão profunda que as propriedades de uma natureza podem ser intercambiadas com as propriedades da outra. Assim se pode sem erro dizer: "Deus apareceu na terra, sofreu e morreu", bem como vale dizer: "Este homem é incriado e eterno". As duas naturezas se interpenetram sem fusão e confusão a partir da natureza divina que assumiu a natureza humana. Cada uma ocupa a totalidade da mesma hipóstase divina e isso funda a possibilidade de uma verdadeira pericórese (também chamada de *communicatio idiomatum*)[16].

Por fim a expressão *pericórese* ganhou curso na reflexão trinitária, se bem que mesmo aqui jamais ocupou aquela centralidade que modernamente está conquistando. Aprofundemos esta questão que vem ao encontro de nossos anelos de uma convivência humana em comunhão aberta, na igualdade e na respeitosa acolhida das diferenças.

b) A interpenetração das Pessoas: princípio da união trinitária

Pela pericórese-comunhão se pretende expressar melhor que por outras fórmulas a unidade trinitária, conservando o específico da experiência cristã de Deus como sendo sempre Pai, Filho e Espírito Santo. A tradição teológica do Oriente e do Ocidente encontrou dois caminhos para equilibrar unidade e trindade. Os gregos partiam da monarquia do Pai. Ele é o princípio de toda a divindade,

---

16. Este uso se encontra explícito em São Gregório de Nissa, *Ep.* 101, 6: PG 37, 181 e em Máximo o Confessor, *Disputatio cum Pyrrho:* PG 91, 337C.

pois Ele comunica a essência e a substância ao Filho e ao Espírito. Embora o ponto de partida seja personalista (a Pessoa do Pai), na verdade, não deixa de ser uma teologia da essência e da unidade divina, centrada na primeira Pessoa. Os latinos partem da única substância divina que se diferencia internamente nas três Pessoas. Para todos eles, são as relações que constituem as Pessoas. Aqui surge, entretanto, um problema: como o Pai pode ser Pessoa se Ele somente o é ao gerar o Filho? Como pode ser sujeito gerador se sua personalidade somente se constitui pelo ato gerador? Os gregos pouco refletiram sobre esta questão. Os medievais, particularmente a escola franciscana, distinguiam entre a personalidade inicial do Pai (anteriormente à geração do Filho) e a personalidade completa do Pai (ao gerar o Filho)[17]. Como se vê, trata-se de uma solução de emergência, em si insatisfatória.

A reflexão moderna parte de Deus como sujeito absoluto concretizado em três modos distintos de existência (K. Barth) ou em três modos distintos de subsistência (K. Rahner). Por mais ingeniosos que sejam estes encaminhamentos para combinar a unidade com a trindade de Pessoas dificilmente escapam do monoteísmo de versão cristã[18]. Estas fórmulas dificilmente se ajustam plenamente aos dados reguladores da história da salvação que falam de três Sujeitos distintos e relacionados entre si, Pai, Filho e Espírito Santo.

---

17. Cf. SCHMAUS, M. *Der Glaube der Kirche* II. St. Ottilien, 1979, p. 208-209.

18. Cf. a crítica pertinente que lhe move MOLTMANN, J. *Trinität und Reich Gottes*. Munique, 1980, p. 25s., 154-166. • FORTE, B. *Trinità come storia*. Turim, 1985, p. 79-80.

O modelo pericorético-comunitário se apresenta, a nosso ver, como o mais adequado para dar razão à revelação trinitária assim como nos foi comunicada e é testemunhada pelas Escrituras. Como veremos, os instrumentos teóricos de conhecimento que a teologia e a Igreja criaram para significar o Deus cristão como pessoa, relação, natureza divina e processão não ficam invalidados, mas ganham o seu adequado contexto de compreensão no quadro da pericórese. Devemos partir da revelação concreta da Trindade assim como vem narrada no Novo Testamento. No segundo capítulo de nosso livro já abordamos a questão. O centro vem ocupado por Jesus Cristo. Ele tem consciência de ser o Filho (cf. Mt 11,25-27; Mc 12,1-9; 13,32). Age como quem ocupa o lugar de Deus (Mt 12,28 par.). Entretém com seu Deus uma relação íntima expressa pela linguagem da familiaridade, *Abba*, meu Pai querido. Sente-se enviado deste Pai; o Reino que prega é a causa do Pai a se realizar para todos a partir dos pobres (Lc 6,3; 4,17-21). Na obediência ao Pai, Jesus assume o conflito provocado por sua mensagem libertadora. Reza e suplica ao Pai como se vê na oração do Getsêmani. Há uma diferença entre Ele e o Pai, por isso cai de joelhos, agradece, adora e implora. Mas ao mesmo tempo pode dizer: "Eu e o Pai somos uma coisa só" (Jo 10,30). Esta união é dinâmica e recíproca, uma verdadeira inabitação: "Eu no Pai e o Pai em mim" (Jo 14,11; 17,21). Realiza-se entre Jesus e seu Pai uma autêntica pericórese-comunhão como a definimos acima.

Com o Pai e o Filho Jesus há ainda o Espírito Santo. Ele é o Espírito de Jesus porque produziu, a partir do seio de Maria, a santa humanidade do Filho encarnado (Mt 1,18; Lc 1,27-35; 2,5). Este Espírito que repleta Jesus desde o primeiro momento, desce sobre ele no batismo, suscitando-lhe a vocação messiânica, empurra-o para o deserto para enfrentar-se com o princípio do anti-Reino (cf. Lc 4,1-13), assiste-o em suas ações libertadoras (cf. Mc 5,30; Mt 12,28). Onde Jesus está, se encontra também o seu Espírito. Este Espírito "sai do Pai" (Jo 15,26). O Pai a pedido do Filho no-lo envia com toda a plenitude (cf. Jo 14,16). Ele não ensina outra verdade, mas aquela de Jesus (Jo 16,14). Após a ressurreição e ascensão do Filho é o Espírito que atualiza a significação redentora de Jesus. O Espírito nos conduz ao Filho e nos desvela, inefavelmente, a Deus como *Abba*, meu Pai querido (Rm 8,15; Gl 4,6).

Lendo a gesta salvadora dos divinos Três como as Escrituras no-la narram se percebe que se trata de três Sujeitos que dialogam entre si, se amam, se relacionam intimamente. Cada Pessoa é *para* as outras Pessoas, jamais somente para si, é *com* as outras Pessoas e *nas* outras Pessoas. O amor eterno que as pervade e constitui as une numa corrente vital tão infinita e completa que emerge a unidade entre elas. A unidade trinitária, como já asseveramos anteriormente, é sempre a união das Pessoas. Ela não é posterior a elas, mas simultânea com elas porque elas são sempre umas *com* as outras e *nas* outras. As Pessoas não são resultado da relação da natureza consigo mesma, mas são originárias, pois são coeternas e coiguais (DS 616). Não aparecem como concreções do Uno (natureza ou substância ou Espírito ou Sujeito absoluto), mas como três Sujeitos em comunhão eterna (e por isso essencial) e sempre unidos e interpenetrados entre si.

O erro do triteísmo foi ter afirmado *apenas* a existência dos divinos Três, mas sem a recíproca inter-relação, os Três justapostos e separados como se fossem três naturezas e substâncias ("tres quasdam virtutes ac separatas hypostases tresque deitates dividentes ac discindentes", como o Papa São Dionísio declarou contra os triteístas em 259: DS 112). No mesmo erro incorreu Roscelino († 1125) por considerar as Pessoas tão separadas e desrelacionadas como se fossem "três almas ou três anjos" (condenado em 1121 no Sínodo de Soissons). Joaquim de Fiore († 1202) afirmava os Três, mas fracamente relacionados, como se fossem três amigos; a unidade seria apenas "coletiva e por semelhança" e não essencial, derivando de um princípio intrínseco às próprias Pessoas, entrelaçadas pericoreticamente entre si (Joaquim foi condenado pelo IV Concílio do Latrão em 1215: DS 803-805).

Aprofundemos mais detalhadamente a unidade trinitária em virtude da comunhão-pericórese dos divinos Três.

aa) Em primeiro lugar, o dado escriturístico, base de toda nossa reflexão trinitária, nos assegura: existe o Pai, o Filho e o Espírito Santo que nas profissões de fé, no culto e na piedade quotidiana, são adorados como Deus. Isto significa: a experiência cristã integra diferenças em Deus sem com isso multiplicar Deus e cair no triteísmo e politeísmo. Esta profissão de fé está carregada de consequências antropológicas e sociais, pois supõe que o fundamento último da realidade não está na solidão do Uno, mas na coexistência e na comunhão de Três. Visões do mundo que possuem como horizonte e ponto de partida de tudo a Unidade e a Identidade possuem especial dificuldade de conviver com as diferenças. Geralmente apenas as toleram; tudo fazem para reduzi-las ou submetê-las ao império do Uno e da Identidade. Por força da fé neotestamentária sobre a Trindade divina importa acolher as diferenças como diferenças e projetar uma visão de Deus e do universo como realidades abertas e em processo vital. A unidade não significará a negação das diferenças nem a redução delas ao Uno, mas expressará a comunhão e a interpenetração de todas elas entre si.

bb) Pai, Filho e Espírito Santo não são apenas diferentes entre si; eles são também irredutíveis uns aos outros. Isto quer dizer: cada um é único e impermutável. O Pai não é o Filho e não é o Espírito Santo e assim sucessivamente com cada Pessoa. A não permutabilidade das Pessoas divinas se mostra nas características e ações próprias de cada uma delas, como vem revelado nas Escrituras. O Pai se apresenta como mistério abissal e aconchegante e origem última de tudo. Ele envia o Filho ao mundo e junto com Ele também o Espírito Santo como o Espírito do Filho. O Filho atua de forma libertadora no meio dos homens, instaurando o plano do Pai que é o Reino da vida e da liberdade. O Espírito aparece como força divina que transparece na atuação do Filho e como entusiasmo que leva as pessoas a reconhecê-lo como Senhor e a descobrir o rosto do Pai.

cc) Os três Diferentes e irredutíveis se encontram sempre e eternamente em comunhão. Os próprios Nomes divinos designam relações. Assim, o Pai é Pai em relação ao Filho. O Filho é sempre Filho do Pai. O Espírito Santo é espirado pelo Pai ao proferir a Palavra (o Filho), pois Palavra (Filho) e Sopro (Espírito) sempre vêm juntos. A diferença não significa oposição (um não é o outro) nem a irredutibilidade quer dizer separação pura e simples. É a diversidade que permite a comunhão, a reciprocidade e a mútua revelação.

dd) Segundo as Escrituras, há uma ordem nas relações. Primeiro vem sempre o Pai. Segundo, como gerado pelo Pai, vem o Filho. Terceiro é o Espírito Santo como Aquele que procede e que une pelo amor. Discutiremos logo a seguir se esta ordem implica um processo causal, em sentido estrito e próprio, ou não é antes um procedimento descritivo para nos sugerir a diferença e, ao mesmo tempo, a reciprocidade entre as divinas Pessoas coeternas.

Estes quatro passos devem ser entendidos como momentos lógicos de um único processo real e como a dinâmica da vida trinitária. Se substantivarmos estes momentos sem mantê-los unidos entre si, corremos o risco de graves equívocos e erros doutrinários, rejeitados pela Igreja.

Assim se nos demorarmos apenas no primeiro e no segundo momentos – a existência dos Três e a sua irredutibilidade – podemos incidir no erro do triteísmo. Existiriam então três deuses, cada um por si e isolado do outro, sem comunhão. Teríamos que admitir, contra a razão filosófica, que seria possível a existência de três infinitos, de três todo--poderosos e de três criadores.

Caso nos quedemos no terceiro momento – as relações de comunhão entre os Três Divinos – podemos cair no erro do modalismo. Segundo esta representação, as relações trinitárias não corresponderiam a nada em Deus, somente seriam reflexo de nossas estruturas antropológicas. As relações existiriam em nós e não em Deus que é sempre simples, um e único.

Se concentrarmos nossa atenção apenas no último passo – a ordem das relações – poderemos descambar no subordinacionismo. Segundo esta compreensão, rejeitada já na Igreja Antiga, só o Pai seria verdadeiramente Deus. O Filho e o Espírito Santo o seriam de forma subalterna e subordinada ou seriam criaturas excelsas e apenas adotadas pelo Pai (adopcianismo).

Na reflexão trinitária devemos colocar em questão todos os nossos conceitos humanos. Encontramo-nos diante do Absoluto mais radical, da Raiz mais profunda, em si mesma, e da realidade total. Que valor possuem nossas palavras? Elas são aproximativas, o que não significa dizer que são meramente relativas; elas apontam para o mistério, descrevem imagens dele sem pretender defini-lo. Assim devemos nos perguntar acerca do valor das expressões "causa de toda a divindade", "geração", "espiração" ou "processões trinitárias". Desde a Igreja Antiga se utilizou o pensamento metafísico causal para se entender as relações trinitárias. O Pai seria a causa fontal da divindade e das Pessoas do Filho e do Espírito Santo. É legítimo falar em "causa" dentro da perspectiva trinitária? Falamos com razão da "origem e causa do mundo". Mas podemos, corretamente, falar da "origem divina", do "Pai, origem de toda a divindade"? Diz-se que o pensamento causal, tão arraigado à nossa estrutura antropológica e à nossa temporalidade, provém da cosmologia e da etiologia. De tudo podemos perguntar: donde veio? Qual é a sua origem? Assim os contemporâneos de Jesus, admirados diante de sua atuação, perguntavam: Este donde veio? Donde lhe vem tal sabedoria? Não é este o filho do carpinteiro? (cf. Mt 13,54-56; Mc 6,23; Lc 4,22-23; Jo 6,42). Podemos ter as mesmas perguntas para Deus, para Aquele que por definição é eterno e não tem começo nem fim? Cada Pessoa divina, o Pai, o Filho, o Espírito são coeternos (DS 616-618; 790, 800s., 853), igualmente poderosos e imensos (DS 325, 529, 680, 790, 800); tudo nas Pessoas é simultâneo (DS 75, 144, 162, 173, 284, 531, 618, 1331), ninguém é maior ou superior, inferior ou menor, antes ou depois (DS 75, 569, 618). Ao tomarmos a sério estas expressões dos documentos oficiais da Igreja somos urgidos a entender as expressões teológicas tradicionais (embora consagradas pelos concílios ecumênicos) de forma analógica e descritiva. Assim, por exemplo, "causa" não é, na compreensão trinitária, um conceito filosófico, mas um recurso linguístico que nos auxilia a ver a diversidade e a comunhão entre as divinas Pessoas. Trata-se de uma figura descritiva. Trinitariamente a "causa" (o Pai) não é anterior aos "efeitos" (o Filho e o Espírito Santo). Os "efeitos" possuem a mesma eternidade e dignidade que a "causa". Que é causa aqui e que é efeito? De forma semelhante, que significa "geração do Filho" e "processão-espiração do Espírito Santo"? Não admira que os Padres, particularmente os gregos, abordassem com suma reverência estas questões e terminassem numa atitude apofática (que não usa mais as palavras, pois são totalmente inadequadas).

Ao invés de utilizarmos a terminologia causal, poderíamos também fazer uso daquela bíblica de revelação e de reconhecimento. As três Pessoas divinas se autorrevelam e se revelam umas às outras. Uma é condição para a outra se revelar, sempre em eterno amor e na recíproca comunhão. Isto implica aceitar – o que é a tese fundamental de nossas reflexões – que as três Pessoas divinas são originalmente simultâneas e coexistem eternamente em comunhão e interpenetração. Cada uma é distinta da outra por suas próprias características pessoais e pelas relações de comunhão próprias que desde sempre estabelece com as outras, revelando-se a si mesma e revelando umas às outras.

Os teólogos cristãos dos primeiros séculos expressaram sua fé na Trindade dentro das categorias dominantes tanto no Ocidente quanto no Oriente: a metafísica da unidade e da identidade. Tanto uns quanto outros partem da unidade: os gregos da monarquia do Pai e os latinos da unidade da natureza divina. Ambos fazem *derivar* (expressão preferida pelos latinos) ou proceder as demais Pessoas ou do Pai ou da natureza divina.

A exposição desta derivação/processão trinitária, como às vezes se encontra nos manuais, dá a impressão de que as Pessoas do Filho e do Espírito Santo são produto de representações teogônicas, expressões do princípio de causalidade, como se as imagens e os conceitos não tivessem caráter analógico e modelar. Santo Agostinho jamais perdeu a consciência do caráter construtivo de nossos conceitos trinitários. No *De Trinitate* diz claramente: "Ao discorrer sobre o inefável, para expressar de algum modo o que é impossível de enunciar, nossos gregos dizem uma essência e três substâncias; os latinos, uma essência ou substância e três pessoas, pois no latim essência e substância são termos sinônimos. E ouso falar assim para dar a entender, ao menos em enigma, o que se tenta expressar e para responder quando se nos pergunta que coisa são estes Três; pois que são Três no-lo assegura a fé verdadeira, ao dizer-nos que o Pai não é o Filho e que o Espírito Santo, dom de Deus, não é nem o Pai nem o Filho. Quando se nos pergunta o que são estes Três, nos esforçamos por encontrar um nome genérico ou específico que abrace os Três e nada se nos ocorre à mente, porque a excelência infinita da divindade transcende a possibilidade da linguagem"[19]. Num outro lugar completava dizendo: "Quando se nos perguntava o que são estes Três, tínhamos que reconhecer a indigência extrema de nossa linguagem. Dizemos três pessoas para não guardar silêncio, não como se pretendêssemos definir a Trindade"[20].

Neste texto fica claro o que é de fé – a aceitação do Pai, do Filho e do Espírito Santo, como realmente distintos – e o que é esforço da razão humana e cultural por encontrar fórmulas que expressem a Trindade e a unidade em Deus.

O Magistério da Igreja em seus documentos solenes assumiu a linguagem que veio da Tradição grega e latina. Conseguiu, no horizonte desta racionalidade e com as questões que ela suscita, redizer a fé ortodoxa. Mas ao mesmo tempo em que ensina as processões, insiste na pericórese das divinas Pessoas e na coeternidade e coigualdade delas. O Pai "gerou" intemporalmente e sem início o verdadeiro Filho. O discurso das processões não deve ser entendido como uma gênesis em Deus ou um processo teogônico, como se Deus estivesse submetido ao princípio de causalidade. Com as processões distintas se quer enfatizar simultaneamente a diferença entre as Pessoas e a sua recíproca respectividade ou comunhão. Se as Pessoas são distintas é para comungarem e estarem em união. Com acerto escreveu o teólogo ortodoxo P. Evdokimov: "A Trin-

---

19. *De Trinitate* VII, 4, 7.

20. Ibid., V, 9, 10.

dade não é o resultado de um processo, de uma teogonia, mas um dado primordial da existência divina. Ela não é uma obra de vontade hipostática nem de necessidade de natureza: Deus é eternamente, sem começo, o Pai, o Filho e o Espírito Santo, reciprocidade interna de seu amor"[21]. Dificilmente se poderia expressar melhor o que queremos afirmar. Deus é, originariamente e sem começo, Pai, Filho e Espírito Santo em comunhão recíproca tão absoluta e eterna que estão sempre unidos; por isso são Trindade una ou Unidade trina.

Santo Agostinho em sermões e catequeses desenvolveu uma concepção da unidade trinitária mais aberta que aquela no seu grande tratado, à base de uma metafísica do espírito[22]. Parte de Deus como *perpetua caritas,* como amor eterno[23]. Entre as Pessoas vigora uma intercomunhão tão sublime que faz com que haja uma *trina unitas* ou uma *una trinitas*[24]. Para ele, pessoa significa sempre uma relação ao outro; na Trindade as Pessoas são sempre "relativae" (relacionadas umas às outras), "vicissim" e "ad invicem" (voltadas umas frente às outras) ou "pluraliter relativae" (pluralmente relacionadas). Portanto, trata-se de Sujeitos respectivos, quer dizer, sujeitos que dizem respeito um ao outro[25]. No seu tratado sobre a Trindade dizia muito bem:

---

21. EVDOKIMOV, P. *L'Esprit Saint dans la tradition orthodoxe.* Paris, 1969, p. 43.

22. Cf. o estudo de A. Turrado em *La Trinidad en la catequesis.* Salamanca, 1978, p. 105-157.

23. *De Symbolo s. ad catech.* 2, 4: PL 40, 629.

24. *Sermo* 182, 3, 3: PL 38, 986.

25. Cf. TURRADO, A. *La Trinidad.* Op. cit. 139 com os textos de Agostinho. No *De Trinitate* VII, 6, 11 Agostinho diz que se o ser é ser para si e estar em

"Cada uma das Pessoas divinas está em cada uma das outras e todas em cada uma e cada uma em todas e todas estão em todas e todas são somente um"[26].

O fundamento da pericórese, tradicionalmente, era visto na unidade de natureza divina apropriada por cada uma das Pessoas ou na reciprocidade das relações de origem com referência ao Pai. Além disso nós aqui sustentamos ainda outro fundamento: a pericórese das três divinas Pessoas, originalmente simultâneas e coeternas, em infinita comunhão recíproca, de sorte que elas, sem confusão, se uni-ficam (quer dizer, ficam unas) e são um só Deus.

Santo Tomás de Aquino em seu comentário ao evangelho de São João reafirma o que acabamos de dizer: "Há uma dupla unidade no Pai e no Filho, de essência e de amor (*duplex unitas essentiae et amoris*) e consoante as duas o Pai está no Filho e o Filho no Pai"[27]. O amor é a forma mais alta de união. Ele faz com que as diferentes Pessoas sejam uma união de vida, de mútua entrega e de comunhão.

Os conceitos que analisamos no início deste capítulo tais como vida, comunhão e pericórese, estão todos no lugar daquele que o Novo Testamento reserva para Deus: Deus é amor (1Jo 4,8.16). Todos estes conceitos implicam intrinsecamente desbordamento, diferenciação como expressão da riqueza interna e da própria essência. Se a tradição teológica diz que a essência (natureza e substância) de Deus é aquilo que o constitui, então devemos dizer que

---

si, então a pessoa indica relação ao outro: "Nam si esse ad se dicitur, persona, vero, relative".

26. *De Trinitate* VI, 10, 12.

27. *In Joan.*, c. 17, lectio V.

Deus é amor e comunhão dos divinos Três. Deus é Três Únicos em comunhão de amor. Esta comunhão eterna de amor faz que eles sejam um só Deus.

Nesta compreensão não há a monarquia do Uno (seja da substância do Pai, seja da unidade da mesma natureza divina), mas a comunhão eterna dos Três simultâneos que estão sempre um no outro, pelo outro, com o outro, através do outro, para o outro, interpenetrando-se em amor, um contendo o outro, na feliz expressão de João Damasceno, "à semelhança de três sóis, cada um contido no outro, de sorte que haveria uma só luz por causa da íntima compenetração"[28].

c) As relações sempre ternárias entre o Pai, o Filho e o Espírito Santo

Se reconhecemos o caráter descritivo e analógico das expressões clássicas como "causa", "geração", "espiração" e "processões", devemos também admitir que são fórmulas altamente sugestivas. Elas possuem uma lógica relacional interna, pois dizer Pai, Filho e Sopro (Espírito) Santo é significar diferença e relação. Por isso dir-se-á sempre que o Pai é fecundo e origina o Filho. Ambos, Pai e Filho, estão em êxtase de amor e comunhão e permitem a revelação do Dom e do Amor que é o Espírito Santo. Nós iremos utilizar como faz a Igreja na doxologia e na teologia as mesmas

---

28. *De fide orthodoxa* I, 8; 14: PG 94 , 829; 860. Santa Gertrudes († 1302) traduz da seguinte maneira sua experiência trinitária: "Então as três Pessoas irradiavam conjuntamente uma luz admirável, cada uma parecia lançar sua chama através da outra e elas se encontravam todas umas com as outras" (OEHL, W. *Deutsche Mystiker,* II, 90). Como transparece, a relação entre as Pessoas possui um caráter nitidamente pericorético.

expressões de geração e espiração; contudo, com a consciência de seu caráter especificamente trinitário; por isso não significam nenhuma teogonia, nenhum resultado de alguma produção intradivina e nenhuma dependência causal. Cada uma das Pessoas é "sem começo" e, por isso, se revela simultânea e originariamente, como que eclodindo uma na direção da outra. Esta é a realidade primeira, a coexistência em comunhão do Pai, do Filho e do Espírito Santo; numa linguagem mais formal, dos Três Únicos pericoretizados, sendo um só e único Deus. Desta forma evitamos o risco da hierarquização subordinacionista em Deus (primeiro o Pai, segundo o Filho e terceiro o Espírito Santo) ou da subordinação desigual: o Pai tem tudo, não recebe de ninguém, o Filho recebe só do Pai, e o Espírito Santo recebe do Pai e do Filho ou só do Pai mediante o Filho. Evitamos também o teogonismo e o modalismo quando derivamos as Pessoas da natureza divina que seria, por modos distintos, apropriada por cada uma das Pessoas ou por uma virtude intrínseca se desdobraria em três concreções hipostáticas.

Nosso esforço reside em partir trinitariamente, do Pai, do Filho e do Espírito em pericórese eterna. Deus é a Trindade de Pessoas entrelaçadas pelo amor e pela comunhão. As três são originárias desde toda a eternidade. Nenhuma é anterior à outra. As relações são antes de participação recíproca que de derivação hipostática; são de correlação e de comunhão e menos de produção e processão. O que se produz e procede é a revelação intratrinitária e interpessoal. Uma Pessoa é condição da revelação da outra, num dinamismo infinito como espelhos que se espelham triplamente sem fim. O risco do triteísmo é evitado pela comunhão e pela pericórese, quer dizer, pelas relações sempre ternárias que originalmente vigoram entre as Pessoas. Esta comunhão pericorética não é resultado das Pessoas. Ela é simultânea e originária com as Pessoas. Elas são o que são por sua essencial e intrínseca comunhão. Se assim é, fica patente que em Deus tudo é ternário, tudo é Patreque, Filioque e Spirituque. As partículas de conjunção se aplicam absolutamente às três Pessoas. A partícula *e* se encontra sempre e em tudo.

Assim, consequentemente, devemos dizer que o Pai se autorrevela como mistério abissal e aconchegante, mistério paternal e maternal, através do Filho e no Espírito. O Pai revela o Filho como sua Palavra com a participação do Espírito Santo que é sempre Espírito do Filho e do Pai. O Filho é "gerado" pelo Pai no Espírito Santo. Dito figurativamente: o Pai "gera" o Filho virginalmente no seio materno-virginal do Espírito Santo. Trinitariamente diríamos então: o Pai "gera" o Filho "Spirituque", isto é, em comunhão com o Espírito Santo.

Por sua vez o Filho revela o Pai na luz do Espírito Santo que perscruta as profundezas do mistério (cf. 1Cor 2,10). Ele se revela também ao Espírito Santo como correlacionado com o Pai, pois o Pai será eternamente o Pai do Filho. Revela outrossim ao Espírito o mistério insondável do Pai em sua transbordante irrupção de amor e de entrega.

O Espírito, por fim, "procede" do Pai e repousa sobre o Filho. Ele é assim *ex Patre Filioque* (é do Pai e do Filho). O Espírito revela o poder do Pai que se manifesta como Sabedoria no Filho. Ele é uma potência infinita de amor e de união pela comunhão. O Espírito e o Filho participam da inascibilidade do Pai e testemunham juntos a diversidade e a comunhão na Trindade. É o Espírito Santo que permite ao Pai e ao Filho se amarem infinitamente. É Ele que sempre inova e renova, pois o amor jamais é repetição e a exuberância da vida nunca se exaure.

Enfim, cada Pessoa recebe tudo da outra e simultaneamente dá. Como são Três Únicos, nunca, na verdade, há relações diádicas de oposição (Pai e Filho ou Pai-Filho e Espírito Santo), mas relações ternárias de comunicação e de comunhão. Existindo como Três eternamente, também eternamente se entrelaçam e convergem na suprema comunhão que se mostra como unidade do mesmo e único Deus trinitário. Por sua própria dinâmica interna, as três divinas Pessoas se efundem para fora, criando outros diferentes (criação cósmica e humana) para que possam ser o receptáculo da transfusão do amor comunicativo e do oceano sem limites da vida trinitária.

d) A inclusão trinitária: a Trindade tudo em todas as coisas

A unidade trinitária é, pois, pericorética e de comunhão. Ela não aparece apenas na revelação neotestamentária envolvendo o Pai, o Filho e o Espírito Santo, mas se dá também na história salvífica universal e em sua condensação no espaço eclesial. Aqui, na Igreja, encontram-se aqueles que o Espírito levou a aceitar a Jesus como Salvador e Filho e que os guia na descoberta de Deus como *Abba*. Este Espírito e o Ressuscitado juntos atuam no nível de toda a criação, fermentam as transformações do mundo, fazem avançar o projeto do Pai que é a inauguração progressiva do Reino até a sua culminação escatológica. O Pai emerge como o termo-ômega da história mediante a expansão do senhorio do Filho, constituído a partir da ressurreição em

Senhor do universo (cf. Rm 1,3) na força atualizadora e transformante do Espírito.

São Paulo e São João nos acenam para uma inclusão das pessoas e da história na unidade pericorética da Trindade. Na oração sacerdotal Jesus o diz claramente: "Que todos sejam um como Tu, Pai, estás em mim e eu em ti, para que *eles estejam em nós* e o mundo creia que Tu me enviaste" (Jo 17,21). Esta unidade trinitária é integradora e inclusiva. Ela se destina à plena glorificação de toda a criação no Deus trino, sanando o que está doente, libertando o que está cativo, perdoando o que está ofendendo a comunhão divina. Esta integração trinitária deve se mostrar já agora na história, na medida em que se superam as rupturas da comunidade (Gl 3,28: judeus e pagãos, gregos ou bárbaros, escravos e patrões, homens e mulheres; cf. Rm 10,12) e se instaura uma economia do dom, atendendo às necessidades (At 4,31-35), numa comunidade onde haja "um só coração e uma só alma" (At 4,32).

São Paulo se refere aos passos da instauração do Reinado de Jesus ressuscitado na força do Espírito vivificante até que "Deus seja tudo em todas as coisas" (1Cor 15,28). De certa forma podemos dizer que a Trindade possui ainda um futuro na medida em que a criação que lhe pertence não for assumida e integrada na comunhão das três divinas Pessoas. Só então as três Pessoas serão uma única comunhão total.

4 A comunhão trinitária como crítica e inspiração à sociedade humana

A consideração da comunhão dos três Diferentes nos leva a uma atitude crítica face à pessoa, à comunidade, à sociedade e à Igreja. Na nossa cultura dominante imperou no nível da pessoa o predomínio do indivíduo, de seu desempenho isolado, de seus direitos compreendidos sem a relação com a sociedade. O monoteísmo a-trinitário das Igrejas, a ideologia da subjetividade, da unidade/identidade acabaram por reforçar e também por refletir esta distorção. Compreender a pessoa humana como imagem e semelhança da Trindade implica dimensioná-la sempre para o relacionamento aberto para com os outros; é só estando nos outros, entendendo-se a partir dos outros e sendo através dos outros que constrói a sua identificação. A incomunicabilidade própria de cada pessoa somente existe para permitir a comunhão com outros diferentes. À luz da Trindade ser pessoa à imagem e semelhança das divinas Pessoas significa manter-se como um nó de relações permanentemente atuante: para a sua origem (para trás e para cima) no mistério abissal do Pai, para os seus semelhantes (para os lados) revelando-se aos outros e acolhendo a revelação dos outros no mistério do Filho, para dentro de si mesma em sua interioridade no mistério do Espírito Santo.

A Trindade constitui uma comunhão aberta para além das próprias Pessoas, incluindo a criação. A pessoa não pode também encaramujar-se sobre suas próprias relações interpessoais perdendo o sentido das relações maiores, sociais e históricas, de caráter transpessoal e estrutural. A personalização pela comunhão não pode descambar num personalismo alienado dos conflitos e dos processos sociais de transformação, visando o estabelecimento de relações distintas, mais participadas e humanizadoras. Esta crítica vale também para a comunidade, na qual as relações são próximas, nominais e integradoras da pessoa e do trabalho, da vida e do interesse comum. A comunidade deve situar-se num todo maior, pois ela não constitui um mundo fechado e reconciliado. O comunitarismo está próximo do anarquismo.

A sociedade moderna, nas duas versões que historicamente assumiu sob o socialismo e no capitalismo, apresenta, quando confrontada com o ideal da comunhão trinitária, graves desvios. Sob o regime liberal-capitalista se vive, na verdade, uma ditadura da classe burguesa com seus interesses individualistas e empresariais sempre resguardados a partir do controle do aparelho de Estado. Esse regime introduziu as mais radicais divisões de que se tem notícia historicamente entre ricos e pobres, entre raças e entre os sexos. Grande parte da desgraça dos pobres do mundo, particularmente no Terceiro Mundo, é consequência da incontrolada fome de acumular individualisticamente (a pessoa ou a empresa) promovida pelo sistema do capital, hoje com dimensões mundiais. A par da empresa econômica que mais e mais homogeneíza os mercados, ocorre simultaneamente a imposição do mesmo modelo político montado sobre a elitização do poder e a marginalização da grande maioria do povo, mais convocado a aderir pelo voto do que estimulado a ser criativo e a encontrar formas sociais mais adequadas de promoção da vida de todos. *Pari passu* caminha a empresa ideológica massificante, indiferenciadora de valores, mercantilizadora das diferenças no interesse de elites de poder. No capitalismo se verifica, na esteira da profanização, a dominação a partir do Uno: intenta-se criar um só capital total, um só mercado, um só mundo de consumidores, uma só visão legítima do mundo, uma só forma de relacionamento com a natureza, uma só maneira de encontrar-se com o Absoluto. As diferenças são consideradas patologias e desvios da única norma; por isso ou são erradicadas ou mal toleradas.

Víamos que a grandeza da comunhão trinitária residia exatamente neste fato, de ser a comunhão entre três Diferentes; a diferença acolhida mutuamente é a mediação para a unidade plural dos divinos Três. As sociedades sob o regime capitalista contradizem por sua prática e por sua teoria as interpelações e convites da comunhão trinitária. Elas não são (somente por via da negação) mediação para as pessoas e para os cristãos experimentarem a Trindade na história.

As sociedades em regime socialista se estruturam sob um princípio verdadeiro, a comunhão entre todos, a participação de todos na produção e a reprodução da vida. Captaram a relevância fundamental do social para a sociedade. Mas este social é compreendido e historicamente agilizado coletivisticamente, quer dizer, não passa pela mediação indispensável da acolhida da diferença pessoal e da comunidade de pessoas. Temos a ver no socialismo com a imposição do social de cima para baixo, a partir do partido que se entende como vanguarda da revolução social e como o intérprete do sentido da história. O social não é realizado em todas as dimensões, a partir de baixo, nos relacionamentos pessoais, na constituição de rede de comunidades, a partir das quais se organiza a sociedade civil com seu aparelho de articulação e condução que é o Estado. O social burocraticamente imposto não gera uma sociedade de iguais dentro das diferenças respeitadas, mas a coletivização com traços de massificação.

À luz da comunhão trinitária diríamos que no socialismo vigente a comunhão anularia as pessoas, as pessoas não seriam acolhidas como diferentes-em-relação, salvaguardada sua diferença, mas seriam subsumidas num todo homogeneizador e igualitarista.

Mais do que de crítica, a Comunhão trinitária é fonte de inspiração para práticas sociais. Especialmente os cristãos comprometidos com mudanças estruturais da sociedade a partir das grandes maiorias pobres encontram na Tri-unidade a sua utopia eterna. Os três Diferentes afirmam a diferença um do outro; ao afirmar o outro e entregar-se totalmente a ele se constitui como Diferente em comunhão. Na Trindade santa não há a dominação a partir de um polo, mas a convergência dos Três numa recíproca aceitação e doação. São diferentes, mas ninguém é maior ou menor, antes ou depois do outro. Por isso uma sociedade que se deixa inspirar pela comunhão trinitária não pode tolerar as classes, as dominações a partir de um poder (econômico, sexual ou ideológico) que submete e marginaliza os demais diferentes.

A sociedade que pode surgir, na inspiração do modelo trinitário, deve ser fraterna, igualitária, rica pelo espaço de expressão que concede às diferenças pessoais e grupais. Só uma sociedade de irmãos e de irmãs, cujo tecido social seja urdido de participação e de comunhão de todos em tudo é que pode reivindicar ser pálida imagem e semelhança da Trindade, o fundamento e o aconchego derradeiro do Universo. Bem escrevia J. Moltmann a este respeito: "Respeita o Deus trinitário somente uma comunidade cristã una, única e unificante sem domínio e opressão e uma humanidade una e única e unificante sem domínio de classe e sem opressão ditatorial. Este é o mundo no qual os seres humanos se caracterizam por sua relação social e não por seu poder ou por aquilo que possuem. Este é o mundo no qual os seres humanos têm tudo em comum e tudo condividem, exceção feita de suas características pessoais"[29]. Não compete à teologia apontar modelos sociais que mais se aproximem à utopia trinitária. Entretanto, se tomarmos a democracia fundamental, como já os antigos a tomaram (Platão, Aristóteles e outros teóricos), não tanto como uma formação social definida, mas como um princípio inspirador de modelos sociais, então deveríamos dizer que os valores nela implicados constituem os melhores índices de respeito e acolhida da comunhão trinitária. A democracia fundamental visa a maior igualdade possível entre as pessoas mediante processos cada vez mais abrangentes de participação em tudo o que concernir à existência humana pessoal e social. Além da igualdade e participação intenciona a comunhão com os valores transcendentes, aqueles que definem o sentido supremo da vida e da história. Ora, quanto mais tais ideais se concretizam, mais se espelhará a comunhão divina entre os seres humanos.

Como esta comunhão, esta participação e esta igualdade são negadas às maiorias, ficando oprimidas e secularmente marginalizadas, faz-se urgente que a partir dos

---

29. La dottrina sociale della Trinità, em *Sulla Trinità*. Nápoles, 1982, p. 36.
• MOLTMANN, J. "A unidade convidativa do Deus uno e trino". *Concilium*, 197, 1985, p. 54-63.

próprios oprimidos se inaugure um processo de libertação. Os que creem encontram no Deus de sua fé uma inspiração inigualável para a luta da libertação. Esta libertação visa gestar participação e comunhão, realidades que na história mais densamente traduzem o próprio mistério da comunhão trinitária.

A comunhão trinitária nos ajuda criticamente a apreciar a forma como se organiza a Igreja. Antes de mais nada, devemos reconhecer que ela se inscreve na dimensão do mistério[30], pois em seu seio estão o Filho encarnado e o Espírito Santo como seu princípio de animação, santificação e comunhão. Ela é o grande sacramento do Ressuscitado e de seu Espírito, ambos enviados pelo Pai para ao seu redor construir a comunidade messiânica, antecipadora da comunidade no Reino da Trindade. Entretanto, esta realidade fundamental e estritamente teológica se configura na história dentro de moldes ligados a determinadas concepções do mundo e do poder, ao lado de elementos que, inegavelmente, provêm da tradição apostólica e jesuânica.

Assim a representação da unidade da Igreja, na Igreja ocidental, se prende, como já foi apontado por eminentes eclesiólogos[31], a uma visão do monoteísmo pré-trinitário ou a-trinitário. A estrutura monárquica da Igreja institucional vem assim fundamentada: um só corpo eclesial, uma só cabeça (o papa), um só Cristo, um só Deus. As raízes

---

30. Cf. BOFF, L. "A Igreja como mistério e a teologia da libertação". *E a Igreja se fez povo*. Petrópolis: Vozes, 1986, p. 12-25.

31. Cf. CONGAR, Y. "La Tri-unité de Dieu et l'Eglise". *La Vie Spirituelle,* n. 604, 1974, p. 687-703 com bibliografia. • MOLTMANN, J. "Kritik des politischen und des klerikalen Monotheismus". *Trinilät und Reich Gottes.* Munique, 1980, p. 217-220. • FORTE, B. *La Chiesa icona della Trinità* – Breve ecclesiologia. Brescia, 1984.

desta compreensão se encontram já no segundo século com Santo Inácio de Antioquia († 107). A monarquia celeste funda a monarquia terrestre, vale dizer, o princípio da concentração de todo o poder numa só pessoa, representante único de Deus único. Este poder sagrado se desdobra, em seguida, por hierarquias descendentes, deixando aparecer a desigualdade dentro da comunidade. A autoridade assume, nesta visão pré-trinitária, uma atitude paternalista. Ela vem imbuída de benquerença e solicitude, mas deixa de reconhecer e valorizar a capacidade de inteligência e de iniciativa dos subordinados. Faz tudo *para* os fiéis do Povo de Deus, mas pouco ou quase nada *com* os fiéis do Povo de Deus. Dentro desta prática, dificilmente se pode falar, em termos práticos, de Igreja-comunidade de batizados e de serviços. Em situações-limite ou de crise de consenso, a solução normalmente é a favor da autoridade. Aos demais, não raro, não resta senão o submetimento ou a revolta com a exclusão ou com outras penas canônicas. Com isso não se quer questionar o primado que cabe a Pedro, mas importa situá-lo lá onde cabe, isto é, dentro da Igreja-comunidade-dos-fiéis e não acima e fora dela.

A comunhão pericorética da Trindade, mistério solar, ilumina o mistério lunar da Igreja. Ela é um mistério derivado (*mysterium derivatum* como falavam os Padres da Igreja) de outros mistérios mais fundamentais, principalmente daquele do amor e da comunhão entre os divinos Três. Como há a *koinonía* trinitária, assim há a *koinonía* eclesial. A definição primeira de Igreja é esta: comunidade de fiéis que estão em comunhão com o Pai, pelo Filho encarnado, no Espírito santificador, em comunhão entre si e com seus coordenadores. Aos fiéis o Espírito e o Ressuscitado galardoam com múltiplos dons e serviços (cf. 1Cor 12). Mas o mesmo é o Espírito doador e o mesmo é o Senhor (1Cor 12,4). A colegialidade episcopal encontra na comunhão trinitária seu melhor fundamento teológico[32]. Muitos são os bispos, mas formam um só corpo episcopal. Assim como os três Únicos são um só Deus em comunhão, assim os doze apóstolos compõem um só episcopado colegial. Da mesma forma, muitas são as Igrejas locais, mas todas juntas formam uma só Igreja de Deus. A catolicidade da Igreja reside no respeito e na acolhida dos dons e das particularidades que o Espírito suscitou em cada uma delas. Todas as Igrejas locais se unem entre si pelo Ressuscitado e no Espírito. A comunhão eclesial expressa a comunhão trinitária: cada Pessoa é distinta, mas reconhece a outra e a ela se entrega totalmente. O texto de São João que citamos acima (Jo 17,20-21) mostra a relação pericorética entre o Pai e o Filho: ela é colocada como modelo para a comunidade dos discípulos e discípulas de Cristo: "para que eles estejam em nós" (Jo 17,20). Da visão trinitária emerge um modelo de Igreja mais comunhão que hierarquia, mais serviço do que poder, mais circular que piramidal, mais do gesto do abraço do que da inclinação reverente frente à autoridade (*proskynesis*).

Este modelo pericorético de Igreja submete todos os serviços eclesiais (episcopado, presbiterado, ministérios laicais etc.) ao imperativo da comunhão e da participação de todos em tudo o que se referir ao bem de todos. Então a Igreja é de fato "o povo reunido na unidade do Pai, do Filho e do Espírito Santo" (*Lumen Gentium*, 4).

---

32. O Papa Símaco, por volta do ano 500, em carta a Aronius de Arles, acenava para a referência trinitária ao mesmo sacerdócio que existe nos diferentes bispos: *Epist.* 3: PL 62, 51A.

VIII

Glória ao Pai, glória ao Filho, glória ao Espírito Santo

Até aqui tentamos refletir sobre o mistério trinitário à luz da doutrina da Igreja e das disquisições dos teólogos. Aí valia mais a razão e a compreensão que o coração e a louvação. Agora tentaremos recuperar estes mesmos dados a partir de outra preocupação que, na verdade, jamais esteve ausente em nossa exposição: aquela da doxologia[1]. Por doxologia (*dóxa* em grego significa glória) entendemos a experiência das realidades divinas, expressa em louvações, ações de graças, atitudes de respeito e acolhida alegre dos feitos que Deus fez em favor dos homens e das mulheres. Na base de toda teologia (reflexão sobre e a partir da revelação) está a doxologia (celebração do Deus que se revela). Isso vale de modo todo especial para a verdade trinitária. Antes que houvesse a discussão dos teólogos e as tomadas de posição do Magistério, houve a oração dos fiéis, as celebrações litúrgicas e a vivência quotidiana, tranquila e irrefletida, da presença do Pai pelo Filho na união com o

---

1. "Para uma reflexão doxológica", cf. HAMMAN, A. *Mysterium Salutis*, II/1. Petrópolis, 1972, p. 119-143. • VV.AA. *Trinidad y vida cristiana*. Salamanca, 1979. • SCHLINK, E. "Trinität". *Religión in Geschichte und Gegenwart* (RGG), VI. Tübingen, 1962, p. 1.032-1.034. • MOLTMANN, J. *Trinität und Reich Gottes*. Munique, 1980, p. 168-178.

Espírito Santo no meio da humanidade, no seio da Igreja e no coração dos fiéis.

Jesus revelou seu segredo de Filho e sua relação íntima com o Pai numa oração (cf. Mt 11,25-27; Lc 10,21-22), carregada de alegria do Espírito (Lc 10,21): "Graças te dou, Pai, Senhor do céu e da terra... Ninguém conhece quem é o Filho senão o Pai e quem é o Pai senão o Filho e aquele a quem o Filho quiser revelar". Assim também nós achamos oportuno, na atmosfera da piedade, aproximarmo-nos, respeitosamente, do sumo mistério da Santíssima Trindade. Por isso o fazemos comentando a oração quotidiana dos cristãos, "o Glória". O comentário incluirá a reflexão teológica, mas a serviço da doxologia e da mistagogia (= iniciação do cristão ao mistério trinitário).

1 A Santíssima Trindade como evangelho para os homens e as mulheres, especialmente para os pobres

Queremos responder à seguinte questão: Em que medida a Santíssima Trindade é evangelho, vale dizer, boa-nova para as pessoas, especialmente para os oprimidos? Para muitos cristãos, a Santíssima Trindade aparenta ser apenas um mistério lógico: Como é possível que o único Deus se realize em três Pessoas? Como pode a trindade de Pessoas constituir a unidade do único Deus? Na verdade, um cristão que entra pela primeira vez em contato com as discussões trinitárias poderá colher esta impressão. A fé cristã se aculturou no mundo helenístico. Os cristãos tiveram que traduzir sua doxologia numa teologia adequada àquele ambiente para assegurar a verdade da fé; usaram as expressões que estavam ao alcance da razão crítica daquele tempo como substância (natureza e essência), pessoa (hipóstase, *prósopon*), relação, pericórese (*circumincessio*) e processão. Este foi um caminho atormentado, como vimos nos capítulos anteriores. Ele marcará nossa reflexão até os dias de hoje, embora o mistério desafie todas as categorias humanas e provoque novas abordagens, nascidas do encontro da revelação bíblica com a cultura ambiental. Não devemos nunca esquecer que o Novo Testamento jamais usa as expressões trindade de pessoas e unidade de natureza. Dizer que Deus é Pai, Filho e Espírito Santo é revelação; dizer que Deus é *una substantia et tres Personae* é teologia, esforço humano para captar a revelação de Deus dentro das exigências da razão. A situação substancialmente não muda quando o cristão considera os pronunciamentos oficiais do Magistério. Aí encontrará formulações de grande acribia e coerência lógica, a ponto de historicamente ter refreado a coragem especulativa dos teólogos. O progresso dogmático praticamente se encerrou no Concílio de Florença (1439-1445); a produção teológica posterior até os nossos dias (com algumas exceções referidas por nós anteriormente) se concentra especialmente em comentar os termos definidos e aprofundar questões históricas ou detalhes do sistema já construído[2].

Não é fácil explicar ao cristão, preso ao "mistério lógico" da Trindade, que o número três de Trindade (*trias* e *trinitas,* expressões consagradas no fim do século II por Teófilo de Antioquia e por Tertuliano) não significa nenhuma contabilidade nem uma operação aritmética de soma

---

2. MICHEL, A. "Trinité". *Dictionnaire de Theologie Catholique*, XV. Paris, 1950, p. 1.083.

ou adição. As Escrituras nunca contam nada em Deus. Elas só conhecem um número divino, o "único": um único Deus, um único Senhor, um único Espírito. Este único não é nenhum número, o primeiro de uma série. É antes a negação de todo número, é simplesmente o único. O Pai é um único, o Filho é um único e o Espírito Santo é um único. Os únicos não se adicionam. Como tentamos explicar anteriormente: é a eterna comunhão dos Únicos entre si que constitui a unidade divina na força da vida e do amor (natureza divina). Entretanto, por causa da comunhão e das relações que nos foram reveladas entre o Pai, o Filho e o Espírito Santo, existe uma ordem nos Nomes divinos. Embora cada Pessoa seja coeterna com as outras e, por isso, não exista nenhuma anterioridade de uma sobre a outra, devemos, entretanto, afirmar que o Pai que gera possui uma anterioridade lógica sobre o Filho gerado e este sobre o Espírito, espirado pelo Pai junto e através do Filho. Daí se entende a ordem nos Nomes divinos. Em razão disto surge a conveniência humana de se falar de três "Pessoas"[3]. Mas a teologia jamais se satisfez com esta expressão três "Pessoas" como as ininterruptas discussões posteriores o mostram.

Importa superar a compreensão da Trindade como mistério lógico e chegar àquela do mistério salvífico. A Trinda-

---

3. O Novo Testamento apresenta várias ordens dos Nomes divinos: Pai, Filho e Espírito Santo: Mt 28,19; Rm 8,11; 15,16; Espírito Santo, Filho, Pai: 1Cor 12,4-6; Ef 4,4-6; Filho, Pai e Espírito Santo: 2Cor 13,13; Espírito Santo, Pai, Filho: At 20,28; Pai, Espírito Santo e Filho: 2Ts 2,13-14; 1Pd 1,1-2; Filho, Espírito Santo, Pai: Ef 2,18; 1Cor 6,11. São Gregório Nazianzeno se pergunta: "Por que esta variação na ordem?", e responde: "Para mostrar a igualdade de natureza": *Oratio*, 34, 15: PG 36, 253; Teodoreto, grande teólogo em questões cristológicas e trinitárias do século V, dizia: com esta mudança na ordem se quer "ensinar que a diferença dos Nomes não significa nenhuma diferença na dignidade... se quer chamar a atenção para a igualdade da glória no seio da Trindade" (*Haereticorum Jabularum Compendium*, 3: PG 83, 456).

de tem a ver com a vida de cada pessoa, no seu quotidiano, no esforço de conduzir a existência na reta consciência, no amor e na alegria, no suportar a paixão do mundo e as tragédias existenciais; tem a ver também com a luta por denunciar as injustiças sociais e por construir uma convivência mais humana e fraterna, com os sacrifícios e martírios que tal intento, não raro, comporta. Se não conseguirmos incluir a Trindade nesta caminhada pessoal e social, não teremos mostrado o mistério salvífico nem evangelizado adequadamente. Se os oprimidos que creem, conscientizam o fato de que suas lutas por vida e liberdade são também as lutas do Pai, do Filho e do Espírito, gestando o Reino da glória e da vida eterna, então terão eles mais motivos de lutar e de resistir; o significado de seu empenho romperá o mesquinho quadro histórico e ganhará uma inscrição eterna, no seio do próprio mistério absoluto. Não estamos condenados a viver sós e isolados uns dos outros; somos vocacionados a conviver e a entrar na comunhão trinitária. A sociedade não está definitivamente perdida em suas relações injustas e desiguais, mas convocada a se transformar à luz das relações abertas e igualitárias que vigoram na comunhão trinitária, utopia realizada de todo caminhar histórico-social. Se a Trindade é evangelho, então o é particularmente para os oprimidos e condenados à solidão.

2 Reverência face ao mistério

A doxologia é uma atitude de adoração, agradecimento e respeito face ao mistério trinitário. Como devemos nos posicionar face ao mistério? Convém esclarecermos em que sentido a Santíssima Trindade se apresenta como mistério.

O ensino oficial da Igreja proclama a Santíssima Trindade como um mistério estrito. Por mistério estrito (*stricte dictum*) se entende uma verdade que transcende as possibilidades de compreensão humana, verdade garantida somente pela comunicação divina e que mesmo depois de comunicada não pode ser positivamente apreendida. Esta compreensão de mistério foi elaborada contra o racionalismo, especialmente aquele idealista que procurava transformar as verdades da revelação em meras conquistas da razão natural. Neste sentido o mistério seria uma particularidade de uma frase e entendido a partir da razão; o mistério seria algo passageiro, válido para o tempo da obscuridade da razão na história; na eternidade terminaria o mistério, pois veríamos a Deus face a face.

Entendido assim, efetivamente, a Santíssima Trindade é um mistério estrito, pois escapa à razão compreender como três Pessoas distintas possam estar de tal forma umas nas outras que constituam um único Deus; é incompreensível à razão humana a absoluta igualdade das Pessoas, dado o fato de que o Filho "procede" do Pai e o Espírito Santo do Pai e/do mediante o Filho; foge à razão humana o combinar a radical simplicidade de Deus com a trindade de Pessoas.

Este conceito de mistério dificilmente provoca uma atitude de veneração. Ele se define como o limite da razão, bloqueando sua sede de compreensão. Este conceito, apesar de sua validade (no sentido que expusemos acima), provoca antes uma atitude de angústia e estrangulamento da mente. Devemos, contudo, reconhecer que esta ideia de mistério não corresponde à amplidão e profundidade que o mistério possuía no cristianismo antigo. Deus e a

Santíssima Trindade eram considerados sim como mistério, mas como mistério *revelado*. Pertence ao mistério cristão ser revelado e comunicado pelas testemunhas da fé (cf. Rm 15,25; 1Cor 2,1-6; Ef 1,9; 3,9; Cl 1,26; 1Tm 3,9.16; cf. Mc 4,11; Mt 13,11; Lc 8,10). Mas pertence também ao mistério permanecer mistério na revelação. Ele assim não significa o limite da razão, mas o ilimitado da razão. Ele possui uma conaturalidade com a existência humana, pois ela também é mistério abissal, habitada pelo Infinito que a fez ter o desejo de ver e amar a Deus e de viver numa absoluta comunhão com Ele e com todas as coisas do universo[4]. No caso do mistério trinitário, ele se revelou no caminho histórico de Jesus Cristo e nas manifestações do Espírito. Por isso pode ser chamado, com razão, de mistério sacramental, quer dizer, mistério que se comunica na Encarnação e na vinda do Espírito sobre Maria e os Apóstolos em Pentecostes. Pode-se fazer a narrativa de seu percurso e como foi, lentamente, captado pelas testemunhas primeiras do mistério cristão.

Compreendendo o mistério neste horizonte podemos entender que ele provoca a reverência sagrada, única atitude diante do Último e Supremo de nossa vida. Ao invés de angustiar a razão, ele leva a expandir a mente e o coração. Não é um mistério face ao qual ficamos mudos e estarrecidos, mas ficamos alegres, cantamos e agradecemos. Não é um muro que se alça a nossa frente, mas uma porta que se abre para o infinito de Deus. Se não podemos abraçar a montanha, podemos no entanto nos aproximar dela, to-

---

4. O termo grego mistério foi traduzido em latim arcaico por sacramento. Cf. um aprofundamento do significado em BOFF, L. "O que significa sacramento". *Revista Eclesiástica Brasileira*, 34, 1974, p. 860-895.

cá-la e decantá-la. Assim é com o mistério da Santíssima Trindade. Ele não está fora de nós. Envolve-nos por todos os lados, mora dentro de nós e nos convida a integrar a comunhão eterna das divinas Pessoas. Face ao mistério humano cabe o respeito e a veneração. Face ao mistério de Deus vale tudo isso e ainda mais a fé. Crer é muito mais do que aceitar a existência da Santíssima Trindade (*crederem Trinitatem*). É ainda mais do que aceitar as afirmações que Jesus e os Apóstolos nos fizeram em nome da Trindade (*credere Trinitati, Christo*) e sobre a Trindade. Crer significa fundamentalmente entregar-se ao Pai, Filho e Espírito Santo, confiar a vida, a caminhada e a morte ao mistério de comunhão que nos aconchega e realiza infinitamente. Crer, nesta visão abrangente, implica um modo de ser; é menos refletir sobre o mistério do que deixar-se tomar por ele, é envolver-se na dinâmica de sua revelação, é entrar em comunhão com a vida divina trinitária. Assim como para entender a música precisamos de ouvido, para entender a arte de senso estético, assim ocorre com o mistério: necessitamos da fé que nos coloca naquela posição a partir da qual faz sentido falar de mistério da comunhão do Pai, do Filho e do Espírito Santo como sendo um único Deus. Assegurado este espaço da fé cordial, a razão poderá executar sua ação que reside em perscrutar a lógica graciosa do mistério. A razão não intenciona esvaziar o mistério, mas apropriá-lo à existência humana. E quanto mais aprofunda as dimensões do Divino, mais se abre o horizonte do mistério. Deus então não é um mistério passageiro, para a situação terrena das pessoas, deixando de sê-lo na eternidade. Deus (assim como a pessoa humana e a história das coletividades) é um mistério em si mesmo, também pela eternidade em fora. O mistério é mais do que uma verdade revelada; mistério é Deus, Pai, Filho e Espírito Santo, entrando na criação, passando por suas negatividades, resgatando-a da rebelião do pecado e integrando-a na sua comunhão eterna. Como se depreende, trata-se sempre do Transcendente que pervade o imanente tornando-o transparente[5].

Se a razão carregada pela fé não alcança entender sequer o fundamental de Deus, nem por isso se entrega ao desespero ou à resignação. A própria razão amigavelmente reconhece que "Deus pode ser aquilo que nós não podemos entender"[6].

3 Vimos a sua glória!

Quando o mistério se revela, manifesta a glória de Deus trino. Que significa aqui glória? Glória consiste na manifestação de Deus trino assim como Ele é. Glória implica mais do que revelar a existência da Trindade; é mostrar a sua presença. A presença é a existência potenciada, entregue, comunicada. Por isso, à presença e à glória estão conexas outras realidades: o resplendor, o amor benevolente, a filantropia divina como diziam os Padres. A esta presença percebida, as pessoas respondem com a alegria, o fascínio e o sentimento de estar salvas e repletas de graça. Com razão

---

5. Cf. as oportunas reflexões de SCHEEBEN, M.J. *Die Mysterien des Christentums*. Vol. 2. Friburgo, 1951, p. 21-41. • RAHNER, K. "Über den Begriff des Geheimnisses in der katholischen Theologie". *Schriften zur Theologie*. Vol. 4, p. 51-99. • MILANO, A. "Trinità". *Dizionario Teológico Interdisciplinare*. Vol. 3. Turim, 1977, p. 482-483. • BRUNNER, A. *Dreifaltigkeit* – Personale Zugange zum Geheimnis. Einsiedeln, 1976, p. 20-21.

6. SANTO HILÁRIO. *De Trinitate* III, 1.

dizia Karl Barth: "A Trindade de Deus é o mistério de sua beleza. Negá-la é ter um Deus sem esplendor, sem alegria (e sem humor!), um Deus sem beleza"[7]. A beleza de Deus se mostrou; aí está a sua glória manifestada. Ninguém melhor do que a epístola a Tito mostra a consciência desta presença graciosa de Deus trino: "*Um dia* apareceu a bondade de Deus, nosso Salvador, e seu amor para com os homens. E não por causa das obras de justiça, que tivéssemos praticado, mas unicamente em virtude de sua misericórdia, Ele nos salvou mediante o batismo de regeneração e renovação do Espírito Santo, que abundantemente derramou sobre nós por Jesus Cristo, nosso Salvador" (Tt 3,4-6). A glória de Deus é o homem vivo, redimido, o pobre reintegrado em sua justiça e no seu direito.

A glória da Trindade aparece no maravilhamento das pessoas, os "diletos de Deus" (Rm 1,7), os "amados do Senhor" (2Ts 2,13), na exclamação: "com que amor o Pai nos amou!..." (1Jo 3,1). Ou com aqueloutra: "Quem nos separará do amor de Cristo... Nada nos poderá separar jamais do amor de Deus, em Cristo Jesus, nosso Senhor" (Rm 8,35-39); "o Filho de Deus me amou e se entregou por mim"! (Gl 2,20). Por fim se faz uma afirmação globalizante de todo o processo de autocomunicação divina: "Deus tanto amou o mundo a ponto de entregar seu próprio Filho único" (Jo 3,16).

A resposta a esta glória comunicada não pode ser outra senão dar glória, devolver amor, cantar loas ao mistério (cf. Rm 11,33): "quanto a nós, amemos porque Deus nos amou primeiro" (1Jo 4,19). Quando os cristãos rezam o "Glória"

---

7. *Kirchliche Dogmatik*, II, 1, 2.

se situam nesta atitude responsorial. Agradecem à Trindade sua revelação e comunicação, ao Pai que nos enviou seu Filho para nos libertar e o Espírito como amor derramado em nossos corações (Rm 5,5), ao Filho porque nos comunicou o rosto misericordioso do Pai e ao Espírito que nos faz acolher o Filho e gritar: *Abba*, meu Pai querido! (Rm 8,15; Gl 4,6). Eles podem dizer da Trindade o que João disse de Jesus Cristo: "Nós vimos a sua glória"! (Jo 1,14). Não é sem razão que os maiores teólogos que vislumbraram com seus aprofundamentos as dimensões do mistério trinitário como São Gregório Nazianzeno, o Pseudo-Dionísio e Santo Agostinho terminassem com orações ardorosas de louvor e agradecimento, sempre conscientes de suas limitações[8]. Na verdade, terminamos com o silêncio da razão para deixar o coração extravasar sua admiração. Bem dizia, referindo-se à Trindade, Santo Tomás: "A Deus honramos com o silêncio, não porque não temos nada a falar e a indagar sobre Ele, mas porque tomamos consciência de que sempre ficamos aquém de sua compreensão adequada"[9]. Este silêncio reverente representa a fala adequada do fiel face ao mistério da Santíssima Trindade.

4 Motivos para a glorificação

A glorificação vive da contemplação do mistério Trinitário seja em sua expressão econômica (como se revelou para nós na história), seja em sua dimensão imanente (como Deus é em si mesmo desde toda a eternidade), seja

---

8. Cf. a longa oração de Santo Agostinho no final do *De Trinitate,* XV, 28, 51.

9. *In Boet. de Trinitate:* Prooem. q. 2, a. 1 ad 6.

em seu significado salvífico-libertador. Consideremos cada um destes pontos anteriormente já abordados.

O Novo Testamento nos manifesta o processo de revelação do mistério trinitário no percurso da caminhada de Cristo e da irrupção do Espírito nas comunidades primitivas. Jesus revela o Pai como misericordioso, como o Pai do filho pródigo e da ovelha perdida. Sente-se enviado deste Pai. Sua ação visa instaurar o senhorio do Pai enquanto liberta as pessoas de suas opressões concretas. Liberta em virtude de uma energia e de um entusiasmo que o habita e que causa admiração nos presentes. É o Espírito Santo que assim se manifesta por Jesus e que unido a Ele também age na história. Jesus revela especialmente a união e a comunhão que vigora entre Ele, o Pai e o Espírito. Ele nunca está só, mas sempre relacionado. Mesmo na cruz, onde experimenta o abandono do Pai, continua ainda a suplicá-lo como o "meu Deus"; é nas mãos do Pai que entrega o seu espírito.

Todo este processo de revelação ocorre nas várias expressões da vida humana de Jesus: na oração agradecida, no anúncio da boa-nova, na ação junto ao povo, no enfrentamento com os fariseus, nos gestos de cura e exorcismo, no convívio com os apóstolos. A revelação se dá por palavras, por obras, por atitudes assumidas por Jesus. Contemplar os "mistérios/sacramentos da carne de Jesus" é o caminho doxológico que nos conduz à ação de graças, à adoração e à interiorização do mistério trinitário.

A Trindade econômica é a porta para a Trindade imanente. Deus se revela assim como é em si mesmo, isto é, como Pai, Filho e Espírito Santo. As gestas do Filho encarnado e do Espírito Santo atuando na história, a partir de sua vinda sobre Maria, deixam entrever as ações intra-trinitárias. O Pai será eternamente a vida em seu mistério radical e obscuro. O Filho, a vida em seu mistério luminoso porque recebido do Pai e retribuído a Ele em amor filial. O Espírito será para sempre o mistério de vida que une a fonte ao caudal e o caudal (Filho) à fonte (Pai). Em virtude da vida comunicada um ao outro e do amor que jorra entre os três em comunhão suprema aparece a unidade dos três Únicos. As três Pessoas constituem uma só comunhão, um só Deus trino.

Todo este mistério é significativo em si mesmo. Basta contemplá-lo para nos causar alegria e êxtase do espírito. Deus é glorificado por Ele mesmo porque a glória da diversidade de Pessoas e da unidade de comunhão se apresenta tão fascinante que não cabe outra atitude senão a exclamação, o cântico, a louvação, a adoração e ação de graças. Esta glorificação se acrescenta quando nos damos conta de que somos envolvidos por esta comunhão trinitária: as três Pessoas querem introduzir todas as pessoas e seu mundo nesta mesma vida borbulhante e comunitária. Tal comunhão não se dá como promessa de um futuro ainda por vir; ela já ocorre no meio das pessoas e das comunidades. Ela é vivida quando efetivamente se saboreia comunhão de ser e de ter. A Trindade se comunica como Trindade quando se estabelece a comunhão na terra. Ela é vivida também como esperança e antecipada nesta esperança quando os oprimidos e seus aliados lutam contra as rupturas e as opressões. A comunhão trinitária é fonte de inspiração, fator de protesto, paradigma de construção.

IX

Glória ao Pai: origem e fim de toda libertação

Pode-se falar de muitas maneiras de Deus como Pai[1]. Numa perspectiva cosmológica, e então Deus é considerado Pai por ter criado o universo; esta denominação é frequente nas religiões do mundo. Num sentido *político*, como no Antigo Testamento, Deus é Pai por ter criado, escolhido e libertado seu povo (cf. Ex 4,22; Is 63,16; Jr 31,9). Num sentido *espiritual*: Deus é Pai por mostrar piedade e misericórdia, refúgio e proteção aos piedosos, pecadores e abandonados (cf. Sl 27,10; 103,13; Is 63,15; 64,7). Num sentido *psicológico*: Deus é vivenciado como Pai, aconchego supremo do desamparo humano, realização utópica de nossa sede de imortalidade e onipotência. Todos estes sentidos possuem seu valor, também teológico; mas não é esta a perspectiva assumida neste capítulo. Refletiremos sobre o Pai numa perspectiva *trinitária*[2], como a primeira Pessoa

---

1. Cf. a obra que resume as várias perspectivas: *Das Vaterbild im Mythos und Geschichte,* publicada por H. Tellenbach. Stuttgartt, 1976. A obra clássica é aquela de JEREMIAS, J. *Abba, Studien zur neutestamentlichen Theologie und Zeitgeschichte.* Göttingen, 1966. • BOFF, L. *O Pai-nosso.* Petrópolis. 1979. • LE GUILLOU, M.-J. *Il mistero del Padre.* Milão, 1979. • VV.AA. *Il mistero del Padre.* Collevalenza, 1983.

2. Cf. BOUYER, L. *Le Père Invisible.* Paris, 1976. • GALOT, T. "Pour une theologie du Père". *Esprit et Vie,* 94, 1984, p. 497-503, 661-669; 95, 1985, p. 295-304; todo o número 163 da revista *Concilium* de 1981: Deus Pai?

da Trindade, Pai que gera o Filho e que junto com o Filho (e através do) espira o Espírito Santo no sentido analógico destas palavras, como foi dito. Refletiremos numa dupla dimensão: na primeira consideraremos a revelação do Pai na história da salvação, como no-lo deu a conhecer o Filho encarnado (Trindade econômica); numa segunda, meditaremos sobre o Pai no seio da Trindade e suas relações pericoréticas com o Filho e o Espírito Santo (Trindade imanente). Faremos valer a convicção de que o Pai se revela assim como é em si mesmo; o que contemplamos dele no tempo é uma revelação do que é na eternidade. Além disso, os divinos Três estão sempre relacionados, de tal sorte que jamais se poderá falar tão somente do Pai sem sua comunhão com as outras Pessoas e vice-versa.

1 O Pai invisível, mistério insondável

De Deus Pai a fé cristã não possui nenhuma imagem. O Filho apareceu em forma humana na figura de Jesus de Nazaré. O Espírito em forma de pomba. O Pai é invisível. Os testemunhos do Novo Testamento são claros: "A Deus ninguém viu. O Filho Unigênito que está no seio do Pai foi quem no-lo deu a conhecer" (Jo 1,18; 6,46; 1Tm 6,16; 1Jo 4,12). Ele é um mistério abissal; quanto mais nele penetramos mais aumenta nosso conhecimento e mais para longe se estendem as margens do oceano infinito da vida divina. O Pai é aquele que eternamente é, antes que houvesse qualquer criatura. O Deus Pai é mais originário do que o Deus criador. Mesmo que não houvesse criação (ela não é necessária, mas fruto da comunhão trinitária expandida para fora, livremente), Deus seria Pai porque desde sempre está gerando e entrando em comunhão com o Filho. Bem dizia o Jesus de São João: "Pai..., me amaste antes da criação do mundo" (Jo 17,24)[3].

Este Pai, mistério insondável, foi-nos revelado por Jesus Cristo, seu Filho unigênito. Jesus é sem dúvida o Filho de Deus, mas mais corretamente e dentro da perspectiva trinitária Jesus é Filho do Pai. O Pai é sempre o Pai de Nosso Senhor Jesus Cristo (Rm 15,6; 1Cor 1,3; 2Cor 11,31; Ef 3,14 etc.), paternidade eterna, pertencente à essência do próprio Deus. Se o Pai é invisível, então nosso único acesso é pelo Filho e pelo Espírito que vêm dele. Fora da revelação única que o Filho e o Espírito nos entregam, Deus Pai não passa de sinônimo de Deus criador. Por Jesus descobrimos o Pai, o Filho e o Espírito como sendo a realidade do único e verdadeiro Deus, a Trindade santa.

Vejamos como o Filho Jesus nos revelou o Pai eterno.

2 "Ninguém conhece o Pai senão o Filho"

Num contexto de oração e de grande densidade espiritual ("inundado de alegria do Espírito", nos diz Lucas 10,21), Jesus se apresenta como o revelador do Pai: "Tudo me foi entregue pelo Pai. De modo que ninguém conhece o Filho senão o Pai e ninguém conhece o Pai senão o Filho e aquele a quem o Filho quiser revelar" (Mt 11,27; Lc 10,22). Jesus faz uma experiência extremamente íntima com seu Deus; chama-o com a palavra de balbucio *Abba,* por 170 vezes nos evangelhos. Que significa "o meu querido Paizinho"? Apenas que Deus-Pai é o criador deste

---

3. Cf. as reflexões de AUBIN, P. *Dio-Padre-Figlio-Spirito*. Turim, 1978, p. 83-84.

homem piedoso e profético Jesus de Nazaré? A consciência de Jesus que os evangelhos sinóticos deixam entrever e os aprofundamentos que o Evangelista João fez a partir de sua convivência com Jesus apontam para um mistério. O Pai não é o criador, mas o gerador de um Filho. Jesus chama a Deus de Pai porque se sente seu Filho. A relação de paternidade e de filiação resulta da geração. A frase de Jesus: "tudo me foi entregue pelo Pai" (Mt 11,27) encerra o verdadeiro segredo: o Filho recebeu todo o seu ser do Pai. Porque é assim, o Jesus de São João podia dizer com toda a verdade: "o que é meu é teu, o que é teu é meu" (Jo 17,10). Depois completa a afirmação, mostrando a identidade que vem da mútua interpenetração e comunhão: "eu e o Pai somos uma coisa só" (Jo 10,30). Esta consciência de Jesus não passou despercebida aos adversários que decidiram condená-lo à morte "porque chamava a Deus seu próprio Pai, se fazendo igual a Deus" (Jo 5,16). Porque o Pai engendra o Filho existe uma prioridade do Pai expressa por Jesus com a frase que só é bem-entendida numa leitura trinitária de Deus: "O Pai é maior do que eu" (Jo 14,28). Pelo fato de receber tudo do Pai, o Pai é fonte originária, mas porque possui tudo o que o Pai possui é igual a Ele. Por isso "quem me viu, viu o Pai" (Jo 14,9).

A própria denominação de Deus de *Abba* mostra a profunda intimidade que existe entre Jesus e seu Pai. Ele fala em "meu Pai". Confessa que nunca "está só" porque "o Pai está em mim" (Jo 16,32; 8,29); mais ainda dá a conhecer a interpenetração um no outro: o Pai nele e Ele no Pai (Jo 17,21).

3 Em nome do Pai, o Filho Jesus liberta os oprimidos

Jesus se sente enviado do Pai. O Pai constitui o modelo de sua ação: "o Filho nada pode fazer por si mesmo. Ele só faz o que vê o Pai fazer" (Jo 5,19). O Pai é protótipo da misericórdia, da acolhida do filho pródigo e do amor aos pequeninos. Se o próprio Jesus fez pessoalmente uma opção pelos pobres e marginalizados de seu tempo, não é, certamente, por um mero impulso humanitarista, mas em virtude de seu encontro com o Pai. "O Pai ressuscita os mortos e lhes dá a vida, assim também o Filho dá a vida aos que quiser" (Jo 5,21). Por isso Jesus, em nome do Pai, cura, entra em conflito com a imagem legalista de Deus do judaísmo de então, passa por cima do sacrossanto dia do sábado (cf. Mc 3,1-6). Jesus invoca a Deus como Pai no interior de uma ação de libertação[4]. Jesus não elabora nenhuma doutrina sobre o Pai. Vive a experiência do Pai na prática de aproximação aos caídos, de oferecimento de perdão aos perdidos e dispostos à conversão, de convivência com pessoas tidas de má companhia. Sua prática é sempre libertadora, nascida do encontro com o Pai. Ao justificar um milagre em dia de sábado revela sua atitude de fundo em relação ao Pai: "Meu Pai trabalha até o presente e eu também trabalho" (Jo 5,17).

A grande causa do Pai é o estabelecimento do Reino. Reino aqui não significa a dominação de Deus no estilo dos poderosos deste mundo. É a inauguração da bondade, da misericórdia, da renúncia à prepotência em função do serviço; implica a exaltação do humilde e o restabelecimento

---

4. DUQUOC, C. "Jesús el no-teólogo". *Dios diferente*. Salamanca, 1978, p. 39-51.

do direito violado. Reino supõe uma grandiosa e global libertação, por isso sua irrupção é boa notícia. Já começou com a presença do Filho Jesus, mas está aberto ainda a um processo de realização, na medida da adesão das pessoas. Por isso é continuamente objeto da esperança e da súplica: "Venha o teu Reino" (Mt 6,10; Lc 11,2).

O Reino do Pai começa a se realizar na história e no meio dos homens. Por isso Jesus, em sua experiência carregada de ternura, descobre o Pai também dentro da criação, nas aves do céu que não semeiam nem colhem e que são alimentadas pelo Pai celeste (cf. Mt 6,26). Entrevê também o Pai como Providência, Pai que conhece as necessidades humanas (Mt 6,32). Não se trata aqui da percepção do Criador, mas do Pai cuja paternidade se irradia na criação e que é captada filialmente por Jesus.

4 A paternidade como base para a fraternidade universal

Importa compreendermos corretamente a paternidade universal de Deus. Comumente se compreende a paternidade como consequência do mistério da criação. O Pai criou a todos, por isso todos são filhos e filhas. Nesta perspectiva nos situamos ainda dentro do monoteísmo seja veterotestamentário, seja a-trinitário, das religiões: atribuímos a Deus a paternidade, metaforicamente, porque Ele criou todos os seres. Na perspectiva trinitária, a paternidade é própria da Pessoa do Pai. O Pai gera o Filho unigênito. Neste mesmo amor com o qual gera o Filho, dá origem a todos os demais seres no Filho, pelo Filho, com o Filho e para o Filho. Todos são assim imagem e semelhança do Pai e do Filho no qual foram feitos (cf. Jo 1,3; Cl 1,15-17). Todos os seres participam da filiação do Filho unigênito, são filhos e filhas no Filho (cf. Rm 8,29). Porque são todos filhos e filhas, são também todos irmãos e irmãs, por participação na filiação do Filho, Jesus Cristo, "primogênito entre muitos irmãos" (Rm 8,29) e irmãs. Esta paternidade é mais do que o resultado da criação; ela se deriva da geração eterna do Filho no qual são pensados e amados todos os companheiros no amor, feitos também por participação e adoção filhos e filhas do Pai eterno. Assim os seres não são meras "criaturas", exteriores ao mistério trinitário. Eles encontram sua razão de ser na superabundância de vida, de amor e de comunhão que sai do Pai, se extravasa no Filho e deságua no Espírito Santo. Se quisermos manter a palavra criação, então devemos dizer: o Pai cria pelo Filho na força do Espírito Santo. A partir do Filho unigênito todos são filhos e filhas. A teologia introduziu a distinção entre Filho unigênito e filhos/as adotivos/as para marcar a diferença entre a fonte divina e suas imagens e semelhanças fora do círculo trinitário, na criação. O Filho não é criado do nada, mas gerado da substância do Pai; os demais seres são do nada, mas no Filho e no mesmo movimento pelo qual o Filho é concebido e nascido. Esta adoção não deve ser entendida juridicamente (ato pelo qual alguém assume a um estranho em sua própria família), mas ontologicamente, vale dizer, de forma real sem figura e metáfora. Somos filhos e filhas de fato no Filho Jesus (cf. 1Jo 3,1).

Após a ressurreição Jesus nos dá a consciência desta paternidade, respectivamente fraternidade universal. Aos discípulos chama de "meus irmãos" enquanto diz: "subo ao meu Pai e vosso Pai" (Jo 20,17). O Pai de Jesus se tornou nosso Pai. Por isso podemos invocá-lo "Pai nosso que estais nos céus". Dito trinitariamente: o Pai gera a vida divina nas pessoas. Elas se fazem real e concretamente filhas no Filho que eternamente está sendo gerado. A distinção entre "meu Pai" e "vosso Pai" aponta para esta distinção entre a geração eterna e natural e a geração temporal e adotiva (mas real). Místicos houve, como o Mestre Eckhart, que chegaram afirmar a eterna geração do Filho por parte do Pai no coração dos filhos e filhas[5]. Em outras palavras: eternamente o Pai está gerando o Filho e simultaneamente projeta com o Filho seus irmãos e irmãs criados à sua imagem e semelhança. Ao amar as pessoas como seus filhos e filhas o Pai está gerando, como num ato único, o próprio Filho eterno, fruto primogênito de seu amor.

Esta compreensão trinitária da paternidade universal de Deus é importante para evitar a unilateralidade da religião do Pai como a criticamos já no primeiro capítulo. Aí Deus é apresentado como o Grande Pai porque é criador do céu e da terra. Como tal é a autoridade suprema do universo. Dele se derivam em hierarquias as demais autoridades religiosas e civis. Como há uma só autoridade eterna, assim se firma a tendência de haver uma só autoridade no mundo ou nos vários campos do mundo: um só chefe político, um só chefe militar, um só líder social, um só cabeça religioso, um só portador da verdade etc. Deus vem apresentado como o grande Superego universal, solitário e único. Grande parte do ateísmo moderno das sociedades avançadas modernas não significa outra coisa do que a ne-

---

5. Cf. *Deutsche Predigten und Traktate,* publicado e traduzido por QUINT, J. Munique, 1977, p. 185.

gação deste tipo de Deus autoritário, da religião patriarcal, obstaculizador das liberdades humanas[6].

Quando, na verdade, pensarmos a paternidade divina na relação Pai e Filho acrescida da filiação dos demais filhos e filhas adotivos, então descobrimos a comunhão e a fraternidade universal. Porque somos todos filhos e filhas no Filho, porque o Filho eterno se fez pela encarnação Filho temporal de Maria, somos todos verdadeiramente irmãos e irmãs. O Pai nunca está sem o Filho e os filhos e as filhas. Quando renunciamos a esta ligação, então emerge o Pai patriarcal, criador de todos, mas só e único, concepção passível de ser manipulada politicamente para dar fundamento ideológico ao autoritarismo ou ao "senhor, ao rei ou ao caudilho pela graça de Deus". O patriarcalismo e paternalismo que tanto humilharam os pobres ao longo da história recebem a partir do Pai de Jesus Cristo sua maior crítica e sua rejeição. Claramente disse Jesus: "não chameis pai a ninguém na terra porque um só é vosso Pai, aquele que está nos céus" (Mt 23,9). A partir da filiação universal pode-se instaurar a sociedade de irmãos e de irmãs, todos filhos e filhas, unidos ao Filho unigênito em comunhão de amor com o Pai.

A verdadeira religião do Pai inclui sempre o Filho e os filhos e filhas no Filho, impedindo destarte os desvios autoritários e as imagens opressoras de Deus como Senhor absoluto, Juiz supremo e Pai solitário.

---

6. Cf. LUBAC, H. *Athéisme et sens de l'homme*. Paris, 1968. • FABRO, C. *Introduzione all'ateismo moderno*. Roma, 1964. • VV.AA. *L'ateismo contemporâneo*. 4 vols. Turim, 1968s.

5 O Pai maternal e a Mãe paternal

A denominação de Pai a Deus não implica uma linguagem sexista. Bem compreendida, inclui também a denominação de Mãe, pois Pai significa o único princípio de geração. Este princípio pode ser expresso pelo pai ou pela mãe, o que na geração humana corresponde à paternidade e à maternidade. A própria terminologia da Tradição sugere uma representação transexista de Pai; assim diz-se que o Filho é gerado pelo Pai, não criado, nasce do Pai e não é feito pelo Pai. Ser gerado e nascer pode ter por princípio também a mãe. Assim, por exemplo, o Concílio de Toledo (675) afirma sintomaticamente que "devemos crer que o Filho não procede nem do nada nem de outra substância, mas que foi gerado e nascido (*genitus vel natus*) *do útero do Pai,* isto é, de sua substância" (DS 526). O Pai aqui possui traços maternais. Somente mediante as figuras do pai e da mãe terrestres podemos representar toda a riqueza da paternidade divina. Por isso podemos dizer, sem ferir a compreensão dogmática, que o Pai na sua geração do Filho e na sua espiração (com o Filho e junto com o Filho) do Espírito Santo pode também ser chamado de Mãe. Então melhor diríamos, para sermos fiéis às insinuações da linguagem bíblica que apresenta Deus tanto sob os traços paternos quanto sob os traços maternos, que o Pai é maternal e a Mãe é paternal[7].

---

7. Cf. MOLTMANN, J. "O Pai maternal". *Concilium*, 163, 1981, p. 60-66.
• MOLTMANN, J. "Ich glaube an Gott den Vater – Patriarchalische oder nichtpatriarchalische Rede von Gott". *Evangelische Theologie*, 43, 1983, p. 397-415. • ARMENDARIZ, L.M. "El Padre maternal". *Estudios Eclesiásticos*, 58, 1983, p. 249-275. Cf. o conhecido livro de DALY, M. *Beyond Cod the Father*. Boston, 1973.

Com efeito, o próprio Antigo Testamento, por várias vezes, apresenta o amor de Deus ao seu povo sob a figura da mãe. "Pode uma mulher esquecer seu bebê, deixar de querer bem ao filho de suas entranhas?" (Is 49,15). A ternura e o consolo são expressões do amor materno. O oráculo profético diz: "Como uma mãe consola o filho, assim eu vos consolarei" (Is 66,13). Uma das características fundamentais do Deus da revelação é a misericórdia (cf. Ex 33,19; 34,6-7). Esta misericórdia é apresentada sob a figura das entranhas maternas (*rahamim*)[8]. Na Parábola do Filho Pródigo a reação do pai face ao filho que volta arrependido evoca as entranhas maternas: "ainda longe o pai o viu e, comovido em suas entranhas, correu-lhe ao encontro e se lançou ao pescoço, cobrindo-o de beijos" (Lc 15,20). Os traços são aqui paternais e maternais simultaneamente. A misericórdia é a grande perfeição do Pai maternal que Jesus nos pede que imitemos: "Sede misericordiosos como vosso Pai é misericordioso" (Lc 6,36). Numa palavra, para caracterizar quem é o Pai, não bastam as características do pai terreno. Devemos acrescentar-lhe também as perfeições da mãe. O Pai de Jesus somente é Pai se for também Mãe. Nele se encontram reunidos o vigor do amor paterno e a ternura do amor materno. Somente assumindo as duas figuras de Pai e Mãe eternos expressamos aquilo que na fé cremos: há um mistério último, aconchegador, fonte e princípio de tudo, que nos convida à comunhão, do qual tudo vem e para o qual tudo vai: o Pai e a Mãe celestes. Em comunhão com o Pai e Mãe eternos se superam as divisões e as servidões; inaugura-se o Reino da confiança dos filhos

---

8. Cf. a encíclica de João Paulo II, *Dives in Misericordia*, n. 4, nota 52, cheia de textos bíblicos acerca deste aspecto maternal de Deus.

e filhas, livres, iguais, membros da família divina. Jesus nos ensinou a clamar *Abba*. O Filho nos revelou nossa própria filiação. O mistério mais absoluto (Pai) se faz próximo e íntimo (nos filhos e filhas e no Filho encarnado). Que podemos dizer do Pai nele mesmo em sua eternidade?

6 O Pai na Trindade imanente: o princípio sem princípio

A partir do que nos disse o Filho de seu Pai podemos entrever algo do mistério do Pai, na dimensão imanente da Trindade. Quando a teologia fala de Deus Pai quer se referir ao mistério absoluto e insondável que subjaz a toda a realidade divina e criada. Trata-se sempre de um mistério de vida, de comunhão e de irrupção para todas as direções. A partir deste mistério amoroso tudo mais deve ser iluminado e entendido. Os textos do Magistério falam dele como princípio sem princípio (DS 1331); tudo o que tem, o tem por si mesmo desde toda a eternidade (DS 1331), fonte e origem de toda a divindade (DS 490; 525; 3326). Os gregos diziam que o Pai é a causa originária (*archê*) e a fonte primordial (*peghê*) de tudo no âmbito da Trindade e da criação. Os latinos traduziam estes dois conceitos por princípio. É notório que, na concepção da Igreja ortodoxa, o Pai é propriamente Deus. Sem nada perder transfere a plenitude de sua divindade ao Filho e ao Espírito Santo. Esta centração da divindade no Pai nem sempre evitou uma compreensão subordinacionista. As formulações litúrgicas da Igreja Antiga conservavam certa ambiguidade de formulações acerca da identidade de substância das três divinas Pessoas. A doxologia litúrgica inicialmente era: "Glória ao Pai pelo Filho". São Basílio a modificou para enfatizar também a divindade do Filho e do Espírito Santo assim: "Glória ao Pai com o Filho e com o Espírito Santo"[9]. Mas aí não aparecia ainda claramente a igualdade de natureza-comunhão. Por fim chegou-se à formulação atual: "Glória ao Pai, ao Filho e ao Espírito Santo" dando conta plenamente da simultaneidade da divina natureza-comunhão dos divinos Três.

Este mistério impenetrável se entrega como inteligibilidade, como luz que tudo ilumina e tudo torna transparente, como supremo sentido. Tal é o Filho gerado do Pai. O Filho é outro, mas não outra coisa que o Pai. Por isso o Filho possui tudo o que o Pai possui, em comunhão e mútua interpenetração, menos o fato de o Pai ser Pai. O Pai transmite ao Filho também o poder espirar junto o Espírito Santo. A diferença – Pai e Filho – possibilita uma relação de comunhão, de entendimento, de amor, de mútua entrega. Emerge assim a união e o recíproco dom. É o Espírito Santo. O Pai, portanto, vem determinado por duas relações originárias, o Filho e o Espírito Santo.

Como já asseveramos anteriormente, este pensamento orientado pela causalidade é profundamente analógico. Não nos deve dar a ideia de uma derivação, como se estivéssemos no campo da cosmologia. Aqui sempre se coloca a questão da origem: Donde vem o mundo? A redução a uma cadeia infinita de causalidades é impossível; por isso concluímos por uma causa última e transcendente de todos os seres. No âmbito trinitário não pode ser assim. Aqui tudo é eterno e simultâneo. Pai, Filho e Espírito Santo

---

9. *De Spiritu Sancto*, 6 f.

emergem de forma simultânea e originária. Com razão ensinava o Concílio de Toledo (675): "Sem início e antes dos séculos o Filho é nascido da substância do Pai" (DS 526). O mesmo vale para o Espírito Santo, como o enfatizou o Concílio do Latrão (1215): sem início, sempre e sem fim, sendo consubstancial, coonipotente e coeterno (DS 800; cf. 850, 1331, 1986). As processões e derivações de um e de outro são fundamentais para um pensamento que arranca da unidade e da identidade de Deus. Se partirmos, diretamente, da fé trinitária no Deus cristão sendo Pai, Filho e Espírito, como realidades igualmente fontais e originárias, a unidade emergirá como expressão da eterna comunhão e essencial interpenetração de vida e de amor entre os divinos Três. Esta representação, assim nos parece, acolhe melhor a novidade cristã do primado do amor e da comunhão no nosso acesso a Deus e na compreensão do que seja Deus em si mesmo, vale dizer, eternamente comunhão das Pessoas eternas.

O pensamento das processões continua a ter sentido, pois se mantém fiel à linguagem do Novo Testamento e da teologia magisterial da Igreja; por outro lado, traduz de maneira analógica uma apropriação aceitável para o espírito humano da trindade de Pessoas, sem com isso multiplicar Deus, permanecendo de pé a unidade e unicidade de Deus. Além disso, como poderíamos falar do último e do inefável senão apelando para os conceitos-limite, os mais sagrados de nossa linguagem, que são aqueles da geração da vida e da comunhão no amor? O pensamento que se articula pelas processões mostra a um tempo a diferença em Deus e também a reciprocidade das Pessoas. Uma não é a outra, mas essencialmente está vinculada à outra. O

Pai será sempre Pai do Filho, o Filho será eternamente da mesma natureza do Pai e em comunhão infinita com Ele. O Espírito é desde sempre e será para sempre o dom do Pai e do Filho. Este círculo de amor não se fecha sobre si mesmo, mas se abre para o universo da criação como expressão da superabundância de vida intratrinitária para além do frente a frente das Pessoas, fazendo surgir outras diferenças nas quais Deus pode estar também em comunhão e amor.

Os grandes teólogos que criaram a terminologia trinitária e se abismaram no mistério sacrossanto tinham consciência da obscuridade daquilo que chamamos processões. Santo Hilário de Poitiers, autor de um importante tratado sobre a Trindade, escreve: "A geração é o segredo do Pai e do Filho. Se alguém acusar a fraqueza da inteligência pelo fato de não conseguir compreender este mistério, embora compreenda separadamente as palavras Pai e Filho, certamente ficará ainda mais acabrunhado ao saber que também eu estou na mesma ignorância. Sim, também eu não sei, e desisto de saber embora me console, pois os arcanjos o ignoram, os anjos não possuem a inteligência deste mistério, os séculos não o podem compreender, o profeta não o entende, o Apóstolo não o indagou e o próprio Filho não nos disse nada acerca disto. Deixemos, pois, de lamentar-nos"[10].

São Gregório de Nissa diz mais ou menos a mesma coisa com certo nervosismo face àqueles que têm pouca sensibilidade pelo mistério: "Como o Filho é gerado? Respondo com o desdém que esta pergunta merece: a geração de Deus recebe a honra do silêncio. Já é muito para ti que o Filho é gerado. Quanto ao como, não o foi concedido saber

---

10. *De Trinitate*, 11, 9.

nem aos anjos e muito menos a ti. Quer que te explique como? Bem! É como o conhece o Pai que gera e o Filho que é gerado. Tudo o mais se esconde na nuvem, se subtrai à tua miopia"[11]. Se falamos de geração, sem embora saber exatamente o que significa, é porque, enfatiza São Gregório de Nissa, a noção de Pai e de Filho no-lo sugerem. Dizendo que Deus é Pai, princípio sem princípio, fonte e origem de tudo, queremos dizer que Deus jamais está só. Embora exista independentemente da criação, o Pai jamais está sem o Filho e é inconcebível sem o Filho; vigora uma inter-relação entre eles como semelhantemente existe entre a paternidade e a filiação.

7 A economia do Pai: a misteriosidade da criação

Por esta expressão, *a economia do Pai*, queremos responder à seguinte pergunta: Como o Pai aparece enquanto Pai na criação? A economia significa o modo e o processo de atuação do Pai na criação e na salvação dos homens. Novamente devemos reconhecer o caráter de mistério que cerca esta indagação. O Pai é de *per si* invisível e inefável porque Ele é o princípio a partir do qual tudo o mais existe e é entendido. A compreensão é sempre compreensão do já principiado. A origem é, por definição, inacessível. Mas, apesar destas limitações insuperáveis, podemos discernir alguns vestígios do Pai na ordem da criação. Consideramos acima que a criação é fruto do amor eterno do Pai para com o Filho. Ao gerar o Filho, projeta simultaneamente os possíveis imitáveis, os filhos e filhas no Filho. No âmbito intratrinitá-

---

11. *Orat.* 29, 8.

rio, a criação já aparece como eternamente pensada e amada no ato mesmo de pensar e amar o Filho. Em razão disto podemos dizer que a criação do universo (coisas e pessoas) cabe fundamentalmente ao Pai. A partir da fecundidade eterna do Pai (gera o Filho e espira junto com o Filho o Espírito) a criação é obra de toda a Trindade. A criação, pois, não é apenas o efeito de um ato da vontade eterna posterior, mas é uma expressão da vida íntima e pericorética de Deus, vida que se expande, cria diferentes para poder se autocomunicar a eles e entrar em comunhão com eles.

Tudo o que tem a ver com criação e origem é expressão da presença inefável do Pai. O surgimento da vida humana é um mistério de ternura: é sacramento que nos remete à fecundidade eterna do Pai. O aparecimento de um novo ser, mesmo infra-humano, suscita o respeito devido ao mistério: é um sinal da presença do Pai na sua criação.

Tudo o que concerne ao mistério, ao que desafia sempre, de novo nossa capacidade de compreensão, tudo o que nos escapa na luminosidade que cega e por isso é indecifrável, tem a ver com o Pai. A misteriosidade do surgimento do mundo, o impenetrável do sentido da caminhada histórica dos homens e das mulheres, a profundidade abissal do coração de cada pessoa humana remetem para o mistério do Pai.

Pertence igualmente à economia do Pai a era da inconsciência da humanidade acerca da real natureza trinitária de Deus. O Deus descoberto e amado pelos homens sob a forma obscura de uma força cósmica, íntima e, ao mesmo tempo, transcendente, como um mistério que penetra a existência do mundo e da vida, mistério ainda sem nome: é a emergência do Pai na história. O *ignotus Deus* das religiões, o Javé da experiência judaica, na realidade, não era outro que o Pai eterno se revelando e se ocultando sob mil nomes entre as pessoas. Pertence à economia do Pai, como mistério absoluto, ser vivido sem ser nomeado conscientemente. Ele é a fonte escondida de todos os caudais. Estes remetem à origem, mas ela mesma está escondida e é invisível nos caudais.

Pertence, finalmente, à economia do Pai, o reconhecimento de que nós recebemos o ser de outro, de Deus. Jesus fez aqui sua experiência fundamental, como já o consideramos. Aceitar-se como derivado, na intimidade sentir-se ligado ao mistério que nos habita é possibilitar a denominação de Deus como Pai. Sabemos que este processo vem carregado de dramas, pois o desejo nos faz querer a imortalidade e a onipotência; o infantilismo pode nos representar o Pai como o refúgio de nossos medos no enfrentamento com a vida e como a realização utópica de nossos desejos frustrados e recalcados[12]. O pai resulta uma figura do imaginário que jamais será o Pai da experiência cristã. Quando assumimos nossa procedência e limitação (não somos imortais nem onipotentes), quando acolhemos nossa filiação, então podemos, livremente, nomear e invocar a Deus como Pai; então o Pai surge como o mistério de nossa origem, não olvidada ou recalcada, mas respeitada e aceita como a fonte de ser, de vida, de sentido que sustenta nossa limitada existência[13]. Deus aparece como Pai quando, na fé, nos sentimos irmãos e irmãs do Irmão Jesus, Filho

---

12. Cf. RICOEUR, P. "A paternidade: da fantasia ao símbolo". *O conflito das interpretações*. Rio de Janeiro, 1978, p. 390-414.

13. Cf. POHIER, J.M. *Au nom du Père*. Paris, 1972.

unigênito. Sendo filhos e filhas no Filho nossa origem não se reduz a um ato de amor do Pai que cria, mas a um ato eterno de geração do Filho que ecoa em nós, como seus irmãos e irmãs menores. Nossa origem se perde para dentro do mistério do Pai.

O Pai não aparece somente nesta dimensão ontológica, na medida em que é a sustentação de nosso ser e a resposta última de nossa origem. Ele é Pai também no processo de libertação dos oprimidos. Foi a propósito da libertação da servidão que Israel descobriu Javé como Pai: "Abraão não sabe de nós e Israel não nos conhece. Tu, Senhor, és nosso Pai e desde sempre te chamo nosso redentor" (Is 63,16). Javé é vivido como Pai na medida em que constituiu um povo. E, mais ainda, na medida em que libertou o povo da opressão. O Pai escuta o grito de seus filhos humilhados. Intervindo na história para de servos reconduzi-los à liberdade de filhos, o Pai manifesta sua criatividade. É o Deus da libertação, *goel,* vingador dos injustamente empobrecidos. Este Deus-Pai, longe de ser paternalista, lança os filhos, como lançou o Filho Jesus, a assumirem a própria tarefa, a sacudirem os grilhões e em seu nome construírem o Reino da liberdade dos filhos e filhas de Deus.

Por fim o Pai aparece como o padrinho e defensor dos pequeninos, daqueles que se encontram totalmente desamparados, como os órfãos, as viúvas, os estrangeiros e os despojados de todos os direitos. O Pai de todos os homens se faz íntimo destes, pois como generador de todos os bens, principalmente da vida, defende-os e protege-os e faz sua a causa destes últimos da terra. Seu Filho unigênito fez deles os primeiros destinatários de sua mensagem, os privilegiados dos benefícios do Reino, e por fim identificou-se com eles. O Pai se faz mais presente naqueles cuja filiação é mais negada e atropelada. Somente pessoas libertadas das opressões podem significar a paternidade e fraternidade universal.

X

Glória ao Filho: o mediador da libertação integral

Ao lado do Pai está o Filho a quem glorificamos nas palavras do Concílio Ecumênico Niceno-constantinopolitano (381) como "o Filho unigênito, nascido do Pai antes de todos os séculos, luz de luz, Deus verdadeiro de Deus verdadeiro, nascido, não feito, consubstancial com o Pai" (DS 150). Aqui se fazem duas afirmações fundamentais: o Filho nasce do Pai, por isso é Deus como o Pai, mas distinto dele como Filho; o Filho não é o Pai, embora provenha do Pai; em segundo lugar se diz que este Filho unigênito é consubstancial com o Pai. Por esta expressão *consubstancial* (*homooúsios*) se quer garantir a unidade em Deus. O Filho não é um segundo Deus, mas pela comunhão na mesma e única natureza é o único Deus. A consubstancialidade visa ainda mais longe: quer enfatizar a interpenetração de Pai e Filho. O Pai não pode existir sem o Filho, assim como o Filho não pode existir sem o Pai. Pai e Filho não se adicionam na divindade, mas por mútua exigência são o único Deus.

Quando se fala em Filho, o conceito Filho é estritamente trinitário; qualquer comparação com a filiação humana é apenas analógica. Por isso o Credo sublinha que o Filho não é criado, mas gerado e nascido da substância (natureza ou essência) do Pai. Em razão disto, Ele possui tudo em comum com o Pai, menos a paternidade (senão o Filho seria um segundo Pai). O mundo, como vimos no capítulo anterior, é projetado no Filho, mas como imitável e companheiro criado para glória de toda a Trindade. Deste Filho se professa que se encarnou e padeceu sob Pôncio Pilatos. Vejamos, rapidamente, como o Filho encarnado, Jesus de Nazaré, se mostrou como Filho. Não devemos esquecer nunca que todas as afirmações do Credo sobre o Filho unigênito do Pai dizem sempre respeito a Jesus de Nazaré. Como Jesus viveu humanamente sua relação filial com o Pai? Como, ao vivê-la, nos revelou que somos também filhos e filhas no Filho? Da filiação econômica podemos entrever, de algum modo, a filiação imanente. Primeiramente abordaremos a filiação econômica, depois nos deteremos na filiação eterna.

1 Como Jesus se apresentou como Filho

Não queremos repetir o que já se escreveu no capítulo segundo. Baste-nos a referência a alguns dados. Há um consenso muito grande entre os estudiosos na aceitação do fato de que os títulos de identificação de Jesus (Messias, Filho de Deus, Senhor etc.) possuem uma origem pós-pascal[1]. Por isso exegeticamente é difícil estabelecer as expressões

---

1. Diz o conhecido teólogo católico W. Kasper: "Impera hoje um grande consenso entre os exegetas sobre o fato de que a cristologia do Novo Testamento possui seu ponto de partida e seu fundamento na fé dos discípulos, que Jesus, o crucificado, ressuscitou dos mortos. Segundo isto, antes da Páscoa não houve nenhuma fórmula explícita da fé cristológica. Todos os títulos cristológicos de fundo bíblico como Cristo (Messias), Salvador, Servo de Deus, Filho de Deus e outros, são afirmações pós-pascais de fé, que Jesus mesmo jamais explicitamente reivindicou para si" (*Der Gott Jesu Christi*. Mainz, 1982, p. 210).

autênticas pelas quais Jesus de Nazaré revelou sua auto-consciência de Filho unigênito do Pai. De modo geral podemos dizer que o importante para Jesus não era apresentar-se como Messias libertador nem como o Filho eterno (realidades que certamente, assim formuladas, teriam escandalizado seus ouvintes), mas agir como quem vem investido da força libertadora e como quem assume a liberdade própria de quem fala em nome de Deus e se entende como vindo da parte de Deus. Entretanto, penso que do conjunto do Novo Testamento se deriva uma figura de Jesus que somente pode ser adequadamente interpretada quando se utilizam as categorias do divino[2]. A ressurreição significa, neste sentido, o clarão iluminador do mistério de Jesus. A partir deste fato único e escatológico podem se justificar as afirmações de que Ele é de forma divina (Fl 2,6) e que é o Filho eterno enviado ao mundo (Gl 4,4; Rm 8,3; Jo 3,16).

Sabemos da profunda intimidade com que Jesus se abria ao Pai. Quem chama a Deus de *Abba* se sente, sem dúvida, seu filho. Os evangelhos sinóticos, entretanto, nunca colocam na boca de Jesus a expressão Filho de Deus. Somente os demônios (Mc 3,11; 5,7), as vozes celestes no batismo de Jesus e em sua transfiguração (Mc 1,11; 9,7) e Pedro em sua confissão – tida como uma revelação divina (cf. Mt 16,16) – afirmam que Jesus é Filho de Deus. A massa zombadora ao pé da cruz atribui a Jesus a afirmação "Eu sou o Filho de Deus" (Mt 27,43), mas, como foi mostrado pela exegese, trata-se de um acréscimo do evangelista.

Duas vezes, contudo, a expressão absoluta Filho é usada por Jesus: "quanto àquela hora, ninguém a conhece,

---

2. Cf. BOFF, L. *Jesus Cristo Libertador*. 10. ed. Petrópolis, 1985, p. 153-172.

nem os anjos do céu, nem *o Filho* senão o Pai" (Mc 13,32), e aquela outra: "Tudo me foi entregue por meu Pai e ninguém conhece o Pai senão *o Filho* e aquele a quem *o Filho* quiser revelar" (Mt 11,27). Especialmente esta última passagem deixa entrever a autoconsciência de Jesus, apesar de que a expressão filho não tivesse no tempo de Jesus nenhuma significação messiânica. São João assume este título de Filho e o faz o eixo teológico principal de identificação de Jesus. Não é tanto uma doutrina sobre o Pai nem uma reflexão sobre o Filho que Jesus nos comunica. Ele mostra uma prática; comporta-se filialmente. É aqui que aparece, concretamente, o Filho[3].

2 Como Jesus se comportou filialmente

Já indicamos no capítulo segundo e no anterior a forma como Jesus revelou o Pai: numa prática de libertação, atuando em nome do Pai, assumindo a liberdade de Filho e dando-nos a consciência de sermos também filhos e filhas no Filho. Não queremos repetir aqui os mesmo dados. Apenas recordaremos algumas perspectivas sumárias.

Antes de mais nada, Jesus se comporta como Filho na oração[4]. Os evangelhos dizem com certa frequência (especialmente Lucas) que Jesus se retirava à noite, em lugares ermos ou nas montanhas, para rezar. Os testemunhos apostólicos não nos entregaram o mistério destes soliló-

---

3. Cf. SOBRINO, J. *Cristologia desde América Latina*. Salamanca, 1978, cap. IV-V. • SOBRINO, J. La aparición del Dios de vida en Jesús de Nazaret. In: VV.AA. *La lucha de los dioses*. São José, Costa Rica, 1980, p. 79-121.

4. GUTIÉRREZ, G. *Beber no próprio poço*. Petrópolis, 1984, p. 48-62.

quios de Jesus. Pelas poucas orações que foram conservadas de Jesus, podemos, sem erro, supor que eram de extrema intimidade. Invoca ternamente a Deus como "meu querido Paizinho". Deste Deus se sente Filho e enviado ao mundo. Assume a causa do Pai que é o Reino. Reino não significa um território, mas uma forma de atuação de Deus, libertando a criação de tudo o que a desfigura e plenificando-a com a glória divina. O atuar de Deus, como já o Antigo Testamento esperava, começa pelos últimos e os pobres, devolvendo-lhes vida e dignidade. Quando Deus intervém em sua criação, floresce a justiça, bilha o direito e sorri a vida. Jesus se sente produtor destes bens, lá onde atua. Não age como quem executa um plano pessoal, mas como quem cumpre uma missão, aquela do Pai. É o Filho em sua obediência, não de submetimento, mas de adesão livre à vontade do Pai. Ninguém foi mais livre que Jesus. Porque se sentia Filho do Pai, se toma a liberdade de comer com os pecadores para dar-lhes confiança da misericórdia divina, de romper com leis que oprimiam e de reinterpretar a Tradição.

Jesus mostra que é Filho não apenas por causa da intimidade com o Pai que insinua sua geração eterna, mas também vive a liberdade filial. Para o Novo Testamento filho se opõe a escravo. Jesus se entende como Filho porque recebeu a liberdade do Pai. Esta liberdade a entrega aos homens e mulheres que o cercam; por isso os liberta de suas enfermidades, das diversas opressões que estigmatizam a vida, do pecado e da morte. O Jesus de São João diz enfaticamente: "Quem comete pecado é escravo do pecado. Ora, o escravo não fica para sempre em casa, mas sim o filho; se, pois, o Filho vos fará livres, sereis verdadeiramente livres" (Jo 8,34-36). Uma das atitudes mais fundamentais de Jesus foi esta: como Filho, em nome de Deus perdoar pecados, libertar as pessoas da injustiça que mantém cativa a verdade e destrói o acesso a Deus, obscurece o rosto do Pai e desfigura a face do outro, não mais reconhecido como irmão e irmã. Desta opressão maior Jesus se faz o grande libertador. A liberdade que o perdão traz é aquela dos filhos e das filhas que reencontram a Deus como Pai. São Paulo o viu bem quando escreveu: "Não recebestes um espírito de escravos para recair no medo, mas recebestes um espírito de filhos adotivos com o qual clamamos: *Abba*, Pai" (Rm 8,15). Podermos chamar a Deus de *Abba* é prova de que não somos mais escravos, mas filhos e filhas, livres e libertados para as promessas do Reino (cf. Gl 4,6-7).

Jesus se mostra também Filho na obediência e na resistência[5]. Sua mensagem, suas práticas e a nova imagem de Deus que comunica provocaram um conflito no judaísmo de então. Jesus é ameaçado de morte. Segue seu caminho, obediente à causa do Pai e resistindo contra todas as tentações. Esta obediência até a morte de cruz expressa a radical fidelidade do Filho para com o Pai. Ele é sumamente provado quando decide entregar a própria vida na tortura e na crucificação. A ressurreição revela a glória do Pai e manifesta também a glória escondida do Filho. Enquanto vivia entre nós, apareceu sob a figura do servo, do profeta ambulante, do mestre da palavra inspirada, do taumaturgo que faz portentos para libertar os oprimidos. Agora pela ressurreição e exaltação eclode a glória do Filho eterno, cheio de graça e de verdade (cf. Jo 1,14).

---

5. Cf. ECHEGARAY, H. *A prática de Jesus*. Petrópolis, 1983, p. 62-67.

O Filho não possui tão somente uma relação para com o Pai. Com Ele se encontra também o Espírito Santo. Este é a força do Filho. Desde o início estão juntos. Ambos são enviados pelo Pai. É o Filho que se encarna, mas é o Espírito que cria a humanidade assumida pelo Filho. É sempre na força do Espírito que Jesus atua, revela o Pai, transforma a realidade deformada. É na alegria do Espírito que Jesus invoca o *Abba* (cf. Lc 10,21).

Numa palavra, podemos dizer que Jesus enquanto Filho em primeiro lugar nos revela quem é Deus: é o Pai do Filho e de todos os seres criados nele e por Ele; em segundo lugar é Filho na medida em que se faz o mediador e realizador do projeto do Pai: anuncia o Reino e o antecipa em sua gesta libertadora; em terceiro lugar Jesus é Filho porque comunica o amor do Pai para com todos os homens, particularmente os pecadores e pequeninos; este amor é misericordioso porque nos liberta da escravidão do pecado e nos devolve a liberdade dos filhos e das filhas de Deus.

3 A dimensão feminina do Filho Jesus

O feminino constitui uma determinação fundamental de cada ser humano, varão ou mulher. O feminino expressa a dimensão de ternura, cuidado, autoaceitação, misericórdia, sensibilidade face ao mistério da vida e de Deus, cultivo da interioridade que existe e deve existir em toda existência humana que alcança um nível mínimo de maturidade. Os relatos evangélicos nos apresentam a Jesus de Nazaré como um ser livre e integrado; quando comparado com os hábitos culturais de seu tempo concernentes à mulher, aponta como libertador. No movimento que inaugura há homens e mulheres. Nunca concedeu nada à discriminação social que as mulheres sofriam em sua época. Ao contrário; assume atitudes que chegavam a escandalizar os discípulos (com a samaritana: Jo 4,27) e os fariseus (ao deixar-se tocar, beijar e ungir por uma pecadora pública: Lc 7,36-50). Mulheres participam ativamente como retaguarda de sua vida de pregador (cf. Lc 10,38-42); muitas delas são curadas ou consoladas por ele (cf. Mc 1,29-31; 5,25-34; 7,24-30; Lc 8,2; Jo 11,23-38).

Jesus não recalcou, mas deu expressão ao seu feminino[6]. Não ficou insensível face ao drama do sofrimento e da morte dos outros. Enchia-se de profunda compaixão (comovia-se em suas entranhas) face ao povo abandonado (Mc 6,34) e ao sem-número de doentes que lhe são trazidos para serem curados a ponto de não ter sequer tempo para comer (Mc 3,20); não teme acariciar as criancinhas (Mc 9,36), alegrar-se com a abertura que constata junto aos simples ao acolherem os mistérios do Pai (Mt 11,25-27); não esconde as lágrimas face ao amigo Lázaro que morreu (Jo 11,35); chora decepcionado pelo fechamento de Jerusalém à sua mensagem (Lc 19,41) e lamenta a incredulidade de Corozaim e Betsaida (Lc 10,13-15). De forma muito feminina diz que quis juntar os filhos de Jerusalém como

---

6. Cf. LUCCHETTI BINGEMER, M.C. "A Trindade a partir da perspectiva da mulher". *Revista Eclesiástica Brasileira*, 46, 1986, p. 73-99, com farta bibliografia. Os comportamentos femininos de Jesus – a ternura, a doçura, o amor aos desvalidos, a figura de alimentar com leite – não ficaram despercebidos pela piedade cristã, que em certa época chegou a venerar Jesus como Mãe (CABASSUT, A. "Une dévotion médiévale peu connue, la dévotion à 'Jésus notre Mère'". *Revue d'Ascétique et de Mystique*, 25, 1949, p. 234-245. Cf. tb. BYNUM, C.W. "Jesus as Mother and Abbot as Mother: Some Thèmes in Twelfth-Century Cistercian Writings". *The Harvard Theological Revue*, 70, 1977, p. 257-284.

uma galinha reúne os pintinhos sob suas asas, e eles não quiseram (Lc 13,34).

Esta dimensão feminina pertence à humanidade de Jesus, assumida hipostaticamente pelo Filho eterno. O feminino assim lança suas raízes no próprio mistério de Deus. Embora Jesus fosse varão e não mulher, o feminino que está nele é igualmente divinizado, revelando o rosto materno de Deus.

4 "O Filho unigênito que está no seio do Pai"

O axioma trinitário "a Trindade econômica é a Trindade imanente e vice-versa" vale especialmente para a compreensão do Filho em sua expressão imanente no seio da Trindade.

A analogia da geração humana nos permite perceber que o Filho possui a mesma natureza que o Pai. O Filho recebe tudo do Pai, a natureza-comunhão, a eternidade, a glória e a infinitude. Não se deriva por um ato de vontade ou por qualquer coação, mas da totalidade da natureza do Pai (DS 71, 526). Nem deve ser entendido como uma extensão do Pai, pois se assim fora não haveria distinção do Pai. Como Filho é distinto do Pai, mas unido pela mesma natureza-comunhão. Diz-se que é Unigênito (DS 2, 11, 125, 150, 3350, 3352); nele o Pai entrega tudo, de tal forma que não pode haver outro ao lado do Filho (*solus Filius de solo Patre*: DS 75, 800, 1330). Como se dá esta geração nos escapa totalmente. Na verdade, é um mistério absoluto jamais revelado, promessa de contemplação para os justos no Reino da Trindade. De todas as formas devemos reconhecer que não se trata de causalidade no sentido técnico e lógico. O Filho não é o resultado de um processo causal. A relação de reciprocidade Pai-Filho está envolta de mistério, é supracausal[7]. A compreensão dogmática expressou esta consciência ao dizer que o Filho "*é gerado sem início e sem princípio*" (DS 357, 470, 617, 1331), que "desde o princípio está com o Pai" (DS 61) e que "nele subsiste desde toda a eternidade e para toda a eternidade" (DS 126, 147). Como já dissemos acima, ao invés de usarmos a dialética causal (processões trinitárias) talvez devêssemos empregar a dialética de revelação. As Pessoas se revelam mutuamente umas às outras. O Filho é a revelação total e exaustiva do Pai.

Esta revelação do Pai pelo Filho eterno é bem expressa por outra analogia encontrada na Tradição com base no Antigo Testamento e no prólogo de São João. O Filho é o Logos ou o Verbo do Pai. Santo Agostinho e Santo Tomás[8] aprofundaram a compreensão trinitária, particularmente, à luz de uma teologia do Logos (Verbo ou Palavra). Ela tem a vantagem de evitar certos antropomorfismos presentes na analogia da geração. Como é tirada do mundo do espírito, permite certas aproximações ao mistério trinitário que acenam para certas semelhanças entre Deus e o ser humano, feito à sua imagem e semelhança.

A Palavra em seu sentido pleno (captado particularmente pelo *Logos* grego e pelo *Dobar* hebraico) é mais do que um instrumento de comunicação. Ela representa toda

---

7. Cf. EVDOKIMOV, P. *L'Esprit Saint dans la tradition orthodoxe*. Paris, 1969, p. 71.

8. Um bom resumo apresenta KASPER, W. *Der Gott Jesu Christi*. Op. cit., p. 230-235.

a estrutura de sentido da realidade e do espírito; ela é a própria realidade enquanto manifestada a si mesma e aos outros, a revelação do ser ao pensamento e à fala e a unidade entre pensamento, fala e ser. Aplicado ao Filho como Palavra do Pai significa que pelo Filho o Pai se expressa totalmente ao se conhecer a si mesmo e ao se representar na totalidade de seu ser. Ao fazer-se uma imagem de si mesmo, o Pai se expressa tão substancialmente que esta imagem tem a mesma natureza viva que Ele mesmo. A expressão é a Palavra que comunica a verdade e a inteligibilidade completa do Pai. Esta Palavra nasce do Pai, mas é distinta dele. O mistério invisível que é o Pai se torna na Palavra visível.

Esta mesma ideia é também retratada por outra afirmação encontrada no Novo Testamento. Aí se diz que Cristo "é a imagem do Deus invisível" (Cl 1,15). Imagem aqui possui um sentido semítico: é a presença do próprio Protótipo em sua eficácia. Não se trata, pois, de uma cópia mais ou menos fiel de um modelo, mas o próprio modelo revelado e presente em sua força. O Filho é, pois, a natureza do Pai, sua glória e sua onipotência comunicada e entregue amorosamente. Por isso dizemos que o Filho é em tudo como o Pai, menos o fato de não ser o Pai, fonte e origem de toda a comunhão. O Filho não se torna outra fonte e origem (é o que constitui a paternidade do Pai); por isso quando na teologia latina se diz que o Espírito vem espirado pelo Pai e pelo Filho (*Filioque*), logo se acrescenta "como de um só princípio" (Concílio de Florença em 1442: DS 1331). O Espírito é espirado pelo Pai através do Filho e com o Filho (pois é o Pai do Filho que o espira). Numa perspectiva pericorética como a apresentamos anteriormente poderíamos dizer: Ao ser "gerado" pelo Pai o Filho recebe simultaneamente o Espírito que fica sobre Ele e é eternamente inseparável dele. Assim diríamos que o Filho nasce do Pai e do Espírito (*ex Patre Spirituque*)[9]. Estas relações seriam menos de produção do que de revelação mútua, na inascibilidade participada pelos três Únicos, a partir do Pai.

O Filho, Verbo ou Imagem, revela também traços da eterna Mãe paterna ou do eterno Pai materno, em si mesmo, recebidos de sua fonte de geração e de revelação. É-nos difícil identificar o que seja o feminino no eterno Filho sororal ou na eterna Filha fraternal. Facilmente poderíamos cair nos clichês culturais ou em meras afirmações arbitrárias. O que contemplamos de dimensão feminina no Filho encarnado encontra seu último fundamento no Filho/a imanente. Tudo o que significa ternura nas pessoas e nas criaturas, tudo o que é respeito aos processos vitais (tudo o que vive merece viver), tudo o que é cuidado e reconhecimento expressa o feminino divino que está no Pai/ Mãe eternos e que é comunicado ao Filho/a desde sempre. Como tudo é sacramento do Filho, tudo esconde e revela esta dimensão feminina íntima, bem como a dimensão masculina. Deus Filho está para além dos sexos, mas as perfeições criadas do masculino e do feminino, na medida em que toda a criação é feita no, para, por e com o Filho, têm no masculino e feminino eternos do Filho sua última razão de ser e seu exemplar infinito.

---

9. EVDOKIMOV, P. *L'Esprit Saint*. Op. cit., p. 72.

5 A economia do Filho: a verbificação do universo

O Filho não é apenas a suprema revelação do Pai, sua Palavra e sua perfeita Imagem dentro do círculo trinitário. Ele também o é dentro da criação. Ele foi enviado pelo Pai ao mundo (cf. Jo 3,16s.; 5,23.36.38; Gl 4,4 etc.). Falamos então da missão do Filho. Por missão, trinitariamente, entendemos a autocomunicação de Deus à criatura. É distinto este conceito de missão daquele comum, também usado pelas Escrituras: as missões que receberam os profetas, os sábios, os reis para atuarem em nome de Deus. Deus estava com eles, mas não se entregava pessoalmente, numa comunicação pessoal (hipostática) a ponto de Deus mesmo estar aí absolutamente presente de uma forma que não padece mais nenhuma distância. No caso do Filho, a missão significa então encarnação. O homem Jesus de Nazaré vem assumido pelo Filho de tal forma que a humanidade dele passa a ser a humanidade do Filho.

Qual é o sentido derradeiro da encarnação (*Cur Deus homo?*)? Sabemos que tradicionalmente as respostas opõem as escolas teológicas desde a Antiguidade[10]. Duas respostas eram as prevalentes. A primeira rezava, citando a fórmula do Credo: "por causa de nossa salvação (o Filho) desceu do céu e foi concebido pelo Espírito Santo"; portanto, a encarnação se deveu ao pecado dos homens. O Pai, em sua imensa misericórdia, enviou seu próprio Filho para nos libertar em nossa própria situação. A outra resposta se baseava em textos tirados do prólogo de São João, das epístolas aos efésios, aos colossenses e aos hebreus e respondia: o

---

10. Cf. um pequeno resumo da problemática em MOLTMANN, J. *Trinität und Reich Cotias*. Munique, 1980, p. 129-133.

Filho ter-se-ia encarnado, independentemente do pecado, porque tudo foi feito por Ele, com Ele, nele e para Ele em razão do próprio amor intrínseco da Trindade que desborda para fora de si e cria companheiros no amor para a glória do Pai, do Filho e do Espírito Santo. A encarnação não significa uma solução de emergência excogitada pelo Pai para reconduzir a criação de seu desvio ao Reino da glorificação. Ela demonstra o desígnio eterno da Trindade de associar à sua comunhão todos os seres pela mediação do Filho na força propulsora do Espírito Santo.

Parece-nos que esta segunda resposta se insere melhor nas reflexões que até agora conduzimos. A escola franciscana com Duns Escoto e outros seguidores detalharam os vários passos desta missão encarnatória do Filho[11]. Como já o mencionamos anteriormente, a criação toda está involucrada na geração e revelação do Filho. Ela não deve ser pensada como momento posterior à revelação do Filho, mas como um momento de sua completa manifestação. Resumidamente: o Pai se autoentrega totalmente e gera e revela o Filho e no Filho os infinitos imitáveis do Pai e do Filho. A criação enquanto projeção do Pai no Filho possui uma dimensão eterna e infinita. Aí estão todos os infinitos criáveis que podem ser efetivamente criados do nada. Enquanto projeções do Pai, são gerados no mesmo ato de geração do Filho; porque são produzidos ativamente pelo Pai, no Filho refletem o Pai e simultaneamente o Filho; eles são uma imagem e semelhança de ambos. Entre todos

---

11. Cf. BOFF, L. O *evangelho do Cristo cósmico*. Petrópolis, 1971, p. 103-108. • "O primogênito da criação – Princípios teológicos do Beato J. Duns Scotus para uma teologia da criação" [Versão e anotações de J. Jerkovic]. *Vozes*, 69, 1966, p. 34-39. • KOSER, C. "Cristo-Homem, razão de ser da criação". *Vozes*, 69, 1966, p. 25-54.

estes criáveis que, uma vez criados, significam a glória da Trindade, está a santa humanidade de Jesus de Nazaré. Ela é por excelência a imagem e semelhança do Pai e do Filho, é verdadeiramente a imagem visível do Pai invisível. Para que fosse realmente a mais perfeita e suprema expressão criada do Pai e do Filho, o Pai quis que ela, realmente e não metaforicamente, fosse unida à Pessoa do Filho. Ela daria a suprema glória ao Pai, ao Filho e ao Espírito, maior da qual não é possível na ordem desta criação que conhecemos. Em outros termos: o Pai quis que o homem Jesus de Nazaré, unido hipostaticamente ao Filho, por sua vida, prática e paixão, glorificasse sumamente o Pai e enraizasse a Trindade no meio dos homens, das mulheres e de toda a criação. Se, como dissemos, todas as coisas foram criadas no Filho e este Filho se encarnou, então significa que tudo reflete o Filho encarnado. Todos os seres, dos mais simples aos mais complexos, encerram traços do Filho; são, à sua maneira, filhos e filhas no Filho. A dimensão filial possui um traço trinitário. Esta dimensão filial dos seres aparece como abertura de comunhão para fora, autodoação, capacidade de revelação. Nenhum ser da criação é opaco e fechado sobre si; cada um entra numa estruturação de sentido; recebe e dá. O Filho eterno agia, pois, dentro da criação desde seu primeiro momento criacional, fazendo que os seres expressassem seu caráter filial. Este Filho agiu sumamente quando se apropriou da humanidade de Jesus de Nazaré na qual se autocomunicou totalmente. A estrutura filial que pervadia toda a criação assumiu forma concretíssima e suprema em Jesus de Nazaré, porque desde toda a eternidade foi pensado e querido para ser o suporte da vinda plena do Filho à sua criação; é o mistério da encarnação.

A missão do Filho é verbificar o universo, transformá-lo em glória do Pai donde veio[12]. A forma concreta que historicamente assumiu a encarnação, não na modalidade da glória, mas da humilhação, não de Senhor, mas de servo, se deve ao pecado humano. O Filho quis assumir este caminho escuro para se solidarizar com a paixão do mundo; desde dentro liberta para a plena glória da Trindade. Somente pela ressurreição esta glória se deixou ver em sua plenitude. Ela é ainda futura. Enquanto o Verbo encarnado não libertar pela cruz a criação, Deus não poderá ser ainda "tudo em todas as coisas" (1Cor 15,28). O senhorio do Verbo encarnado, crucificado e ressuscitado reside neste imenso processo de libertação do pecado que oculta a glória do Pai. Assim, na medida em que vai instaurando o Reino da vida, da liberdade, da reconciliação e da paz, resgata a filiação de todos os seres, particularmente dos seres humanos da situação de cativeiro em que agora se encontram. Só então triunfará o Reino da Trindade, do Pai, do Filho, do Espírito Santo e da criação inserida dentro da comunhão trinitária.

---

12. Cf. uma exposição mais detalhada em BOFF, L. *Natal*: a humanidade e a jovialidade de nosso Deus. Petrópolis, 1978.

XI
Glória ao Espírito Santo: motor para a libertação integral

O Deus cristão é sempre trinitário. Por isso a relação frente a frente do Pai e do Filho é ultrapassada pelo Terceiro, o Espírito Santo. Ele é o Diferente deles que faz compreender a comunhão pericorética da vida trinitária e o surgimento de outras diferenças em vista de uma comunhão aberta e dinâmica para além do círculo trinitário. Do Pai e do Filho podemos fazer representações; as próprias expressões sugerem uma lógica de relações na linha da fecundidade e da geração. Do Espírito Santo não possuímos imagens. Ele vem representado por símbolos infra-humanos como vento, tufão, sopro, fogo, unção, crisma, selo, água, pomba. Esta simbólica marca a diferença vigente entre a terceira Pessoa e o Filho e o Pai. Por causa da ausência de nomes humanos para o Espírito, Ele ficou relegado para a reflexão cristã, particularmente latina, a um certo anonimato. Por outra parte, chamando ao Terceiro-Único de Espírito estamos nos referindo a algo comum às três Pessoas: cada uma delas é Espírito, pois, como diz o Evangelho de São João, "Deus é espírito" (Jo 4,24). Mas a Terceira Pessoa é por excelência Espírito, pois Ele é aquele, consoante a interpretação dos Padres latinos, que une o Pai e o Filho, sendo o elo de amor entre ambos. Nesta formulação Ele aparece para ultrapassar a separação do Pai e do Filho, superar a díade (os dois polos, Pai e Filho) e constituir a Trindade de Pessoas. Mas o Espírito Santo nele mesmo que é? Não é Ele mais que o nexo de união entre os Dois divinos?[1]

A declaração dogmática sobre o Espírito Santo mais importante da Igreja aconteceu no Concílio de Constantinopla em 381[2]. Aí se diz no Credo: "Cremos no Espírito Santo, Senhor e fonte de vida, que procede do Pai, que com o Pai e o Filho é igualmente adorado e glorificado e que falou pelos profetas" (DS 150). Quando se diz que Ele é *Senhor* (a Septuaginta significava Deus por Senhor, *Kyrios*) se quer dizer que é da mesma natureza do Filho, Jesus Cristo, denominado Senhor e Deus. Com a expressão "fonte de vida" se enfatiza a ação do Espírito, como aquele que é mais do que o Dom da vida, mas o próprio doador da vida. A fonte da vida só pode ser Deus; portanto, o Espírito é Deus. Esta afirmação é ainda mais explicitada quando

---

1. Cf. alguns títulos mais significativos sobre o tema na imensa bibliografia hoje existente sob o influxo do movimento carismático católico: CONGAR, Y.M.-J. *El Espiritu Santo*. Barcelona, 1983. • COMBLIN, J. *O tempo da ação* – Ensaio sobre o Espírito e a história. Petrópolis, 1982. • COMBLIN, J. *O Espírito no mundo*. Petrópolis, 1978. • VV.AA. (H. de Lima Vaz, H. Harada, L. Boff etc.). *O Espírito Santo*. Petrópolis, 1973. • BRANDT, H. *O risco do Espírito*. São Leopoldo, 1977. • CLAR. *Vida segundo o Espírito nas comunidades religiosas da América Latina*. Rio de Janeiro, 1973. • VV.AA. (H. Küng, K. Rahner e outros). *A experiência do Espírito*. Petrópolis, 1979; todo o número 148 (1979) da revista *Concilium* dedicado ao *Espírito Santo: mistério e história*. • MÜHLEN, H. *El Espiritu Santo en la Iglesia*. Salamanca, 1974. • VERGES, S. *Imagen del Espiritu de Jesus*. Salamanca, 1974. • VERGES, S. "Esprit" no *Dictionnaire Biblique* Gerhard Kittel. Genebra, 1971.

2. Cf. *Glaubensbekenntnis und Kirchengemeinschaft* – Das Modell des Konzlls von Konstantinopel (381), publicado por K. Lehmann e W. Pannenberg, Friburgo/Göttingen, 1982.

se diz "que procede do Pai"; com isso se quer deixar claro que é da mesma natureza do Pai do Filho que, por sua vez, também procede do Pai e é da mesma substância do Pai. Nesta formulação do Credo de Constantinopla nada se diz acerca da relação entre o Filho e o Espírito Santo. Apenas se reconhece que, por ser de natureza divina, é igualmente adorado e glorificado como o Pai e o Filho o são. Com a expressão "que falou pelos profetas" se sublinha a presença do Espírito Santo na história dos homens. Ele se manifesta particularmente pela coragem contestatária e pela criatividade dos profetas, mas também por mil outros agentes pessoais e históricos no sentido da santificação (o Espírito é santo porque acima de tudo santifica) e da introdução da humanidade à comunhão trinitária. Os profetas estão no lugar de todos estes.

Esta breve fórmula dogmática conhecerá a partir do III Sínodo de Toledo em 589 um acréscimo: o famoso *Filioque*, quer dizer, o Espírito procede do Pai e do Filho (*Filioque*). Não cabe aqui aduzir as razões (contraditórias) que motivaram esta introdução[3]. Mas ela feriu a mentalidade teológica e as suscetibilidades político-eclesiais da Igreja ortodoxa que rejeitou este acréscimo. Mais tarde, o Concílio de Lyon (1274) aclarará que a procedência do Espírito por parte do Pai *e* do Filho não constitui dois princípios, nem duas espirações, mas um só princípio e uma só espiração (DS 850 e 853). O Concílio de Florença (1439), no esforço de facilitar a união com os ortodoxos, acolhe também a expressão: o Espírito Santo procede do Pai *pelo* Filho (*per Filium*: DS 1301). As discussões provocadas pelo filioquismo (dos lati-

---

3. Para um breve resumo deste problema cf. RITSCHL, D. "História da controvérsia sobre o Filioque". *Concilium*, 148, 1979, p. 15-26.

nos) e pelo monopatrismo (dos gregos) bloquearam até recente data o aprofundamento teológico do Espírito Santo.

Nos últimos anos assistimos a uma retomada, como jamais na história da reflexão trinitária, do aprofundamento da especificidade da Pessoa do Espírito Santo[4].

A partir de nossa tese de base – a pericórese completa entre os Três Únicos – tentaremos mostrar a luz própria da Pessoa do Espírito Santo. Como nos capítulos anteriores seguiremos a mesma estratégia de exploração: primeiramente ressaltaremos a ação do Espírito Santo na história (Trindade econômica), em seguida discerniremos algumas perspectivas do Espírito Santo no seio da Trindade (perspectiva imanente) e por fim refletiremos sobre a missão própria da Terceira Pessoa da Santíssima Trindade.

1 A atuação do Espírito Santo nos processos de mudança

Em hebraico Espírito é *ruah* e em grego *pneuma*. Ambos os termos estão ligados a processos vitais, pois significam sopro, vento, vendaval e furacão[5]. Inicialmente o Espírito não é conscientizado como Pessoa, mas como uma força divina e originária que atua na criação, se move nos seres vivos e age nos homens. Nestes, se faz particularmente presente nos profetas. São tomados pelo Espíri-

---

4. Cf. LAURENTIN, R. *O pentecostalismo católico*. Petrópolis, 1976. • VV.AA. (P.R. de Oliveira, J.B. Libânio etc.). *Renovação Carismática Católica*. Petrópolis, 1978. • MÜHLEN, H. *Die Erneuerung des christlichen Glaubens* – Charisma-Geist-Befreiung. Munique, 1976. • VV.AA. *Erfahrung und Theologie des Heiligen Geistes*. Munique, 1977.

5. Cf. SCHWEIZER, E. *Heiliger Geist*. Stuttgart/Berlim, 1978. • BARRETT, C.K. *El Espiritu Santo en la tradición sinótica*. Salamanca, 1978.

to e falam inebriados por sua inspiração a ponto de, em algumas situações, ficarem extáticos (cf. 1Sm 10,1; Nm 11,24-30). O Espírito sobrevém também a líderes políticos em tempos de crise nacional. Transformam-se em carismáticos, levando o povo à vitória contra seus inimigos (cf. Jz 3,10; 6,33; 11,29; 13,25; 14,6.9; 1Sm 11,6). O Espírito encontra uma forma de atuação até institucional na figura do rei (cf. 1Sm 16,13). O rei vem investido de poder carismático para dirigir o povo, defender os pobres e garantir a paz na justiça. Porque os reis caem na sedução do poder abusivo, o mesmo Espírito suscita profetas que denunciam o excesso autoritário e lhes dá força para suportarem a perseguição e o martírio. Surpreendentemente o Espírito é conferido ao contraposto do rei, ao servo sofredor, desarmado de toda pompa a grandiloquência. Ele é ungido para libertar, mediante o sofrimento, das injustiças e opressões e resgatar o direito dos pobres (Is 61,1s.; cf. Is 11,2; 42,1s.). O Messias, como servo sofredor, receberá a plenitude do Espírito. O próprio Jesus, ao lançar seu programa libertador na sinagoga de Nazaré (Lc 4,17-21), se estriba num texto profético de Isaías (61,1). Finalmente Espírito é prometido a cada pessoa para que tenha um coração novo e possa inaugurar uma nova humanidade (cf. Ez 36,26-27; Jl 3,1s.).

Por fim, na consciência do judaísmo, o Espírito não configura apenas uma força transformadora de Deus na história, mas a presença do próprio Deus (cf. Sl 139,7; Is 63,10-11 etc.). Na fase intertestamentária se firmou mais e mais a convicção do Espírito como Deus mesmo conduzindo sua criação, animando seu povo, consolando os justos, julgando os ímpios, transformando a face da terra.

Já consideramos no capítulo II a revelação do Espírito Santo no Novo Testamento. Nem pretendemos detalhar a riqueza imensa que encontramos nos evangelhos sinóticos, em São João e particularmente em São Paulo acerca da atuação e vida do Espírito Santo. Vamos apenas enfatizar alguns pontos mais salientes.

Em primeiro lugar o Espírito Santo emerge como a *força do novo* e como uma *renovação* de todas as coisas. Assim, Ele está presente na primeira criação (Gn 1,2) bem como naquela definitiva que se inaugurou com Jesus. Os evangelistas Mateus e Lucas tributam ao Espírito Santo a origem da encarnação do Filho: "o que foi gerado nela (Maria) é do Espírito Santo", pois "foi grávida do Espírito Santo" (Mt 1,18.20). São Lucas fala de uma descida do Espírito sobre Maria, por isso o que nasce dela é Santo e Filho de Deus (cf. Le 1,35)[6]. O Espírito é invocado no início da pregação na sinagoga de Nazaré (Lc 4,17). É o Espírito que paira sobre o Messias na hora do batismo quando irrompe sua consciência messiânica e sua vocação libertadora (cf. Mc 1,9-11 par.). A pregação de Jesus se realiza no Espírito (Lc 4,14). É o Espírito que ressuscita Jesus dentre os mortos (Rm 1,4; 1Tm 3,16). É Ele que está no começo da comunidade eclesial em Pentecostes (At 2,32). A atuação do Espírito Santo é eminentemente criadora, voltada para o futuro. Toda criação implica ruptura, crise do estabelecido e abertura para o ainda não conhecido e ensaiado. O Espírito liberta da obsessão da origem e do desejo de voltar ao

---

6. Cf. PIKAZA, X. "El Espiritu Santo y Maria en la obra de San Lucas". *Ephemerides Mariologicae*, 28, 1978, p. 151-168. • PIKAZA, X. *Maria y el Espíritu Santo*. Salamanca, 1981. • FEUILLET, A. "L'Espirit Saint et la Mère du Christ". *Bulletin de la Société Française d'Études Mariales*, 25, 1968, p. 39-64.

útero paradisíaco, cujo acesso está definitivamente fechado (cf. Gn 3,23). Ele nos move para a terra prometida e para o destino que se deve construir e revelar no amanhã.

Uma segunda característica do Espírito no Novo Testamento que parece ser contrária à primeira – força do novo – reside em ser a *memória* da prática e da mensagem de Jesus. Considerando-se mais de perto esta missão do Espírito veremos que ela não é contrária a ela, mas complementária. O Jesus de São João diz explicitamente: "O Espírito Santo, que o Pai enviará em meu nome, vos ensinará tudo e vos trará à memória quanto vos disse" (Jo 14,26). Ele testemunhará por Jesus (Jo 15,26-27), conduzirá os discípulos à plenitude da verdade (Jo 16,13-15), anunciará coisas futuras (Jo 16,13-14), mas sempre dentro desta perspectiva: "tomará do que é meu e vo-lo dará a conhecer" (Jo 16,14).

Pareceria que o Espírito da criatividade seguisse simplesmente a lógica do imaginário e das construções mirabolantes da fantasia contra a força dos fatos estabelecidos. O grande fato novo estabelecido pelo Pai é a presença de seu Filho na carne para que sejamos filhos e filhas no Filho (cf. Rm 8,29). Esta encarnação é obra do Espírito. Por isso "todos os que são conduzidos pelo Espírito de Deus são filhos de Deus" (Rm 8,14) no Filho. O Espírito nos faz acolher o Filho na carne (1Jo 4,2). Com isso se quer dizer aceitar a forma de servo e de profeta-mártir que o Filho assumiu. Seria trair o Filho e recusar-se ao Espírito transformar Jesus no suporte para todo tipo de grandeza e dominação que rompe o caráter filial dos seres humanos, estabelecendo e legitimando as relações de opressão de uns sobre outros. O Espírito nos faz viver filialmente no seguimento do Filho encarnado, impedindo o esquecimento da simplicidade, da humildade, da coragem profética, da mentalidade de serviço, da relação íntima com o Pai que o caracterizaram. Missão do Espírito consiste em atualizar permanentemente o significado da encarnação como processo mediante o qual Deus-Filho assume a história com suas transformações e a faz história santa, história da Santíssima Trindade. O Espírito conserva a continuidade entre o "aquele tempo" quando irrompeu o Filho na carne e o hoje da história. As potencialidades da filiação divina e da inserção da humanidade no mistério trinitário não foram ainda totalmente explicitadas. Compete ao Espírito desdobrar e realizar nas culturas (por exemplo da Índia, da China, dos indígenas latino-americanos) a significação divina e humana deste fato único da história. Por isso o Espírito "tomará do que é meu (de Cristo) e vo-lo dará a conhecer" (Jo 16,14). O novo da encarnação do Filho só se mostrará na novidade que surgir com o prolongamento da encarnação da mensagem de Cristo para dentro da história humana.

A terceira missão do Espírito reside na *libertação* das opressões de nossa situação de pecado. A Bíblia expressa esta situação pela palavra *carne.* Carne e Espírito estão em contradição (Gl 5,17). A carne produz o projeto da pessoa voltada para si mesma, entregue desbragadamente aos seus próprios interesses. A lei muitas vezes legitima tais interesses e se faz assim opressora. Prende a pessoa a determinações excludentes, confirma tradições religiosas que impedem o acesso ao Deus da misericórdia e aprisiona a vida nas malhas que obstruem a criatividade necessária para fazer face a novas situações. O Espírito é aquele que liberta de semelhantes situações, pois "onde está o Espírito do Senhor, há liberdade" (1Cor 3,17). Particularmente os pobres padecem, por serem indefesos, das opressões dos mais poderosos. O Espírito é o Pai dos pobres (*pater pauperum*) dando-lhes força de resistência, coragem na sublevação, criatividade para encontrarem novos caminhos. É o Espírito que "dirige o curso da história [...] renova a face da terra, está presente à evolução humana"[7]. É Ele que faz romper os horizontes que encarceram o espírito, rompe os grilhões mediante as práticas libertárias dos oprimidos, mantém viva a esperança e aceso o espírito utópico[8] de um mundo sem dominações e regrado pela justiça e pela fraternidade. Paulo via o Espírito como a força que libertava do legalismo do antigo regime judeu e confirmava a liberdade trazida por Cristo (cf. Gl 4,6-7; 5,22-25).

Por fim o Espírito Santo é *princípio criador de diferenças e de comunhão*. A comunidade dos seguidores de Jesus é sempre construída sobre duas colunas: o Senhor ressuscitado e o Espírito[9]. O polo cristológico representa mais a dimensão da continuidade e da permanência, ligada ao mistério da encarnação. O polo pneumatológico significa a emergência do novo que, por sua vez, introduz a descontinuidade. Tanto a instituição quanto o carisma caminham juntos e constituem a dinâmica viva e tensa da realidade cristã. Assim Cristo nunca está só, nem o Espírito atua sem a comunhão com o Cristo. Com razão diz Paulo que o Espírito é sempre Espírito de Cristo (Rm 8,9; Fl 1,19), Espírito do Senhor (2Cor 3,17) e Espírito do seu Filho (Gl 4,6). O Espírito sempre nos leva

---

7. Cf. *Gaudium et Spes*, n. 26.

8. Cf. a carta apostólica *Octogesima Adveniens*, de Paulo VI, 1971, n. 37.

9. Para toda esta questão cf. BOFF, L. *Igreja*: carisma e poder. Petrópolis, 1982, p. 220-249. • CONGAR, Y. "L'Esprit, Esprit du Christ, Christomonisme et Filioque". *La Parole et le Souffle*. Paris, 1984, p. 162-187.

ao Cristo, pois "ninguém pode dizer: Jesus é Senhor, senão no Espírito Santo" (1Cor 12,3). Dizer que Jesus é Senhor é dizer tudo o que de grande podemos afirmar dele, sua divindade, seu senhorio sobre o cosmos, sua presença redentora no meio dos homens. É o Espírito que nos faz aderir a este Jesus, Nosso Senhor. Esta coordenação entre o Espírito e o Cristo é expressa, por exemplo, por São Paulo pelo estar *no* Cristo e *no* Espírito (cf. Cl 2,10; Ef 5,18; 1Cor 1,2.30; Rm 15,16 etc.), como realidades intercambiáveis.

A presença do Espírito se manifesta pela diversidade de dons e serviços que aparecem na comunidade, em cada pessoa, conforme Ele quiser (cf. 1Cor 12,11). São Paulo enumera vários deles (1Cor 12,7-11); efetivamente em cada Igreja local, por mais pequenina que seja, existe aquele que sabe organizar a oração, animar a celebração, catequizar as crianças, preparar os noivos para o sacramento, consolar os doentes, conscientizar os irmãos e irmãs de seus direitos, articular a presença dos cristãos no processo de libertação na sociedade, consolidar a união entre todos. Na linguagem de Paulo diríamos: "Há diversidade de dons, mas um mesmo é o Espírito" (1Cor 12,4) porque todas estas tarefas representam formas distintas de presença e atuação do próprio Espírito Santo. Os vários serviços se destinam ao bem da comunidade, porquanto "a cada um é dada a manifestação do Espírito em vista do bem comum" (1Cor 12,7).

O Espírito é criatividade e irrupção do novo no meio do grupo, mas nunca num sentido individualista ou para a autopromoção da pessoa, mas sempre em vista do reforço da comunidade em suas necessidades. Por isso, se o Espírito é por um lado princípio da diferenciação, é também, por outro, fator de comunhão: "Fomos batizados num só

Espírito para sermos um só corpo" (1Cor 12,13). Por mais diferentes que sejamos "quer judeus, quer gregos, quer escravos, quer livres, bebemos do mesmo Espírito" (1Cor 12,13). Ninguém é reduzido à mesma categoria, nem vê suprimidas suas diferenças; ao contrário, com elas compõe a riqueza da comunidade. Em Pentecostes o Espírito não fez que todos falassem a mesma língua, mas que cada um ouvisse em sua própria língua a mesma mensagem de salvação (cf. At 2,11). A multiformidade de expressões de vitalidade e de serviços na comunidade não é uma ameaça à unidade, mas uma oportunidade de enriquecimento para todos. A comunhão não recalca nem reduz a uma as várias diferenças, mas as integra na perspectiva do bem comum. Esta unidade é obra do Espírito. O que se opõe ao carisma não é a instituição, mas é o egoísmo, a prepotência de uns sobre os outros, a vontade de poder que usurpa o carisma dos outros. Tais atitudes são atentatórias à construção da comunidade, exatamente, porque implicam a ruptura da comunhão. Com razão advertia Paulo: "Não afogueis o Espírito" (1Ts 5,19)!

De todas estas atuações do Espírito se deriva que Ele é mais do que a força de Deus na história. É um Sujeito, uma Pessoa divina. Segundo São Paulo, Ele é enviado aos nossos corações (Gl 4,6), faz-nos descobrir a Deus como Pai (Rm 8,16), perscruta as profundezas de Deus (1Cor 2,10), é para nós o Dom (Rm 5,5), quer dizer, é o Deus presente entregando-se a si mesmo; não é algo que se nos entrega, mas é Alguém que se dá e dá vida (1Ts 4,8). Em São João o discurso é ainda mais explícito: o Espírito é o Paráclito (defensor e intercessor: Jo 14,16-17), que testemunha por Jesus (15,26-27), ensina, traz à memória e conduz à plenitude da verdade (14,13-16); Ele vem da parte do Pai (15,26), a pedido do Filho (14,16) e ficará para sempre com os discípulos (14,16). Por causa de todas estas ações do Espírito podemos verdadeiramente dizer que Ele é uma Pessoa junto com a Pessoa do Pai e do Filho. Resta saber como a teologia vê a comunhão do Espírito em relação ao Pai e ao Filho. Isso abordaremos mais adiante.

2 A dimensão feminina do Espírito Santo

Atendendo-se ao que o Novo Testamento diz e valorizando-se o que certa tradição teológica afirma, pode-se discernir no Espírito Santo algumas dimensões femininas, especialmente maternais[10]. Em primeiro lugar importa constatar que em hebraico e siríaco Espírito é uma palavra feminina. Como já consideramos acima, o Espírito Santo sempre tem a ver com processos ligados à vida e à proteção da vida. Em São João, na linguagem de Jesus, o Espírito é apresentado de tal forma que nos recorda traços tipicamente (embora não exclusivamente) femininos. Ele nos consola como Paráclito, exorta e ensina (Jo 14,26; 16,13), não nos deixa ficar órfãos (Jo 14,18). Segundo Paulo o Espírito assume a função da mãe e nos ensina a balbuciar o nome verdadeiro de Deus *Abba* (Rm 8,15); Ele nos ensina também o nome secreto de Jesus, que é Senhor (1Cor 12,3); Ele nos ensina como rezar e pedir as coisas verdadeiras (Rm 8,26).

---

10. Cf. para esta questão: LUCCHETTI BINGEMER, M.C. "A Trindade a partir da experiência da mulher". *Revista Eclesiástica Brasileira*, 46, 1986, p. 73-99. • CONGAR, Y. "Sobre la maternidad en Dios y la feminidad del Espíritu Santo". *El Espíritu Santo*. Barcelona, 1983, p. 588-598. • BOFF, L. *O rosto materno de Deus*. Petrópolis, 1979. • BOFF, L. *A Ave-Maria* – O feminino e o Espírito Santo. Petrópolis, 1980.

No Antigo Testamento o Espírito assume funções femininas. Segundo certas interpretações, o pairar do Espírito sobre o caos primitivo (Gn 1,2) significaria o ato de chocar do Espírito, fecundando toda a criação e assim permitindo que dela surgisse todo tipo de vida[11]. A Sabedoria, amada e buscada como uma mulher (Eclo 14,22s.) e apresentada como esposa e mãe (Eclo 14,26s.; 15,2s.), é às vezes identificada com o Espírito (Sb 9,17), fato comum nos Padres da Igreja Antiga. No ambiente cultural sírio e judaico, porque aí Espírito é feminino, não é raro encontrar-se a compreensão do Espírito como Mãe. Nas *Odes de Salomão,* escrito das origens do cristianismo sírio, a pomba do batismo de Jesus é comparada com a mãe de Cristo que dá o leite com as mamas de Deus[12]. Também naqueles Padres, como acenamos anteriormente, que viam na família humana uma analogia para o mistério trinitário, encontramos expressões femininas para o Espírito Santo. Ele aparece, analogicamente, como a Mãe eterna, que depois, na concepção virginal de Jesus, por obra do Espírito, se torna, de certa forma, sua mãe divina, sem com isso conflitar com Maria que é, a justo título, a *Theotókos,* a Mãe de Deus encarnado[13]. Num belo texto, Macário, teólogo sírio († 334), diz: "O Espírito é nossa Mãe porque o Paráclito, o Consolador, está pronto a nos consolar como uma mãe ao seu filho (Is 61,13) e porque os fiéis são renascidos do Espírito e são assim os filhos

---

11. Cf. os dados aduzidos por BOUYER, L. *Le trone de la Sagesse* – Essai sur la signification du culte marial. Paris, 1957, p. 272.

12. CONGAR, Y. "Sobre la maternidad en Dios y la feminidad del Espíritu Santo". Op. cit., p. 592.

13. Cf. o estudo de MURRAY, R. *Symbols of Church and Kingdom* – A Study in Early Syrian Tradition. Cambridge, 1975, p. 312-320: "The Holy Spirit as Mother".

da Mãe misteriosa, o Espírito (Jo 3,3-5)"[14]. É inegável, por outra parte, uma relação especial do Espírito com Maria (cf. Lc 1,35) como iremos considerar mais abaixo. Ele detém uma missão especial com referência à irrupção da vida. Na primeira criação, gesta o mundo (Gn 1,2), na nova criação é responsável pela concepção de Jesus (Mt 1,18), suscita a missão messiânica de Jesus (a figura feminina da pomba), seu novo nascimento pela ressurreição (Rm 1,4; cf. At 13,33; Fl 2,6-11; Hb 5,5). No corpo de Cristo que é a comunidade eclesial o Espírito exerce certa maternidade, concebendo novos irmãos e irmãs de Jesus, filhos e filhas no Filho, suscitando serviços e animando toda a vida da graça. Bem escrevia o Pe. A. Lémonnyer: "É a Pessoa divina (do Espírito Santo) que nos é 'dada' de maneira especial. Ele é o Dom de Deus por excelência e leva este nome. Na Trindade é o amor, que é também um de seus nomes próprios. Ora, tais qualificativos convêm antes à mãe que a qualquer outra pessoa e, de certa forma, a definem. Na terra, nenhuma outra pessoa nos foi 'dada' como nossa mãe; ela personifica o amor naquilo que ele tem de mais desinteressado, de mais generoso, de mais doado"[15]. Repetimos o que escrevemos anteriormente: Deus está para além dos sexos; com razão São Gregório Nazianzeno sublinhava que Deus não é nem masculino nem feminino[16], entretanto, tanto o masculino quanto o feminino encontram em Deus-Trindade seu protótipo; as raízes destas determinações fundamentais do ser humano estão no próprio mistério de Deus

---

14. Este e outros textos em MOLTMANN, E.J. *Dieu, homme et femme*. Paris, 1984, p. 120.

15. *Notre vie divine*. Paris, 1936, p. 66s.

16. *Orat.* 31, 7: PG 36, 140-146.

trinitário; cada Pessoa, a seu modo, encerra a fonte destes valores axiais do ser humano, varão e mulher. Com referência ao Espírito Santo devemos pensar como São Jerônimo que, com certo humor, escreveu: o Espírito é feminino em hebreu, neutro em grego e masculino em latim[17]. Em outras palavras, se dizemos que cada uma das Pessoas encerra dimensões femininas e masculinas, com isso não queremos conferir ou pretender descobrir características sexistas no mistério trinitário[18]. Queremos, isto sim, discernir a fonte derradeira dos valores que a Trindade mesma colocou no ser humano em sua concretização masculina e feminina. Estando para além dos sexos humanos, a Trindade encerra as dimensões do feminino e do masculino naquilo que incluem de mistério e de imagem e semelhança da própria realidade fontal que é a Santíssima Trindade.

3 O Espírito Santo eternamente com o Pai e o Filho

Vimos a presença do Espírito na história da salvação. O Espírito se manifesta no tempo assim como é na eternidade, na medida possível para o tempo. Como é o Espírito Santo no seio da Trindade? Essa pergunta pode parecer curiosidade intemperante. Mas pode significar também busca de luz para engrandecer o louvor e tornar perene nossa adoração. Toda resposta deve imbuir-se de reverência face ao Mistério. Aqui cabe mais o silêncio respeitoso que a fala afoita. A história da teologia está cheia de polêmicas acerca da processão

---

17. *In Isaiam* 49, 9-11, XI: PL 24, 419B.

18. Cf. WURZ, E. "Das Mütterliche in Gott". *Una Sancta*, 32, 1977, p. 261-272. • KALTENBRUNNER, G.K. "Ist der Hl. Geist weiblich?" no mesmo fascículo, p. 273-279.

do Espírito Santo, chegando em 1054 a cindir as duas Igrejas irmãs, a ortodoxa e a romana. No pano de fundo existiram disputas de poder político-religioso entre a velha Roma (na Itália) e a nova Roma (em Constantinopla), entre o que restava do antigo Império Romano no Oriente Médio e sua nova forma sob os francos de Carlos Magno com o Sacro Império Romano (Aachen). Não é aqui o lugar de compendiar esta polêmica que vem sob o signo do *Filioque* (o Espírito Santo procede do Pai *e do Filho*), passando pelos vários Sínodos e Concílios (Toledo em 589 e 633 respectivamente, sínodos de Gentilly em 767, de Frankfurt em 794, de Friuli em 796, Aachen em 809, Concílio de Lyon em 1274 e de Florença de 1438-1439). Vamos nos ater às teses principais da posição oriental (ao redor do Patriarca de Bizâncio), da posição ocidental (a partir de Santo Agostinho), dos esforços de mediação e por fim as novas tentativas visando ultrapassar a polêmica histórica rumo a um aprofundamento especificamente trinitário[19].

a) A base bíblica acerca da processão do Espírito Santo

Toda reflexão trinitária arranca da economia. Já refletimos acerca dos principais textos concernentes ao Espírito Santo. Aqui são invocados especialmente os três textos fundamentais de São João (16,13-15; 15,26; 20,22). Conviria citá-los explicitamente:

"Ele (o Espírito) me glorificará porque receberá do que é meu e vo-lo dará a conhecer. Tudo o que o Pai possui, é

---

19. Um bom resumo apresenta CONGAR, Y. *El Espíritu Santo*. Op. cit., p. 608-645.

meu. É por isso que disse: há de receber do que é meu e vo-lo anunciará". Reza outro texto: "Quando vier o Paráclito, que vos enviarei da parte do Pai, o Espírito da verdade, que procede do Pai, Ele dará testemunho de mim". Por fim Jesus diz ainda: "Como o Pai me enviou, assim também eu vos envio. Após essas palavras, soprou sobre eles dizendo: Recebei o Espírito Santo".

Estes textos se referem tanto à missão do Espírito quanto à sua relação com referência ao Pai e ao Filho. Ele, de certa forma, consoante a letra dos textos, depende de outros. Como Pai e Filho entram na processão ou espiração do Espírito Santo? Historicamente conhecemos duas respostas, estreitamente ligadas a mentalidades distintas e estilos teológicos diversos. Antes de contrárias, elas são complementares, aquela dos gregos e aqueloutra dos latinos[20].

b) O Espírito Santo procede só do Pai ou do Pai e do Filho?

Para os gregos o Pai é por excelência Deus, porquanto Ele é a única e suprema causa, princípio e fonte de toda divindade. Os concílios de Niceia e de Constantinopla afirmam que o Filho é gerado do Pai (ek). Depois se diz a mesma coisa do Espírito Santo: Ele procede do Pai (ek). O Pai é o princípio, portanto, da geração do Filho e da processão do Espírito Santo. Em consequência disto, Eles são consubstanciais e são um só Deus. Possuem a mesma eternidade, a mesma glória e a mesma onipotência. Distinguem-se, entretanto, por possuírem propriedades distintas: o Pai a inascibilidade, o Filho a geração e o Espírito

---

20. Cf. COMBLIN, J. *O tempo da ação*. Op. cit., p. 112-153.

Santo a processão. Estas propriedades são incomunicáveis e exclusivas de cada Pessoa. De resto partilham tudo em comum. Estão sempre em comunhão e pertencendo um ao outro. O Filho e o Espírito derivam do mesmo Pai, mas de maneira distinta; por isso são também diferentes. O Filho se deriva por geração (*gennesis*) e o Espírito Santo por processão (*ekpóreusis*). Numa linguagem figurada se pode dizer, como ocorre com frequência entre os Padres Gregos: O Pai pronuncia sua palavra que é o Filho (Verbo); e o sopro que a acompanha, a torna audível, e aceitável é o Espírito Santo. Embora diferentes, a palavra e o sopro provêm do mesmo Pai e estão sempre juntos.

Para os latinos Deus não é principalmente o Pai, mas a Trindade, a natureza única nas três divinas Pessoas. O Pai ao gerar o Filho lhe entrega tudo (cf. Jo 16,15: "tudo o que o Pai possui, é meu"), lhe doa a mesma natureza. Assim o Filho recebe a capacidade como recebida do Pai, de juntamente com o Pai dar procedência ao Espírito Santo. Pela mesma natureza única e comum Pai e Filho são uma coisa só (cf. Jo 10,30). Por isso, ao proceder do Pai, o Espírito Santo procede também do Filho, não como de dois princípios (haveria então dois Pais), mas de um princípio só. Santo Agostinho cunhou a expressão clássica: o Espírito procede principialmente (*principaliter*)[21] do Pai e também do Filho (*Filioque*). Assim se evita uma dificuldade que se origina de uma leitura extrínseca da concepção grega, a de que o Pai teria dois Filhos, já que o Filho e o Espírito pro-

---

21. Cf. no *De Trinitate XV,* 17, 29; 26, 47; *Sermo* 71, 26: PL 38, 459. Esta expressão se encontrava já em Tertuliano, *Adv. Praxeam* 3 e sob semelhantes formas verbais também em Santo Ambrósio e Santo Hilário.

cedem do Pai[22]. Por outro lado, se é pela natureza única e igual que o Pai e o Filho dão procedência ao Espírito Santo, então deveríamos conceder que o Espírito Santo é também causa de si mesmo e é, ao mesmo tempo, efeito, porquanto também Ele possui a mesma natureza única e igual. Para escapar desta objeção, diziam os teólogos antigos que se deve falar de forma diferenciada acerca da processão da Terceira Pessoa e de sua participação na única e mesma natureza. Por exemplo, segundo Santo Cirilo de Alexandria, o Espírito Santo tem sua existência como Pessoa a partir *unicamente* do Pai, mas no modo de existir substancial procede do Pai e do Filho. Enquanto Pessoas, Filho e Espírito possuem uma relação única com referência ao Pai e somente ao Pai, pois Ele é a origem da especificidade incomunicável da Pessoa do Filho e do Espírito Santo. Mas consoante o modo próprio como cada uma das Pessoas se apropria da divina essência, se manifesta uma ordem segundo a qual as Pessoas são umas para as outras a condição de sua comunhão consubstancial[23].

Para a mentalidade grega, admitir o *Filioque*, vale dizer, que o Filho concorre na processão do Espírito Santo, equivale a confundir as propriedades individuais das Pessoas da Trindade. Segundo isto, não se poderia dizer, de forma absoluta, que o Pai é o único princípio e fonte de toda a di-

---

22. Os Padres do século III em sua luta contra o subordinacionismo e contra os que negavam a divindade do Espírito Santo encontravam especial dificuldade em mostrar como o Espírito procedia do Pai que não fosse por geração, pois é pela geração que se garante a mesma essência. Usava-se com frequência a analogia de Eva. Ela não é filha; não surgiu por geração e contudo possui a mesma natureza que Adão. Para tudo isto cf. ORBE, A. "La procesión del Espíritu Santo y el origen de Eva". *Gregorianum*, 45, 1964, p. 103-118.

23. Cf. EVDOKIMOV, P. *L'Esprit Saint dans la tradition orthodoxe*. Paris, 1969, p. 56-57.

vindade, o Filho só Ele gerado e o Espírito espirado. O Filho participaria da propriedade exclusiva do Pai (que então não seria exclusiva), a de ser princípio de toda a divindade.

Os latinos representavam, à sua maneira, a processão do Espírito Santo, como já o expusemos já no capítulo IV. O Pai se conhece de forma absoluta e projeta uma imagem substancial de si mesmo que é o Filho. Filho e Pai se reconhecem mutuamente e reciprocamente se amam. O amor busca a união. O Espírito é esse amor e esta união entre Pai e Filho. Numa expressão plástica de Mário Vitorino († 428), teólogo do tempo de Santo Agostinho, o Espírito Santo "é a cópula do Pai e do Filho"[24]. Nesta representação se vê claramente a díade, Pai e Filho; o Espírito cumpre uma função unitiva para constituir a Trindade; mas nele mesmo que é? Nesta representação sua originalidade pessoal não aparece claramente.

Ou então se usava entre os latinos (e ainda hoje é a representação mais evocada) o modelo do processo amoroso. Há o amante, o amado e o amor. O Amor que é Deus (cf. 1Jo 4,18) se autoentrega. O Pai em seu amor entrega tudo ao Filho. O Filho, por sua vez, recebe tudo do Pai e o entrega ao Espírito Santo. Pai e Filho amam o Espírito Santo que é o coamado (*condilectus*). O Espírito por fim ama o Pai e o filho e assim se revela uma absoluta comunhão e interpenetração eterna das Três divinas Pessoas.

Por fim, cabe recolher a intencionalidade das duas vertentes teológicas: os gregos querem garantir a divindade do Filho e do Espírito Santo pelo fato de que ambos proce-

---

24. Uma boa exposição dos vários modelos sob os quais a teologia grega e latina representa a processão do Espírito Santo se encontra em KASPER, W. *Der Gott Jesu Christi*. Mainz, 1982, p. 265-269.

dem do Pai que é a única fonte e o princípio último de toda a divindade, pois Ele é, por excelência, Deus.

Os latinos queriam garantir a divindade das três divinas Pessoas ao mostrar que são consubstanciais; o Espírito Santo possui a mesma natureza que o Filho recebeu do Pai; como o Filho a recebeu, Ele a entrega junto com o Pai ao Espírito Santo. Por isso que o Espírito Santo procede, segundo os latinos, do Pai e do Filho.

c) Fórmulas de mediação entre gregos e latinos

Para ultrapassar a polêmica entre gregos e latinos se fizeram recursos a outras formulações também encontradiças tanto num campo quanto no outro. Assim por exemplo, num contexto não polêmico, citavam-se os textos de Santo Epifânio († 403) e de São Cirilo de Alexandria († 444) que, no ambiente grego, falavam da procedência do Espírito Santo do Pai *e* do Filho (*ek tou hyioú*)[25]. Falavam assim também São Leão Magno († 461) e São Gregório Magno († 604) entre os séculos V e VI. Ou então se usavam as seguintes expressões: o Espírito Santo procede do Pai *através* do Filho (*per Filium*), ou então, na presença do Filho. O Concílio de Lyon (1274) tentou explicar o "ab utroque" (de ambos, Pai e Filho) deixando claro que com isso não se duplicava a causalidade: "o Espírito Santo procede eternamente do Pai e do Filho, não como *de dois princípios,* mas como *de um só princípio,* não por duas espirações, mas por uma única espiração" (DS 850). Ademais se insistia que

---

25. Cf. SANTO EPIFÂNIO. *Anacoratus,* 8: PG 43, 29. • SÃO CIRILO. *Thesaurus de Trinitate,* 34: PG 75, 585.

a espiração a partir do Pai e do Filho não pode significar posterioridade à geração do Filho; tudo é coeterno e por isso simultâneo (DS 853). O Concílio de Florença (1439) explicou o significado aproximativo do "per Filium" (pelo Filho): "Dizer que o Espírito Santo procede do Pai *pelo* Filho tem por fim fazer compreender que o Filho é também a causa (segundo os gregos) ou o princípio (segundo os latinos) da subsistência do Espírito Santo, como o Pai" (DS 1301). Depois se aclara que o Filho recebeu do Pai o ser causa ou princípio do Espírito Santo e que, portanto, como querem os gregos, o Pai é principalmente (*principaliter*) o espirador do Espírito Santo. Este concílio buscou uma equivalência entre o *Filioque* (e do Filho) com o *per Filium* (através do Filho). Mas este acerto não ficou jamais inquestionável. Os gregos possuem outra sensibilidade ligada às palavras, firmadas depois de árduas disputas contra o subordinacionismo (Ario) e o modalismo (Sabélio). Assim os gregos jamais diriam que a *causa* (*arché*) do Espírito possa ser também o Filho; para eles causa é exclusiva do Pai; os latinos quando dizem *princípio* (*principium* como tradução de causa-*arché*) significam algo genérico, um princípio supremo ou mediado. Para os gregos é difícil aceitar que a palavra processão (*ekpóreusis*) possa ser aplicada também ao Filho (do Pai e do Filho procede o Espírito Santo) já que eles reservam esta palavra somente ao Espírito Santo com relação ao Pai, como sua origem absolutamente primeira. Para os gregos os *ex Filio* (do Filho) não é totalmente equivalente ao *per Filium* (pelo Filho). O *ex* (do) significa a igualdade de substância e não a ordem das Pessoas. O *per* (pelo), ao contrário, indica a ordem das Pessoas e não a igualdade da mesma substância. Os latinos, ademais, sempre desconfiaram também de que o "pelo Filho" poderia significar uma inferioridade do Filho ou que Ele fosse mera causa instrumental e não causa total junto com o Pai. Ora, as atas do Concílio de Florença procuraram criar equivalências entre as várias expressões, num esforço ingente de buscar a união entre o Oriente e o Ocidente. Mas estas construções não abolem as idiossincrasias de cada língua, imbutidas na carne e no sangue de cada mentalidade. Por isso as polêmicas persistem até os dias de hoje.

Por outra parte, numa perspectiva estritamente teológica, esta construção do *Filioque* ou do *per Filium* consagradas pelos concílios do Latrão (1215), Lyon (1274) e de Florença (1439) mal conseguem expressar as relações sempre trinitárias entre o Pai, o Filho e o Espírito Santo, dificultando a verdadeira pericórese. Na verdade aparecem, por causa da compreensão latina, duas díades: por um lado a díade Pai ⬌ Filho e por outro a díade Pai-Filho ⬌ Espírito Santo. Logo abaixo tentaremos resgatar o significado e as consequências das relações em tudo e sempre trinitárias.

d) Passos rumo a um equilíbrio trinitário

Na teologia ecumênica (entre ortodoxos, romano-católicos, vétero-católicos e anglicanos) se tentaram nas últimas décadas novas achegas ao mistério trinitário que ultrapassassem as fronteiras definidas pelas divergências históricas[26]. Dentre os vários esforços, ressaltaremos apenas aqueles do teólogo ortodoxo Paul Evdokimov e do protestante

---

26. Cf. SLENCZKA, R. "Das Filioque in der neueren ökumenischen Diskussion". *Glaubensbekenntnis und Kirchengemeinschaft*. Op. cit. (nota 2), p. 80-99. • CONGAR, Y. *El Espíritu Santo*. Op. cit., p. 608-645.

J. Moltmann. Ambos se reportam a Boris Bolotov, famoso historiador russo-ortodoxo (morreu em 1900 com apenas 47 anos de idade) que escreveu em 1897 um longo texto sob o título: "Teses sobre o *Filioque*, de um teólogo russo"[27]. Segundo este autor, o Espírito Santo procede só do Pai, na medida em que o Pai é a fonte de toda divindade. Mas o Filho pela geração do Pai é tão unido ao Pai que Ele é a pressuposição lógica e a condição objetiva da espiração do Espírito Santo. Mais ainda: o Espírito Santo é a condição trinitária da geração do Filho por parte do Pai. Destarte as relações na Trindade são sempre trinitárias: ao *Filioque* há de se acrescentar o *Spirituque*.

Paul Evdokimov, com rara penetração do mistério e notável simplicidade, pensa que devemos superar o pensamento causal na reflexão sobre o mistério trinitário[28]. A linguagem da Tradição é antes descritiva e analógica do que explicativa. Sugere que devemos partir da seguinte parte do Credo: "creio no Espírito Santo... *que é adorado* e glorificado com o Pai e o Filho". Aqui temos expresso o caráter radicalmente ternário das relações trinitárias[29]. Ao invés de falar da dialética causal, devemos, pensa Evdokimov, passar à dialética da revelação do Pai, pelo Filho no Espírito Santo, no horizonte do tríplice amor trinitário. A monarquia do Pai significa que Ele é o sujeito da revelação, pois é Ele que assegura a unidade, a consubstancialidade

---

27. Cf. *Revue Internationale de Theologie*, 5, 1898, p. 681-712 ou modernamente republicado em *Istina*, 17, 1972, p. 261-289. Um resumo das teses se encontra em CONGAR, Y. *El Espíritu Santo*. Op. cit., p. 626-628.

28. Cf. EVDOKIMOV, P. *L'Esprit Saint dans la tradition orthodoxe*. Paris, 1969.
• EVDOKIMOV, P. "Panagion et panagia". *Bulletin de la Société Française d'Études Mariales*, 27, 1970, p. 59-71.

29. *L'Esprit Saint*. Op. cit., p. 70.

e a coeternidade das três Pessoas divinas. Nunca se trata da relação do Pai com uma e outra Pessoa, mas se trata das relações daquele que se revela e daqueles que O revelam. Assim o *Filioque* só se justifica se ele for acompanhado pelo *Spirituque*[30]. "O sentido destas duas fórmulas reside na afirmação de que cada Pessoa deve ser contemplada simultaneamente em suas relações para com as outras duas. Assim o Filho, em sua geração, recebe do Pai o Espírito Santo e então, em seu ser, Ele é eternamente inseparável do Espírito Santo; o Filho é gerado *ex Patre Spirituque*. Da mesma forma, o Espírito Santo procede do Pai e repousa sobre o Filho; é o que corresponde ao *per Filium* e ao *ex Patre Filioque*. Encontra-se sempre o *e* e o *através* de, cada vez que se trata das relações interpessoais sempre trinas. O Pai gera o Filho com a participação do Espírito Santo e espira o Espírito com a participação do Filho. Mesmo sua inascibilidade comporta a participação do Filho e do Espírito Santo que a testemunham pelo fato de provirem do Pai como de sua fonte única"[31]. Estamos aqui face a um pensamento rigorosamente trinitário, na linha que nós mesmos temos desenvolvido ao longo de nossas reflexões. Estimamos que esta é a direção que torna possível um encontro ecumênico fecundo, ultrapassando as polêmicas do passado.

Jürgen Moltmann também é influenciado por Bóris Bolotov, especialmente, por seu equilíbrio trinitário[32]. Parte do Pai que é sempre Pai do Filho. O Pai não é Pai do Espírito Santo. Somente enquanto é Pai do Filho, o Pai espira o Es-

---

30. Ibid., p. 71.

31. Ibid., p. 72.

32. *Trinität und Reich Gottes*. Munique, 1980, p. 194-206.

pírito Santo. O Filho é a pressuposição lógica e a condição objetiva da processão do Espírito Santo. O Espírito Santo procede do Pai do Filho: eis a fórmula interpretativa mais adequada para expressar o Credo[33]. O Pai permanece, consoante os gregos, a fonte da divindade e, por isso, a causa da processão do Espírito Santo; o Filho também participa desta processão na medida em que participa, por ser Filho, da realidade do Pai. A relação direta do Pai para com o Espírito é explícita. Qual é a relação do Filho para com o Espírito Santo? Que recebe o Espírito do Filho? Moltmann responde: "O Espírito Santo tem do Pai a existência, perfeita e divina (*hypóstasis, hyparxis*) e recebe do Filho sua *Gestalt* relacional (*eidos, prósopon*)"[34]. Em outras palavras: a existência do Espírito Santo é recebida somente do Pai do Filho, mas a configuração concreta desta existência a recebe do Filho do Pai. Para usar uma figura do próprio Moltmann: a pessoa do Espírito procede do Pai; o rosto concreto provém do Filho. Este rosto é expressão da absoluta beleza e revelação da suprema glória. "Gestalt" significa aqui este rosto na medida em que ele é a revelação da pessoa. Por isso o Espírito Santo tem o rosto sempre voltado para o Pai e para o Filho que, por sua vez, se voltam também para Ele.

Moltmann termina sua compreensão dando-se conta de que tanto o modelo grego quanto o latino se movem dentro do princípio de causalidade, gerador das disputas do monopatrismo (as processões se derivam só do Pai) e do *filioquismo* (o Filho junto com o Pai fazem proceder o Espírito que por sua vez não faz derivar nenhuma outra

---

33. Ibid., p. 201.

34. Ibid., p. 202.

Pessoa). Postula uma apresentação do mistério trinitário que parta decididamente das relações interpessoais do Pai, do Filho e do Espírito Santo[35]. Desta ideia comungamos também nós.

e) A simultaneidade do Espírito Santo com o Filho e o Pai

Reportamo-nos ao que foi elaborado no capítulo VII acerca da pericórese eterna entre os divinos Três. Há que se partir do dado primeiro da fé: a coexistência do Pai, do Filho e do Espírito Santo[36]. As Pessoas, cada uma com sua propriedade específica, existem com as outras, pelas outras, nas outras e para as outras. Entre elas existem relações de recíproca revelação e reconhecimento. Como dizíamos, revelar-se umas às outras e reconhecer-se é acolher a diferença. Esta diferença amorosamente aceita é condição da comunhão e da união[37]. O que é produzido na Trindade é o processo eterno de revelação do recíproco amor e do mistério da vida trina. A simultaneidade dos divinos Três significa que a inascibilidade, a geração e a processão não podem ser entendidas como produção das Pessoas, no estilo de uma causa que produz seus efeitos[38]. Cada Pessoa se determina na relação para com as duas outras. Aquilo que na tradição teológica se chama de inascibilidade, geração e espiração é, na verdade, um único ato tri-único de recíproco

---

35. Ibid., p. 204-206.

36. Cf. DUQUOC, Ch. *Un Dios diferente*. Salamanca, 1978, p. 95-100.

37. Cf. FORTMAN, E. *The Triune God*. Londres, 1972, onde esta ideia é muito recorrente.

38. Cf. EVDOKIMOV, P. *L'Esprit Saint*. Op. cit., p. 74-75, onde aborda, a meu juízo, de forma convincente, esta questão.

reconhecimento e de mútua revelação com a participação simultânea de cada uma das Pessoas.

O Espírito Santo revela o dom do Pai e do Filho que é Ele mesmo. Pelo Filho o Espírito reconhece o Pai em sua superabundância de vida e de doação. Com o Pai, o Espírito reconhece o Filho em sua plena expressão do Pai e como modelo de todos os possíveis criáveis. E assim poderíamos, interminavelmente, descrever as mútuas e recíprocas implicações entre as três divinas Pessoas. Com referência ao Espírito Santo convém, por fim, na linha dos Padres Gregos[39] reconhecer certa função geradora. Há sempre uma correlação entre as relações intratrinitárias e a missão histórico-salvífica da Pessoa. Assim no Novo Testamento se reconhece a ação do Espírito Santo no momento da encarnação do Filho; este, em sua humanidade, é obra do Espírito Santo. É o Espírito Santo que faz nascer o Cristo na vida dos batizados, é Ele que inabita nos justos, é Ele o sopro da voz do Pai que do céu diz: "Tu és meu Filho muito amado, hoje te gerei". Não é sem razão que existe uma relação íntima entre a Virgem Maria e o Espírito em ordem à concepção, como veremos logo a seguir. Esta missão geradora do Espírito possui certa correlação intratrinitária. Ele é gerador de alegria do Pai com o Filho, Aquele no qual Filho e Pai se encontram em comunhão, o amor que desborda e convida à criação de outros companheiros para o amor e para a vida. Pelo Espírito se sai da vida intratrinitária e pelo Espírito se retorna à vida trinitária para a glorificação dos divinos Três, agora em comunhão com outros diferentes, inseridos na comunhão sem fim.

---

39. Cf. BULGAKOV, S. *Le Paraclet*. Paris, 1969.

4 A economia do Espírito Santo: a transformação e a nova criação

O que o Espírito Santo é dentro do círculo trinitário se manifesta no tempo, dentro das possibilidades temporais. Jamais o mistério imanente se revela totalmente na história. Sombras dele nos acompanham em nossa trajetória rumo ao Reino da perfeita liberdade em Deus trino.

Como consideramos acima, o Espírito é expansão e união, é diversidade e comunhão, numa palavra, é amor que revela os outros e se revela pelos outros. O Espírito no sentido bíblico e trinitário é fundamentalmente ação e transformação. Agora vivemos sob a economia do Espírito (regime, na terminologia de Paulo: Rm 7,6; 8,2). Esta economia ocorre sempre dialetizada por aquela do Filho, tendo como referência última a economia do Pai. O Pai representa sempre o caráter de mistério e de profundidade inacessível e, ao mesmo tempo, aconchegadora. O Filho, em sua economia, significa o enraizamento da Trindade na história humana, porque a nossa natureza foi totalmente assumida. O Espírito age universalmente nos seres humanos, não apenas num como em Jesus. Ele foi enviado e derramado em nossos corações (Gl 4,6; Rm 5,5). O Espírito está presente na multiplicidade e diversidade criando comunhão. Pentecostes revela a dinâmica da ação do Espírito: respeita a diversidade e cria comunhão (At 2,11), permite que na pluriformidade das línguas se compreenda a mesma mensagem. Esta presença do Espírito produz entusiasmo, a ponto de os apóstolos serem confundidos com ébrios (At 2,12); o êxtase da alegria e o fascínio da criação são obras do Espírito.

É pela ação que o Espírito realiza sua obra no mundo[40]. Sua ação penetra na ação humana, potenciando-a e fazendo-a verdadeiramente criadora. Por isso o Espírito se esconde; Ele revela as potencialidades humanas e cósmicas; imbui de força criadora os agentes da história e permite que eles se transformem em verdadeiros agentes e não meros repetidores e mandatários de alguém exterior. Na história há a lei e a ordem; há a instituição e as tradições; há a autoridade e a força dos fatos. Mas há também a revolução, a derrocada de um tipo de ordem e a instauração de outro tipo, há a criação do novo, há a ruptura das tradições e o estabelecimento de uma referência diferente com seus comportamentos distintos. Quando os pobres se conscientizam de sua opressão, se reúnem, organizam suas forças, derrubam os tabus que os mantinham submetidos, desmascaram as normas que os estigmatizavam, denunciam profeticamente os agentes de seus grilhões, quando, obrigados ao uso da força que não desejam, se defrontam com a violência dos opressores e os derrubam de seus privilégios e de seus postos de injustiça, quando se enchem de fantasia criadora e projetam utopias de um mundo reconciliado onde todos possam comer e se abrir à gratuidade da vida, então podemos dizer: aí está o Espírito em ação e em fermentação dentro da história conflitiva[41]. Estes processos históricos vêm grávidos do Espírito. Este mesmo Espírito suscita líderes carismáticos que sustentam o entusiasmo e reanimam a força que está adormecida em todos. Em cada

---

40. É a tese básica e convincente de COMBLIN, J. *O tempo da ação*. Petrópolis, 1982.

41. Cf. todo o número de *Lumière et Vie*, 173, 1985, dedicado ao "Le Saint-Esprit libérateur".

segmento da vida humana eclode o espírito criador na força do Espírito Santo, na condução política, na inventividade das ciências e das artes, na criação original do povo em seu enfrentamento com os problemas da subsistência, na ternura que se conserva em meio aos embates da vida e aos dramas mortais. O Espírito Santo ganha em todas estas articulações mil rostos, exatamente Ele que é considerado sem rosto. É que fez dos rostos humanos transfigurados ou humilhados o seu próprio Rosto divino.

O Espírito Santo não atua apenas na multiplicidade dos homens e das mulheres e de seus processos sociais, particularmente daqueles dos pobres. Ele fez da comunidade dos seguidores de Jesus o seu sacramento privilegiado. A Igreja é sacramento de Cristo e também sacramento do Espírito Santo. Nela há o que se deriva do mistério da encarnação: a estabilidade da instituição, a ordenação comunitária, a regra da fé, a autoridade investida de poder sagrado. Mas também vigora a irrupção dos dons e carismas (cf. 1Cor 12; Rm 12), das personalidades carismáticas que sacodem o corpo enrijecido das instituições, aqueles que rasgam novos horizontes da fé a partir de uma nova experiência do mistério divino, que inauguram novas práticas no atendimento das urgências históricas da comunidade. A Igreja está assentada sobre estes dois suportes: o Filho encarnado e o Espírito derramado sobre toda a humanidade, particularmente a Igreja. Uma Igreja sem carismas, sem a legitimidade do espaço para o Espírito, sem vigor e viço que lhe conferem juventude e inquietação, não é a Igreja, imagem da Trindade, a verdadeira Igreja de Deus. Sem o cultivo explícito do Espírito não livramos a comunidade dos cristãos do autoritarismo de seus hierarcas, da dominação pela verdade, da dogmatização estéril dos dogmas, da aborrecida repetição de seus ritos, estiolando o sentido das celebrações. Sem a consciente adoração do Espírito e respeito face à sua divina ação, a pregação perde sua aura de boa-nova, o conteúdo do Evangelho não libera suas dimensões humanizadoras, o seguimento de Jesus se transforma em mimetismo que estreita a mente e mediocriza o coração.

O Espírito age também nos sacramentos, particularmente na confirmação e na Eucaristia. Não queremos discutir o significado da epiclese (invocação do Espírito Santo na celebração)[42]. Apenas enfatizamos a presença transformante do Espírito (sem discutirmos agora as formas desta atuação) por ocasião da consagração das espécies eucarísticas. O celebrante invoca o Espírito para que as palavras de Cristo que instituíram o sacramento ganhem eficácia divina. O Espírito é sempre o Espírito do Filho, por isso, neste momento santo, Ele manifesta a presença viva de Cristo na forma de pão e de vinho, identificando esta comida com a Ceia Eucarística do Senhor. Toda celebração se dirige ao Pai para que o Espírito revele o Cristo presente na comunidade e sacramentalmente na celebração eucarística. O ministro age simultaneamente *in nomine Christi* e *in persona Spiritus Sancti* (em nome de Cristo e na força do Espírito Santo), com a Igreja.

Por fim, caberia a pergunta: Se o Espírito foi enviado juntamente com o Filho por parte do Pai, quem é, na verdade, o seu receptor? Já consideramos a multiplicidade das pessoas, os processos históricos de mudança, a Igreja, a vida dos justos nos quais está presente a graça (em

---

42. Uma boa orientação oferece BOUYER, L. *Le Consolateur*. Paris, 1980, p. 339-354. • CONGAR, Y. *El Espíritu Santo*. Op. cit., p. 658-678.

muitos lugares da Escritura é sinônimo do Espírito Santo). Não poderíamos afunilar ainda mais a questão e procurar um sujeito específico e histórico como o receptor privilegiado do Espírito? Já temos abordado esta questão em duas publicações anteriores e não queremos aqui detalhar a argumentação[43]. Vamos diretamente ao essencial. Em São Mateus e de modo todo particular em São Lucas há uma associação estreita de Maria com o Espírito Santo. O texto fundamental é este: "O Espírito Santo virá sobre ti e a virtude do Altíssimo te cobrirá com sua sombra e é por isso que o Santo gerado será chamado Filho de Deus" (Lc 1,35). A letra do texto nos permite admitir uma missão própria do Espírito Santo, vale dizer, uma autocomunicação pessoal (hipostática) à virgem Maria. É a primeira vez em toda a Escritura que se afirma ter Ele descido imediatamente sobre uma mulher. O Vaticano II observa acertadamente: "Maria é como que plasmada pelo Espírito Santo e formada nova criatura" (*Lumen Gentium*, 56). É conatural que o novíssimo Adão (1Cor 15,45) tenha por mãe a novíssima Eva. Somente Deus pode gerar Deus. Maria, por força do Espírito Santo, é elevada à altura divina para que sua maternidade fosse divina e ela, verdadeiramente, sem figura ou metáfora, fosse a mãe de Deus. A expressão lucana "a virtude do Altíssimo te cobrirá com sua sombra" (Lc 1,35) nos recorda a teologia da *shekina* (a tenda), a presença palpável de Deus (cf. Ex 40,34-35), que no judaísmo representava uma tendência encarnatória. Maria é feita, efetivamente, a cheia de graça (cheia do Espírito Santo), o

---

43. BOFF, L. *O rosto materno de Deus*. Petrópolis, 1979, esp. p. 92-117. •
BOFF, L. *A Ave-Maria* – O feminino e o Espírito Santo. Petrópolis, 1980, p. 41-46, 81-85.

"sacrário do Espírito Santo" (*Lumen Gentium*, 53), a filha de Sião, morada de Deus da qual falavam tanto os textos do Antigo Testamento (cf. Sf 3,14-17).

Nós diríamos que o Espírito Santo, vindo sobre Maria, a pneumatificou, quer dizer, assumiu nela configuração humana, à semelhança do Filho que, de um modo próprio e inconfundível, armou sua tenda entre nós na figura de Jesus de Nazaré (cf. Jo 1,18). O que afirmamos aqui não é doutrina oficial. Trata-se de um *Theologúmenon* (hipótese teológica), fundado num dado bíblico em articulação com o nexo existente entre as várias verdades da fé. Assim dizemos que a mulher em igualdade com o varão é imagem e semelhança de Deus (Gn 1,27), que existe um chamamento à divinização, que o feminino revela Deus, que a dimensão feminina presente em Jesus pela encarnação foi assumida hipostaticamente, de sorte que algo do feminino é divinizado para todo o sempre, que o feminino terá na eternidade bem como o masculino uma suma participação na comunhão trinitária. À luz de todas estas afirmações, pode-se legitimamente perguntar: assim como o masculino foi explicitamente assumido pelo Filho, ao assumir a humanidade de Jesus de Nazaré (que implica uma dimensão feminina implícita), não poderia igualmente o feminino ser explicitamente assumido pelo Espírito Santo, já que a Escritura mostra uma relação íntima dele com a virgem Maria? Não haveria um equilíbrio histórico-salvífico ao se afirmar, com reverência e piedade, que a humanidade toda em sua expressão concreta feminina e masculina foi o receptáculo da autoentrega de duas Pessoas da Trindade, enviadas ao mundo pelo Pai para introduzi-las, a partir de suas particularidades próprias, na comunhão trinitária? O

Filho divinizou o masculino explicitamente e o feminino implicitamente, na medida em que masculino e feminino sempre vêm juntos e se relacionam pericoreticamente. O Espírito Santo teria divinizado o feminino explicitamente e o masculino implicitamente dada a mútua implicação de um e de outro.

Jesus e Maria representariam toda a humanidade já assumida, dentro do tempo, beata antecipação do evento escatológico da plena divinização dos varões e das mulheres no Reino de Deus.

Segundo este nosso *theologoúmenon* o Espírito Santo teria densificado sua presença em Maria (dever-se-ia aprofundar em que sentido se pode falar da assunção ou da natureza ou somente da pessoa de Maria pelo Espírito Santo, que nome cunhar para esse evento único da história da salvação etc.) de forma tão real e identificável que Ele aí está presente de forma pessoal em plena autocomunicação, à semelhança da encarnação do Filho. Maria seria, então, a bendita entre todas as mulheres, a cheia de graça (graça que é o Espírito Santo), não apenas o templo de Deus, mas o próprio Deus do templo, isto é, o Deus que mora em Maria e que se faz nela o templo vivo e verdadeiro. Qual é a destinação futura da humanidade em sua concretização feminina? Consoante as nossas reflexões é ser divinizada como o foi Maria, cada qual em sua medida e em sua forma própria. Maria de maneira imediata e plena; todas as demais mulheres (e também os homens pelo seu lado feminino) em participação com Maria.

Deste núcleo fontal – Maria – o Espírito irradiaria sua presença sobre todos os justos, particularmente as mulheres, sobre a Igreja da qual Maria é o primeiro e mais perfeito membro, sobre a humanidade em sua marcha para o Reino entre transformações e processos de libertação que vão conformando mais e mais a criação ao desígnio derradeiro da comunhão trinitária.

Se assim é, cabe-nos recitar com unção esclarecida o Credo da fé de nossos Pais: "Creio no Espírito Santo [...] que junto com o Pai e o Filho é adorado e glorificado". A Ele que teria pneumatificado Maria, a honra, a glória, a perene adoração agora e pelos séculos. Amém.

XII

Assim como era no princípio: a Trindade imanente, em si mesma

Pai, Filho e Espírito Santo existem em comunhão eterna e são eternos. A oração "assim como era no princípio, agora e sempre" quer expressar a eternidade do Deus trino, embora utilize o esquema da sucessão temporal como o fazem as Escrituras. O sentido, entretanto, não é compreender a eternidade como um tempo interminável ou como a coincidência do princípio, do agora e do sempre. Eternidade diz muito mais do que isto. Não se trata de uma quantidade ilimitada, mas de uma qualidade nova que independe do tempo. A mais concisa e bela definição de eternidade foi dada por Boécio (480-524): "a posse totalmente simultânea e perfeita da vida interminável"[1]. Aqui se afirma a plenitude do viver e da vida. Porque esta plenitude é absoluta e acabada (per-feita), sempre existiu e jamais deixará de existir.

Para nós é difícil representar a eternidade de Deus porque nossa experiência é sempre de sucessão, de fragmentos de perfeição ou de perfeição ameaçada de perder-se. O que a fé quer afirmar é a soberania da Santíssima Trinda-

---

1. *De consolatione philosophiae* V, 6: "Interminabilis vitae tota simul et perfecta possessio".

de. Antes que houvesse o universo, antes que se movesse o mínimo átomo de matéria cósmica, antes que emergisse a primeira réstia de inteligência, antes que começasse a haver o tempo, o Pai, o Filho e o Espírito Santo estavam em si em erupção vulcânica de vida e de amor. Existia a Trindade imanente. Nós como criaturas, filhos e filhas, existíamos em Deus como projetos eternos, "gerados" pelo Pai no coração do Filho com o amor do Espírito Santo.

Desta Trindade imanente, como ela é em si mesma, nós somente sabemos o que Ela mesma, por palavras e fatos, nos comunicou graciosamente, de modo particular pela encarnação do Filho e pela pneumatificação do Espírito Santo.

1 Quando a Trindade econômica é a Trindade imanente e vice-versa

A Trindade se revela assim como é, trinitariamente. Ela nos salva assim como é em si mesma. Por isso o que observamos na manifestação histórico-salvífica, isto é, que o Pai se mostra como o mistério do mundo, que o Filho se encarna e que o Espírito é derramado em nossos corações e desce sobre Maria, corresponde ao que Deus trino é em si mesmo. Se Deus não fosse Pai, Filho e Espírito Santo jamais ter-se-ia manifestado assim e nunca os seres humanos teriam captado os Divinos três. Por isso é um axioma da reflexão moderna sobre a Trindade: Os três Únicos em comunhão que se revelam na economia da salvação são a Tri-unidade imanente e vice-versa[2].

---

2. Quem desenvolveu detalhadamente este axioma foi RAHNER, K. *Mysterium Salutis*, II/1. Petrópolis, 1972, p. 292-310. Cf. tb. FRANÇA MIRANDA, M. *O mistério de Deus em nossa vida* – A doutrina trinitária de Karl Rahner.

O argumento principal que legitima este axioma reside nas ações próprias do Filho pela encarnação e do Espírito Santo por sua descida sobre os justos e a Virgem Maria. Há uma presença do Filho no mundo que é a imediatez de sua própria Pessoa divina que assume a realidade humana de Jesus de Nazaré e a faz a humanidade do próprio Filho. Aqui o Filho não está apenas como luz que ilumina toda pessoa humana que vem a este mundo (cf. Jo 1,9), nem como sabedoria, nem como sentido íntimo de todo ser. Aqui está Ele pessoalmente se autoentregando de forma absoluta e total. Neste momento, o homem Jesus é Deus, que em sua própria humanidade deve ser adorado e glorificado. Se, pois, na ordem de nossa experiência de fé, descobrimos o Filho do Pai, que armou sua tenda entre nós, significa que existe o Filho do Pai em si mesmo imanentemente.

Da mesma forma vale para o Espírito Santo: seguindo Jesus, crendo em suas palavras e gestos, acolhendo o testemunho de seus discípulos que tocaram o Verbo da vida (1Jo 1,1), somos imbuídos pela força transformante que é o Espírito, somos conduzidos por Ele a nos entregar ao Pai, somos confirmados por Ele de que, de fato, Jesus é o Filho e Libertador, somos certificados que Deus é Pai e nós seus filhos e filhas. Mais ainda: vemos o Espírito descer sobre Maria e de virgem fazê-la Mãe de Deus; nela Ele está plenamente presente de sorte que Maria aparece como o tabernáculo do Espírito. Aqui está o Espírito de forma única como Pessoa divina que se automanifesta assim como é. Se

---

São Paulo, 1975, p. 151-160. • MOLTMANN, I. *Trinitat und Reich Gottes*. Munique, 1980, p. 175-179. • KASPER, W. *Der Gott Jesu Christi*. Mainz, 1982, p. 333-337.

assim é sua apresentação na nossa história, significa então que imanentemente o Espírito Santo é Deus com o Filho e o Pai. Porque Deus trino se nos revela assim como é, a Trindade imanente é correlata com a Trindade econômica.

Esta correlação não deve ser entendida de forma redutora como se desconsiderássemos a barreira do tempo e da eternidade. Aquilo que se manifesta em nossa história é efetivamente Deus assim como Ele é em si mesmo, trinitário. Mas a Trindade como mistério absoluto e sacramental é muito mais do que se manifesta. A autoentrega se dá dentro dos enquadramentos espaçotemporais e nos limites de nossa percepção criada e deturpada pela opacidade do pecado. O que a Trindade é em si mesma se nos escapa e se esconde no mistério insondável, mistério que se nos revelará em parte na eternidade feliz e se subtrairá para sempre porque a Trindade é um mistério em si mesmo e não somente para os seres humanos. Por isso devemos dizer: a Trindade econômica é a Trindade imanente, mas não toda a Trindade imanente. Esta é ainda muito mais do que foi manifestado aos seres humanos. Em razão de consequência devemos também dizer que nem toda a Trindade imanente é a Trindade econômica. A correlação é perfeita (o que permite garantir o "vice-versa" do axioma) quando se trata da encarnação e, segundo o nosso *theologoúmenon*, da pneumatificação de Maria. Aqui de fato a autocomunicação do Filho e do Espírito Santo significa a presença do eterno no tempo, da Pessoa divina como Pessoa na realidade humana. O que acontece na terra corresponde absolutamente ao que existe no céu. Mas a Trindade é tudo isso e ainda muito mais.

2 A autocomunicação do Filho e do Espírito Santo se dá na humilhação

Tudo o que acontece às Pessoas divinas na história é por elas assumido: assim a pequenez humana, a situação de serva no caso de Maria, a fome, a sede, a alegria, a amizade e o amor. Considerando a história da salvação e a forma como o Filho e o Espírito entraram no mundo, devemos reconhecer que privilegiaram o caminho da obscuridade e da *kénosis*. O que vemos não é o deslumbramento da glória, mas a simplicidade e a humildade. Isto significa que não vigora uma conaturalidade entre o modo de ser da Trindade imanente com o modo de ser da Trindade econômica. Reconhecemos que o Pai é de infinita bondade, mas no mundo impera a maldade ao lado da bondade, maldade que incide sobre os pobres e fracos; o Filho é a expressão suprema da Sabedoria e do Sentido, mas na sua encarnação teve que suportar a ignorância dos homens e o absurdo existencial da perseguição e do ódio. O Espírito Santo é Amor e União e contudo nos processos históricos de mudança, nos quais se faz particularmente presente, se constata o furor destruidor do ódio e a força desagregadora da desunião. Em sua condescendência, Filho e Espírito Santo assumiram as condições humanas submetidas ao pecado e a partir de dentro libertaram e redimiram a vida e o cosmos.

A própria contradição faz com que o Filho e o Espírito revelem o que são na Trindade imanente. Assim o conflito sofrido por Jesus, a paixão e finalmente a morte fizeram mostrar o amor misericordioso, a solidariedade e até a identificação com os sofredores do mundo. Não é que o Filho eternamente estaria destinado à crucificação[3]. A rejeição humana do amor divino, amor esse expresso na encarnação, cria a possibilidade da perseguição e da cruz. O Filho não deixa de ser e de revelar o que é: entrega, oferecimento de vida e salvação, amor ao mundo. Somente que este amor se transforma por causa da recusa humana em sacrifício e em oferecimento de perdão. O Filho não fica indiferente à recusa humana. Ele é afetado, pois muda a maneira de estar presente e de atuar. Mas não muda seu amor e seu convite de comunhão. A cruz não é eternizada junto da Trindade. A cruz, criação do pecado humano, é assumida, não porque representa um valor, mas porque permite mostrar a radicalidade do amor que aceita sacrificar-se para não romper a comunhão com os outros e até com os inimigos. Não é a cruz que carrega o valor. É o amor que confere valor ao que não tem valor e significa a corporificação do antivalor.

O Espírito Santo é por excelência a vida e comunicação de vida pela comunhão e união. Esta realidade divina muitas vezes na história é vivida na contradição. No meio dos enfraquecidos e daqueles condenados a morrer antes do tempo, o Espírito se manifesta como resistência, superação de qualquer ódio, esperança contra toda a esperança. Na linguagem popular, o Espírito Santo é como aquela pequena fagulha de fogo que arde no fundo do monturo de lixo. Os detritos se amontoam, as águas apagam a chama, o vento carrega a fumaça. Mas um tênue fio de fumo se

---

3. Jürgen Moltmann aprofundou a relação entre cruz e Trindade, considerando a crucificação também como uma expressão intratrinitária: *Der gekreuzigte Gott,* Munique 1972. • *Trinität und Reich Gottes.* Op. cit., 36-76. Cf. a crítica que movemos a Moltmann em BOFF, L. *Paixão de Cristo – Paixão do Mundo.* Petrópolis, 1978, p. 138-141.

mantém invencível. É que lá nas profundezas queima ainda uma brasa inapagável. Assim é o Espírito Santo no meio da impotência e do fracasso humano. É Ele que não deixa a cana se quebrar totalmente e nem o pavio da tocha se apagar completamente. É Ele que sustenta o fraco respiro da vida no meio do império da morte. O Espírito mostra sua força na fraqueza, sua comunhão no meio das buscas distorcidas do encontro e de felicidade. Somente no Reino da Trindade, quando a criação, finalmente, será libertada, o Filho e o Espírito se revelarão de forma adequadamente compreensível à criatura, criada à imagem e semelhança da Trindade. Então a manifestação sob a *forma servi* (sob a forma de servo) terá passado; haverá somente a *forma Dei* (a forma de Deus) para sempre unida às criaturas que foram assumidas e introduzidas à comunhão trinitária.

3 A doxologia eterna: a glória e a alegria da Trindade

A teologia restringiu-se, normalmente, à reflexão formal sobre o mistério da comunhão trinitária. Procurava-se penetrar racionalmente no sol ofuscador que é a própria essência de Deus trino. No termo desta diligência está o silêncio respeitoso. Toda fala que ultrapassar as barreiras da percepção do mistério se transforma em tagarelice e gera o sentimento de profanação do Sacrossanto. Assim é a situação humana quando confrontada com a Trindade imanente. Se não podemos nem devemos falar, podemos, entretanto, cantar e louvar. Cesse a razão, ganhe asas a imaginação. Foi assim que fizeram os místicos a quem foi dada a graça de intuírem a convivência trinitária. São três distintos, como que desembocaduras de três caudais sem margens formando um só oceano de vida e de amor. São três olhares distintos constituindo uma só visão. A autodoação de um ao outro, o conúbio dos Três num só amor produz glória e alegria sem fim. O fluxo e o refluxo, a diástole e a sístole dos divinos Três se interpenetrando e se inundando na força da perene comunicação produz o êxtase do amor. O entrelaçamento das divinas Pessoas faz emergir a intimidade, o aconchego e a expansão da ternura, próprias da felicidade eterna. Esta felicidade é a própria Trindade se mostrando como Trindade de Pessoas distintas na unidade de uma mesma comunhão, de um só amor e de uma única vida, comunicada, recebida e devolvida.

Basta olhar e participar, participar e amar, amar e unificar-se com as divinas Pessoas numa doxologia eterna como era no princípio, agora e sempre, de eternidade em eternidade.

XIII
Agora e sempre: a Trindade econômica, para nós

A Trindade imanente, Pai, Filho e Espírito Santo, pela dinâmica interna do amor e da comunhão, manifesta-se para fora do círculo trinitário íntimo. Este modo de falar – fora e dentro, obras *ad intra* e obras *ad extra* – é, na verdade, inadequado. A Trindade por sua onipotência e onipresença não conhece restrição; Ela pervade tudo e tudo está relacionado com a vida trinitária. Mas há uma verdade que deve ser retida: a criação, possível receptáculo das divinas Pessoas, não deve ser confundida com a "geração" a "espiração" do Espírito Santo. Na vida íntima dos divinos Três há suprema liberdade, própria do amor e da comunhão, mas ao mesmo tempo nada é contingente. A criação, entretanto, é o espaço da contingência, daquilo que é, mas que poderia também não ser. Que relação guarda a criação com a Santíssima Trindade? Vejamos esta questão que deverá enfatizar a estreita vinculação, embora sem separação e confusão, entre a Trindade imanente e a Trindade econômica, entre a criação eternamente ideada pelo Pai através do Filho no amor do Espírito Santo e sua concretização temporal na qual aparecem os sinais do Pai, do Filho e do Espírito Santo.

1 A Trindade cria o diferente para se autocomunicar a ele

O IV Concílio do Latrão declarou em 1215 que a Trindade é o único princípio do universo (*sola universorum principium*: DS 804). O Concílio de Florença precisou de forma trinitária a relação entre criação e Trindade, ensinando que o Pai, o Filho e o Espírito Santo não constituem três princípios, mas somente um princípio da criação (*non tria principia creaturae, sed unum principium*: DS 1331). Esta fórmula tirada de Santo Agostinho[1] deve ser entendida consoante o que o próprio Agostinho aclara: "Se o Pai, o Filho e o Espírito Santo são um só Deus, então um só mundo foi feito pelo Pai, através do Filho, no Espírito Santo"[2]. A virtude criadora do universo é de toda a Trindade; os três Divinos participam cada um conforme a sua propriedade e sua ordem[3], pois as processões das Pessoas fundam as razões da produção das criaturas, enquanto elas incluem os atributos essenciais que são a ciência e a vontade[4]. Como se deve representar a criação do universo pela Trindade? Aqui se apresentam na tradição teológica duas grandes vertentes.

A primeira corrente, numa perspectiva antes monoteísta que trinitária, afirma que a criação saiu da livre decisão da vontade divina. Deus é onipotente e absolutamente livre. Ele pode criar o que lhe agrada, sem nenhuma coação

---

1. *De Trinitate* V, 14, 15.

2. *In Joan.* 20, 9: PL 35, 1561.

3. Cf. a discussão deste ponto em MARGERIE, B. *La Trinité chrétienne dans l'histoire*. Paris, 1975, p. 254-262, à base dos textos de Santo Agostinho e de Santo Tomás de Aquino.

4. *Sum. Theol.* I, q. 45, a. 6.

externa ou interna; a criação não lhe tira nem lhe acrescenta nada, como rezam muitos textos litúrgicos[5]. Mas tudo o que emerge de sua Palavra onipotente é bom e gracioso, porque corresponde à bondade essencial de Deus. Nesta visão a criação parece, realmente, como uma obra *ad extra* (feita fora do círculo trinitário). O universo é manifestação do jogo divino, da glória superabundante do ser eterno.

Uma outra vertente parte do próprio mistério de amor e de comunhão pericorética entre os divinos três Únicos. O amor, natureza de Deus, é por si mesmo comunicativo e efusivo, como o temos repetido tantas vezes. Deus-Trindade é por sua própria natureza criador e originador de diferenças como expressão da superabundância de seu ser-de-comunhão. A *ideia* da criação, como transvasamento da comunhão trinitária, é eterna e coeterna com a Trindade. Eternamente o Pai ama o Filho; eternamente o Filho revida com amor, o amor recebido do Pai. O Espírito Santo ama desde o princípio o Pai e o Filho e juntos se unem num único movimento de autoentrega e amor.

Como já expusemos anteriormente, o Pai, ao projetar-se no Filho, projeta também todos os diferentes dele, a criação possível, imagem e semelhança dele e do Filho no qual, pelo qual, com o qual e para o qual tudo existe. A comunhão e o amor que circulam entre Pai, Filho e Espírito Santo é uma comunhão e um amor entre coiguais e coeternos. Não é ainda o amor e a comunhão para o Diferente. A criação temporal significa, exatamente, numa perspectiva trinitária, a manifestação do amor e da comunhão trinitários para aquilo que não é Deus, para o absolutamente

---

5. Cf., p. ex., o IV prefácio do tempo comum.

diferente: a criatura. É aqui que cabe a expressão "obra *ad extra amoris Trinitatis*" (obra do amor trinitário voltado para fora). Enquanto é *ideia* do Pai no Filho com o amor do Espírito Santo, a criação é eterna e significa uma obra *ad intra* (está dentro do círculo trinitário). Enquanto esta ideia é concretizada, tirada do nada, levada ao ser e configurada à imagem e semelhança da Trindade, surge como uma obra *ad extra*. A Trindade cria, efetivamente, do nada, aquilo que não era e, pelo ato criador, passa a ser. A Trindade se autolimita[6] pelo fato da criação do nada, porque faz surgir algo distinto dela. A criação é da Trindade, vem da Trindade, vai para a Trindade, espelha a Trindade, mas não é a Trindade.

A criação não deixa de ser contingente e totalmente dependente da Trindade, mas ela não aparece como simples decisão de um arbítrio onipotente que a seu bel-prazer decide criar como não criar. Partindo da própria essência das três divinas Pessoas – a comunhão pericorética e o amor – vê-se melhor a lógica divina. A criação, sem ser necessária (não é imposta a Deus), é conatural à divina essência. Por isso é também livre. Ela prolonga e desdobra a erupção de vida e de amor que constituem eternamente o ser do Pai, do Filho e do Espírito Santo. Numa linguagem antropomorfa: a Trindade não quis ficar em sua esplêndida comunhão trinitária; os divinos Três não se amam apenas reciprocamente, mas quiseram companheiros na comunhão e no amor. A criação surgiu desta vontade das divinas Pessoas de se encontrarem com o Diferente (que elas criaram) para poderem incluí-lo na sua comunhão eterna.

---

6. Cf. as reflexões pertinentes de MOLTMANN, J. *Trinität und Reich Gottes*. Munique, 1980, p. 123-127.

Aqui reside a significação teológica da criação. Ela somente é exterior à Trindade para poder ser interior a ela. A obra *ad extra* se ordena à obra *ad intra* porque a origem da obra *ad extra* se encontra na obra *ad intra*. Em outras palavras, a criação, antes de ser temporal, foi no plano do Pai eterna; antes de ser concretização "fora" de Deus, foi plano "dentro" de Deus.

2 A criação do Pai pelo Filho no Espírito Santo

Há um famoso texto de Santo Tomás que enfatiza o caráter trinitário da criação: "As divinas Pessoas, seguindo a natureza de sua processão, exercem uma causalidade com respeito à criação... Deus é causa das coisas por sua inteligência e por sua vontade, como o artista com referência aos produtos de sua arte. O artista opera em função do conceito de sua inteligência e do amor de sua vontade. Da mesma forma Deus Pai operou a criação por seu Verbo, que é seu Filho e por seu Amor que é o Espírito Santo. E desta forma as processões das Pessoas constituem as razões da produção das criaturas, enquanto elas incluem os atributos essenciais, que são a sabedoria e a vontade"[7].

Neste texto fica claro que as três divinas Pessoas, em sua ordem trinitária, participam do ato único da criação. O Pai é a causa originária, que atua pela Inteligência (Filho) e pelo Amor (o Espírito Santo). A bondade e a sabedoria das criaturas encontram seu exemplar supremo no Filho e no Espírito Santo, que são sempre referidos ao Pai. Destarte a criação não se reporta simplesmente ao Deus trino, sem

---

7. *Sum. Theol.* I, q. 45, a. 6.

distinção de Pessoas, mas a cada Pessoa que atua pessoalmente, com as propriedades de sua Hipóstase. Em razão disto Santo Tomás podia dizer: "as processões das Pessoas constituem as razões da produção das criaturas"[8]. A criação tem, pois, um caráter trinitário. E por ser trinitário é sempre dentro da pericórese. Esta afirmação se esclarece se nos recordarmos do que temos exposto ao nos referirmos anteriormente à relação Pai-Filho. Aí se dizia que o Pai, em seu imenso amor e sabedoria, "gerava" o Filho e nele projetava a expressão eterna de todas as criaturas. Estas são sempre *pelo* Filho e, por isso, possuem a partir de sua origem trinitária uma dimensão filial, fraternal e sororal. O Filho significa a resposta infinita da sabedoria e do amor do Pai. Junto à sua resposta estão as respostas de todas as criaturas especialmente as racionais que veem no Pai seu Criador e no Jesus histórico – destinado eternamente a ser o encarnado Filho de Deus – aquele que é "primeiro entre muitos irmãos" (Rm 8,29) e irmãs. A criação deve ser entendida como a obra própria do Pai (não apenas apropriada), que, ao "gerar" o Filho, expressa nele todas as possíveis imagens e semelhanças do Pai e do Filho no Espírito Santo.

O Pai cria pelo Filho *no* Espírito Santo. Isto significa: pelo Espírito, a criação é introduzida na comunhão trinitária. Ele se encontra sempre ativo na criação. Sem o Espírito e sua força transformadora e criação deixaria de ser (cf. Sl 104,29.30). Ele foi derramado sobre toda a carne (Jl 2,28-32; At 2,17), especialmente derramado em nossa interioridade (cf. Rm 5,3). Toda criação grita por unificação e retorno àquele seio donde veio (cf. Rm 8,9s.). O Espírito

---

8. Ibid.

é aquele que unifica os diferentes na comunhão e no amor. Assim toda a criação é criada no Espírito para compor o Reino da Trindade.

A criação é fundamentalmente a obra própria do Pai. A ela associa seu Filho e o Espírito. Assim a Trindade toda participa da criação e se espelha nela. Tudo o que de mistério se esconde em cada ser, por mais transparente que se apresente, é o Pai fazendo-se aí presente; tudo o que de racional, lógico e sábio se apresenta nas criaturas é o Filho que aí se revela; tudo o que de amoroso, gracioso e integrativo que se nota nas criaturas é o Espírito Santo aí atuando. A criação toda é um sacramento majestoso da Trindade.

3 Traços trinitários na criação

Acabamos de refletir os traços trinitários na ordem cósmica. Cabe vê-los também na existência humana. Cada pessoa é, inegavelmente, um mistério. Por mais que se comunique e se autoconheça, permanece sempre uma profundidade insondável. Ora esta situação permanente do ser humano traduz a presença do Pai como mistério abissal e íntimo. Na pessoa humana, homem e mulher, há a dimensão de verdade, autoconhecimento e revelação de si mesmo. O próprio mistério possui sua luz e sua sabedoria. Esta condição humana expressa a presença do Filho (*Logos* e Sabedoria) atuando e desdobrando na pessoa a comunicação do mistério. Na pessoa humana vigora a imensa sede de comunhão com o diferente e de união no amor. O Espírito Santo se faz presente nesta ânsia humana e no gozo de sua realização terrestre. O mistério, a verdade e a comunhão convivem na mesma e única pessoa; são realidades que se interpenetram e constituem a unidade da vida. Aqui se encontra um reflexo da comunhão trinitária e o fundamento último do ser humano como imagem e semelhança da Santíssima Trindade. Quando a pessoa vive a afeição do Mistério (está em estado de graça), esta presença trinitária significa uma verdadeira inabitação das três divinas Pessoas no coração do justo. Quanto mais justamente vive o justo, mais deixa transparecer o mistério da vida (Pai), mais refulge nele a verdade (o Filho) e mais irradia amor (Espírito Santo). Como a Trindade é um mistério vivo e em eterna atuação, podemos dizer como os místicos que na vida dos justos o Pai continua a "gerar" o Filho e a inserir os filhos e filhas adotivos no Filho unigênito; Pai e Filho continuam se autoentregando em amor, se efundindo para as demais criaturas e unindo-as a si, quer dizer, Pai e Filho continuam a "espirar o Espírito Santo" nas profundezas da vida do justo.

Mas esta visão é ainda demasiadamente centrada sobre a pessoa tomada em sua individualidade. Numa perspectiva bíblica, a pessoa é essencialmente social e um ser de comunhão. Viver humanamente é sempre conviver; é no exercício da co-humanidade que cada um chega a se personalizar verdadeiramente. O Gênesis (1,26-27) apresenta a humanidade como imagem e semelhança de Deus. Ora, para nós Deus é comunhão e amor em eterna pericórese. Assim sendo, o ser humano, na medida em que realiza a comunhão e estabelece relações de doação e acolhida, se faz imagem da Trindade. Há Adão, há Eva e há o que resulta do amor recíproco, o filho (Set). Aqui está a imagem da Trindade: O Pai (Adão), o Filho (Eva) e o não nomeado, mas presente, chamado por Ricardo de São Vítor († 1173) de "condilectus" (coamado), o Espírito Santo (Set). Evidentemente, não se consideram aqui, para efeito da analogia, as determinações sexuais (masculino-feminino), mas o tipo de relacionamento entre os três, de reciprocidade e de comunhão vital.

Como transparece, a vida humana vem intrinsecamente inserida na comunhão trinitária. Trata-se de uma estruturação da ordem da criação e também da ordem da graça. Podemos conscientemente viver esta dimensão; no tempo presente não sentimos palpavelmente pelo gozo e pela alegria o que esta verdade significa; ela se realiza na fé, na esperança e no amor sob os véus da obscuridade; na eternidade seremos parte criada do mistério do Pai, da geração do Filho e da espiração do Espírito Santo de forma consciente, participativa e gozosa[9].

A presença trinitária se dá também no processo histórico-social. Por sua natureza e ainda mais pela presença do pecado estrutural, esta presença não é facilmente detectável. Mas na fé sabemos que principalmente a luta dos oprimidos por sua libertação possui particularmente densidade trinitária. Sempre que no meio das turbulências se avança para formas sociais mais geradoras de vida é o Filho que aí está sendo histórico-socialmente "gerado" no seio do Espírito que anima e promove a vida. O Pai com seu mistério se esconde no mistério do sentido derradeiro da história, que, em última instância, se subtrai para todos. A união dos oprimidos, a convergência de interesses em direção do bem comum, a coragem para enfrentarem os seculares obs-

---

9. Mais detalhadamente em BOFF, L. *A graça libertadora no mundo*. Petrópolis, 1977, p. 247-252.

táculos à sua vida e à sua liberdade, a solidariedade e até a identificação de tantos homens e mulheres com sua causa, vêm penetradas pela secreta presença do Espírito de vida, de profecia e de libertação. A história humana não deixa de ser humana com seus agentes de transformação (ou conservação), com seus conflitos, alianças, avanços e recuos. Mas a Trindade a habita, de forma misteriosa, porém eficaz, dando ânimo para a luta, força de resistência, espírito criativo e vontade de libertação de tudo o que ameaça os rebentos da vida nova. A história é o teatro da glória possível da Trindade, no tempo presente sob sombras e cruzes, na escatologia sob a forma de plena patência e interminável festa.

De forma toda especial está presente a Santíssima Trindade naquela porção da humanidade que na força do Espírito aceitou Jesus como seu Libertador e Filho encarnado: na Igreja[10]. Nela se realizam as duas missões, a do Filho e a do Espírito Santo. Por isso, ela é fundada sobre Jesus, Filho encarnado, e sobre o Espírito Santo que desceu sobre Maria na anunciação e sobre os apóstolos, reunidos com ela, em Pentecostes. Nas condições da carne, ela vive da comunhão trinitária, sua unidade é derivação daquela pericórese que existe entre os divinos Três; na bela expressão do Vaticano II: "A Igreja toda aparece como o povo reunido na unidade do Pai e do Filho e do Espírito Santo"[11].

---

10. Uma exposição detalhada se encontra em CONGAR, Y. "La tri-unité de Dieu et l'Église". *La Vie Spirituelle*, 604, 1974, p. 687-703. • CONGAR, Y. *El Espíritu Santo*. Salamanca, 1983, p. 205s.

11. Cf. *Lumen Gentium*, 4. • SÃO CIPRIANO. *De cath. Ecclesiae unitate,* 7; *De Orat. Dominica* 23: PL 4, 553. • SANTO AGOSTINHO, *Sermo* 71, 33: PL 38, 463s.

A Igreja é antes de tudo comunhão de pessoas que creem. O Filho e o Espírito, enviados pelo Pai, que sustentam e vivificam permanentemente a comunidade, fazem com que ela seja o corpo de Cristo. A comunhão no Cristo e no Espírito e a comunhão entre os próprios fiéis formam a única Igreja. Ela é ainda uma comunhão de dons e serviços (cf. 1Cor 12,4). Todos eles se orientam para a construção do corpo de Cristo (cf. 1Cor 12). Paulo, neste contexto dos carismas que dão forma concreta à comunidade, refere-se aos três, ao Pai, ao Cristo Senhor (Filho) e ao Espírito. E assim é e deve ser porque a comunidade dos seguidores de Jesus, no entusiasmo que lhes infunde o Espírito, revelando-lhes o Pai e o Filho, é um reflexo da comunhão trinitária: *ecclesia de Trinitate*[12].

Enfim, de mil formas, o mistério augusto da Trindade se faz presente dentro da criação e da história. O universo está grávido deste mistério inefável, tão próximo que sequer o percebemos, transcendente porque nos desborda por todos os lados, íntimo porque mora em nós como em seu templo e em seu próprio lar.

---

12. Cf. FORTE, B. "Ecclesia de Trinitate". *La Chiesa icona della Trinità*. Brescia, 1984, p. 9-22. • FORTE, B. *Trinità come storia*. Turim, 1985, p. 192-196.

XIV

Pelos séculos dos séculos: a Trindade na criação e a criação na Trindade

O sentido da criação reside em ser um receptáculo capaz de acolher a manifestação da Santíssima Trindade e, no nível humano, de ser templo da autocomunicação do Filho (em Jesus de Nazaré) e do Espírito Santo (segundo o nosso *theologoúmenon* em Maria e na vida dos justos). Com a criação se iniciou a ação, criadora das três divinas Pessoas para além da vida intratrinitária. No decurso temporal ela vai se desdobrando até continuar, num nível de glória e perfeição, pela eternidade em fora. Não devemos imaginar que na eternidade se termina o processo criador da Santíssima Trindade. O próprio conceito teológico de criação supõe que as três divinas Pessoas atuem permanentemente para que os seres continuem no ser e não decaiam no nada, donde vieram. Eternamente, a Trindade opera a criação do Diferente, para a ele se manifestar e autoentregar. Assim a criação vem inserida na própria vida, comunhão e "história" trinitária[1]. É a partir da criação que a Trindade ganha história. Na eternidade pura e simples não há história, embora haja movimento da vida eterna, novidade da revela-

---

1. Cf. MOLTMANN, J. "Die trinitarische Geschichte Gottes". *Zukunft der Schöpfung*. Munique, 1977, p. 89-96 [Ges. Aufsätze].

ção das divinas Pessoas umas às outras. Mas estes processos são simultâneos e eternos. Sempre foram, são e serão. Eles formam o "nunc stans", vale dizer o "agora" eterno do amor pericorético dos divinos Três.

Consideremos o significado da criação inserida dentro da Santíssima Trindade, na plenitude da glória e a partir da irrupção da parusia no termo do processo escatológico (que começa no tempo e culmina na eternidade). Esta inclusão é fim bem-aventurado daquilo que começou no tempo. A criação somente está na Trindade porque, primeiramente, a Trindade estava na criação. Detalhemos estas duas perspectivas.

1 A era do Pai, do Filho e do Espírito Santo: cuidado, libertação, inabitação

Não entendemos aqui o termo era no sentido dado por Joaquim de Fiore († 1202), como um tempo específico dentro do tempo, sucedido por outro que o supera e integra[2]. Assim dizia o monge calabrês que a era do Pai vem sucedida pela era do Filho que, por sua vez, dá lugar à era do Espírito Santo. Entendemos a era, trinitariamente, no sentido de que cada tempo é tempo do Pai, do Filho e do Espírito Santo. Isso, entretanto, não impede que distingamos dimensões dentro da presença dos divinos Três em sua criação. Em cada dimensão estão os Três com suas proprie-

---

2. As duas obras principais que abordam esta questão são as seguintes: *Concórdia Novi ac Veteris Testamenti*. Veneza, 1519; *Expositio in Apocalypsim*. Veneza, 1527. Fundamental é o livro de LUBAC, H. *La postérité spirituelle de Joachim de Fiore*. Paris/Namur, 1979. • BENZ, E. *Ecclesia Spiritualis*. Stuttgart, 1934. • BENZ, E. "Creator Spiritus – Die Geistlehre des Joachim von Fiore". *Eranos-Jahrbuch*, 1956, p. 285-355.

dades hipostáticas. Nós podemos enfatizar e trazer à luz, cada vez, uma destas presenças, sem negar a atuação das outras. Assim podemos falar da era do Pai, da era do Filho e da era do Espírito Santo.

Quando nos referimos à *era do Pai* queremos salientar a criação enquanto significa um sistema aberto, em processo para a sua plenitude na era da Trindade na glória escatológica. Deus-Pai cuida de sua criação feita mediante o seu Filho no amor de seu Espírito. Este cuidado significa a materna e paterna Providência na conservação de todos os seres. Mais ainda, zela para que a criação não estanque em si mesma, mas se mantenha sempre orientada para a futura plenitude que está ainda por vir. O Deus-Pai-e-Mãe zela pelo destino humano, tantas vezes entregue às forças demoníacas da opressão dos poderosos sobre os fracos; cuida para que os empobrecidos não percam completamente o sentido da vida e a esperança da liberdade sem cativeiros. O Pai-e-Mãe celeste mostra paciência histórica face aos fracassos humanos e revela sua onipotência ao tirar um bem do mal e da própria morte uma vida mais gloriosa (cf. Rm 4,17). Quem governa o universo não é um juiz, nem um monarca celeste, mas é o Pai-Mãe do Filho bem-amado que com o Espírito do amor são a eterna bondade. É o Pai-e-Mãe cheio de misericórdia como foi revelado na Parábola do Filho Pródigo (cf. Lc 15,11-32). É o Pai-padrinho dos pobres por quem toma sempre partido e aos quais privilegia em sua revelação (cf. Mt 11,25-27)[3].

---

3. Cf. ARAYA, V. *El Dios de los pobres*. São José, Costa Rica, 1982. • DIAZ MATEOS, M. *El Dios que libera*. Lima, 1985, p. 27-50. • GUTIÉRREZ, G. *Hablar de Dios desde el sufrimiento del inocente*. Lima, 1986, p. 53-67. • PIXLEY, J. & BOFF, C. *A opção preferencial pelos pobres*. Petrópolis, 1986.

Pela *era do Filho* queremos sinalizar o momento de libertação da criação adulterada pelo abuso da liberdade humana, que impede a realização da vocação primordial que é a glorificação da Trindade. O Filho revela o caráter filial, fraterno e sororal de todos os seres, como expressões do amor e sabedoria do Pai no Espírito. Ele se encarnou para trazer vida em plenitude (cf. Jo 10,10); em função desta missão põe em crise todas as formações que tolhem a vida, oprimem pelo legalismo e pelo submetimento de uns aos outros. O Filho encarnado morreu em protesto contra as servidões impostas aos filhos e filhas de Deus. Inaugurou nele mesmo e na comunidade de seus seguidores a antecipação mais transparente do Reino da liberdade. Ele se apresenta na criação como o grande Libertador, no sentido de libertar a vida de todas as suas opressões, e principalmente libertá-la para a plenitude da liberdade e do serviço de uns aos outros como irmãos e irmãs. Esta sua libertação começa pelos mais carentes que são os historicamente oprimidos pela exploração econômica, pela marginalização política e pela alienação cultural e religiosa. Continuamente o Filho se entrega na forma de servo, de profeta-mártir e de crucificado para, pelo amor sacrificial e pelo perdão, conquistar para si e para os seus irmãos e irmãs o Reino da liberdade e da vida. Para isso ressuscitou e foi feito Senhor.

A *era do Espírito Santo* prolonga e interioriza nas pessoas e nos processos sociais o ser novo conquistado pelo Filho. O Espírito torna o universo transparente para a Trindade. Ele penetra toda a realidade histórica (cf. Jo 2,28; At 2,16), o amor de Deus perpassa nossos corações (cf. Rm 5,5). Pelo Espírito renascem as pessoas para a sua vocação divina (cf. Jo 3,3.5). Pelo Espírito a Trindade mora no meio dos seres humanos. Sua presença na comunidade se faz notar por toda sorte de serviços e carismas em vista do bem comum (cf. 1Cor 12). As pessoas são feitas em seus corpos templos do Espírito (1Cor 6,13-20). O novo céu e a nova terra são frutos do Espírito que prepara o universo para ser o grande templo da Trindade (cf. Ap 22,17 e 21,3). O Espírito inabita no coração da criação que carrega a semente da renovação trazida pelo Filho do Pai.

Numa palavra final diríamos: a Trindade está na criação, pois o Pai tudo cria a partir da fonte inesgotável de sua vida e de seu amor, mediante o Filho no qual tudo está encerrado como o seu protótipo eterno e na força do Espírito que reunifica tudo a partir do coração de todas as coisas e as reconduz ao Pai. Então, podemos louvar e agradecer o Pai, pelo Filho no Espírito. A era do Pai contém a era do Filho e do Espírito e cada uma reciprocamente, por isso os três são igualmente louvados e glorificados. A era do Filho encerra a era do Pai e do Espírito, bem como a era do Espírito engloba a era do Filho e do Pai. Em razão desta inclusão pericorética, ao Pai, ao Filho e ao Espírito cabem a honra e a glória para sempre, pois em seu amor e em sua vontade de comunhão inundam a totalidade do universo.

2 A criação como o corpo da Trindade

A Trindade na criação visa inserir a criação na Trindade. O cuidado do Pai, a libertação do Filho e a inabitação do Espírito se ordenam à transfiguração do universo. É a era da Trindade. O universo depois dos milhões e milhões de anos de sua ascensão, depois do desdobramento de suas potencialidades latentes que foram se tornando patentes, depois da crise cósmica pela qual foi acrisolado de toda ignomínia e perversidade humana projetada na história e infundida nas estruturas da natureza, enfim, atinge a era da Trindade. A partir da força transformante do Espírito através da ação libertadora do Filho chega o universo, finalmente, ao Pai. Agora começa a verdadeira história da criação com o seu Criador trinitário. Todo o mistério da criação se encontra com o Mistério do Pai. Cada ser será confrontado com o seu protótipo eterno, o Filho do Pai. A comunhão e a união que vigora entre todos será revelada como expressão do Espírito Santo. A criação para sempre estará unida ao mistério da vida, do amor e da comunhão do Pai, do Filho e do Espírito Santo.

Os varões se descobrirão assumidos, à semelhança de Jesus de Nazaré, pela Pessoa do Filho[4]. Agora serão eternamente filhos adotivos no Filho eterno, expressões do amor, da sabedoria e da vida do Pai. As mulheres se verão assumidas, à semelhança de Maria de Nazaré, ao Espírito Santo e revelarão o Pai e a Mãe eternos e o Filho unigênito, unindo no amor e na ternura os divinos Três para, por sua vez, se unirem na ternura e no amor a todos os seres da criação. O universo em Deus trino será o corpo da Trindade, no qual resplandece, na forma limitada da criação, a plenitude possível da comunhão dos divinos Três.

É a festa dos redimidos[5]. É a dança celeste dos libertos. É o convívio dos filhos e das filhas na pátria e no lar da Trindade, do Pai, do Filho e do Espírito Santo. Na cria-

---

4. Cf. BOFF, L. "Que podemos esperar depois do céu?" *A fé na periferia do mundo*. Petrópolis, 1979.

5. COX, H. *A festa dos foliões*. Petrópolis, 1978.

ção trinitarizada brincaremos e louvaremos, louvaremos e amaremos o Pai, o Filho e o Espírito Santo e seremos por Eles amados, louvados e convidados a brincar e a cantar, a cantar e a bailar, a bailar e a amar pelos séculos dos séculos, amém.

XV
Amém: a totalidade do mistério num fragmento

Ao término de nossa caminhada de fé e de reflexão só nos cabe dizer biblicamente Amém. Amém é uma expressão hebraica de assentimento (cf. Dt 27,15s.; 1Cor 14,16). Ela é uma derivação de *amin* que significa crer, acolher e entregar-se a Deus e a seu desígnio. Amém é a resposta humana ao Deus trino que se revela: Sim! Que bom que assim seja! Vem, Trindade Santíssima, vem! Ela é articulada na atmosfera da doxologia e da reverência diante do Mistério inefável. Antes que o Amém seja rezado e que face à Trindade augusta nos calemos respeitosamente, tentemos ainda dar espaço à razão, para sumariarmos, em poucas proposições, o essencial da doutrina trinitária que temos desenvolvido neste escrito.

1) Para a fé cristã sob Deus devemos entender o Pai, o Filho e o Espírito Santo em comunhão entre si, de sorte que são um Deus uno e único.

2) Com referência à Trindade a doxologia precede à teologia. Primeiro professamos na oração e no louvor a fé no Pai, no Filho e no Espírito Santo (doxologia). Depois, refletimos como estes divinos Três são um só Deus uno pela comunhão pericorética entre si (teologia).

351

3) Na reflexão teológica, a Trindade econômica precede a Trindade imanente. Por Trindade econômica entendemos a manifestação (no caso do Filho e do Espírito Santo, a autocomunicação) na história humana dos divinos Três, seja conjuntamente, seja cada um individualmente, em vista da nossa salvação. Por Trindade imanente entendemos o Pai, o Filho e o Espírito Santo em sua vida íntima e eterna em si. A partir da Trindade econômica vislumbramos algo da Trindade imanente. Somente com referência à encarnação do Filho e da pneumatização do Espírito Santo podemos dizer que a Trindade econômica é a Trindade imanente e vice-versa. Fora destes casos histórico-salvíficos, a Trindade imanente é mistério apofático.

3.1) A Trindade vem revelada no caminho de Jesus de Nazaré e nas manifestações do Espírito Santo assim como foram testemunhados e refletidos pelas comunidades dos discípulos no Novo Testamento. As expressões ternárias do Antigo Testamento só são trinitariamente significativas a partir de uma leitura cristã à luz da revelação do Novo Testamento.

3.2) Pai, Filho e Espírito Santo aparecem no Novo Testamento sempre mutuamente relacionados e reciprocamente implicados. O Pai envia o Filho ao mundo. O Filho se sente uma só coisa com o Pai. O Espírito Santo é também enviado ao mundo pelo Pai, a pedido do Filho. O Espírito toma o que é do Filho e no-lo dá a conhecer. Ele nos ensina a clamar *Abba-Pai*.

3.3) As fórmulas ternárias do Novo Testamento, especialmente a de Mt 28,18, revelam a presença de um pensamento que sempre associa os divinos Três na obra da salvação. Tais fórmulas ajudarão posteriormente na elaboração da doutrina trinitária.

4) O problema central da doutrina trinitária é este: como iluminar o fato de que os divinos Três são um só Deus? A fé diz: Pai, Filho e Espírito Santo são realmente três distintos. Mas estão sempre relacionados. Eles são um só Deus. Como equacionar trindade na unidade e unidade na trindade?

5) Há três respostas à questão que são inaceitáveis para a fé cristã porque ou não preservam a trindade, ou porque não resguardam a unidade ou porque ferem a igualdade dos divinos Três.

5.1) O *triteísmo*: afirma-se que haveria três deuses, separados e distintos, cada qual eterno e infinito. Esta interpretação, além de conter graves erros filosóficos, conserva a trindade, mas destrói a unidade.

5.2) O *modalismo*: Pai, Filho e Espírito Santo seriam três pseudônimos do mesmo e único Deus ou três modos de apresentação (três máscaras) da mesma substância divina. Deus seria três só para nós, não nele mesmo. Esta interpretação (sabelianismo) salvaguarda a unidade, mas abandona a trindade.

5.3) O *subordinacionismo*: Em sentido estrito haveria um só Deus, o Pai. O Filho e o Espírito Santo receberiam do Pai a substância divina de forma subordinada de sorte que não seriam consubstanciais ou então seriam criaturas adotadas (adopcianismo) para participarem de sua vida. Esta interpretação (arianismo) fere a igualdade dos divinos Três, pois nega a plena divindade do Filho e do Espírito Santo.

6) A resposta cristã ortodoxa vem expressa com categorias da cultura ambiente de procedência filosófica e reza: Deus é uma natureza em três Pessoas ou Deus é uma substância em três Hipóstases. Os conceitos *natureza* e *substância* (ou essência) respondem pela unidade na Trindade. Os conceitos de *pessoa* e *hipóstase* garantem a Trindade na unidade.

7) Há três correntes clássicas que tentam aprofundar esta expressão de fé, elaborando a doutrina trinitária: a grega, a latina e a moderna.

7.1) Corrente *grega*: parte do Pai, tido como fonte e princípio de toda a divindade. Do Pai há duas saídas: o Filho pela geração e o Espírito Santo pela processão. O Pai comunica toda a sua substância ao Filho e ao Espírito, por isso ambos são consubstanciais com o Pai e igualmente Deus. O Pai constitui também a Pessoa do Filho e do Espírito Santo num processo eterno. Esta corrente corre o risco de ser entendida como subordinacionismo.

7.2) Corrente *latina*: parte da natureza divina, igual nas três Pessoas. Esta natureza divina é espiritual; por isso possui um dinamismo interno. O Espírito absoluto é o Pai. A Inteligência é o Filho e a Vontade o Espírito Santo. Os Três se apropriam de modo distinto da mesma natureza: o Pai sem princípio, o Filho por geração do Pai e o Espírito Santo espirado pelo Pai e pelo Filho. Os Três estão na mesma natureza, são consubstanciais e, por isso, são um só Deus. Esta corrente corre o risco de ser interpretada como modalismo.

7.3) Corrente *moderna*: parte da Trindade de Pessoas, Pai, Filho e Espírito Santo. Mas os três vivem em eterna pericórese, sendo um no outro, pelo outro, com o outro e para o outro. A unidade trinitária significa a união das três Pessoas em virtude da pericórese e da comunhão eterna. Esta união, porque é eterna e infinita, permite falar de um só Deus uno. Esta interpretação corre o risco de ser entendida como triteísmo. Nós optamos por esta corrente, por partir, de começo, do dado da fé – a existência do Pai, do Filho e do Espírito Santo como distintos e em comunhão – e por permitir melhor entender o universo e a sociedade humana como um processo de comunicação, de comunhão e de união pela total interpenetração de uns com os outros (pericórese). Esta interpretação reforça a luta dos oprimidos que querem se libertar para que haja mais participação e comunhão.

8) A linguagem trinitária é eminentemente figurativa e aproximativa, tanto mais quanto o mistério da Santíssima Trindade é o mais radical e absoluto da fé cristã. As expressões "causa", com referência ao Pai, "geração" com relação ao Filho e "espiração" concernindo o Espírito Santo ou ainda "processões", "missões", "natureza" e "pessoas" são analógicas ou descritivas e não visam ser explicações causais, num sentido filosófico. O sentido secreto destes conceitos reside em mostrar, por um lado, a diversidade e, por outro, a comunhão que existe na realidade divina. Nós usamos a terminologia que a tradição consagrou e ainda aquela bíblica, por ser menos ambígua, empregada também por alguns teólogos modernos: revelação, reconhecimento, comunhão.

9) A linguagem conceptual da razão devota não é o único caminho de acesso ao mistério da Trindade. A Igreja desenvolveu também a linguagem simbólica do imaginário. Por ela se enfatiza a significação que a Trindade possui para a existência humana, particularmente em sua ânsia de totalidade. Esta totalidade é o mistério trinitário. Ela é melhor expressa por símbolos que eclodem das profundezas do inconsciente pessoal e coletivo ou do fundo religioso comum da humanidade. A linguagem simbólica não dispensa a linguagem conceptual, mas é fundamental na criação de atitudes religiosas.

10) A humanidade, como masculino e feminino, foi criada à imagem e semelhança do Deus tri-uno. O masculino e o feminino encontram sua última razão de ser no mistério da comunhão trinitaria. Embora a Trindade seja transexual, podemos falar em forma masculina e feminina das divinas pessoas. Assim podemos dizer Deus-Pai maternal e Deus-Mãe paternal.

11) A questão do *Filioque* (o Espírito Santo é espirado pelo Pai e pelo Filho ou através do Filho) está ligada à sensibilidade teológica própria da Igreja do Oriente respectivamente da Igreja do Ocidente, bem como a um certo tipo de terminologia assumida (o Pai como princípio de toda a divindade (orientais) e o Filho como princípio principiado (ocidentais). Numa outra pressuposição teológica que parte da pericórese das divinas Pessoas, não há só o *Filioque,* mas também o *Spirituque* e o *Patreque,* porque tudo na Trindade é ternário.

12) Em virtude da pericórese, tudo na Trindade é trinitário, participado por cada uma das Pessoas divinas.

Isso não impede que haja ações próprias, de cada uma das Pessoas, pelas quais aparece a propriedade da Pessoa singular.

12.1) A ação própria do Pai é a criação. Ao se revelar ao Filho no Espírito, o Pai projeta todos os criáveis, expressão de si, do Filho e do Espírito Santo. Uma vez criados, todos os seres expressam o mistério do Pai, possuem um caráter filial (porque eles provêm do Pai), fraternal-sororal (porque são criados no Filho) e "espiritual" (quer dizer cheios de sentido, de dinamismo, porque foram criados na força do Espírito Santo).

12.2) Ação própria do Filho é a encarnação em Jesus de Nazaré pela qual diviniza toda a criação e a redime do pecado. Por Ele o masculino participa da divindade.

12.3) A ação própria do Espírito Santo é a pneumatização pela qual a vida é inserida no mistério da vida trinitária, e é redimida de toda ameaça de morte. Pelo Espírito Santo o feminino é introduzido no mistério divino.

13) Da pericórese-comunhão das três divinas Pessoas se derivam impulsos de libertação para cada pessoa humana, para a sociedade, para a Igreja e para os pobres, num duplo sentido, crítico e construtivo. A *pessoa humana* é convidada a superar todos os mecanismos de egoísmo e a viver sua vocação de comunhão. A *sociedade* ofende a Trindade ao se organizar sobre a desigualdade e a honra quanto mais propiciar participação e comunhão de todos, gerando assim justiça e igualdade entre

todos. A *Igreja* é tanto mais sacramento da comunhão trinitária quanto mais supera as desigualdades entre os cristãos e os vários serviços e quanto mais entende e vive a unidade como coexistência da diversidade. Os *pobres* rejeitam seu empobrecimento como pecado contra a comunhão trinitária e veem no inter-relacionamento dos divinos Diferentes o modelo de uma sociedade humana que se assenta sobre a colaboração de todos, em pé de igualdade, a partir das diferenças de cada um, gerando uma formação social fraterna, aberta, justa e igualitária.

14) O universo existe para manifestar a exuberância da comunhão dos divinos Três. O sentido último de todo criado é permitir a autocomunicação das divinas Pessoas. Assim o universo, na plenitude escatológica, será inserido, no modo próprio de cada criatura, culminando no varão e na mulher à semelhança de Jesus de Nazaré e de Maria, na própria comunhão do Pai, do Filho e do Espírito Santo. Então a Trindade será tudo em todas as coisas.

15) A Santíssima Trindade constitui um mistério sacramental. Enquanto é *sacramental* poderá progressivamente ser entendido, conforme a Trindade mesma o comunicar e a inteligência cordial o assimilar. Enquanto é *mistério* permanecerá sempre como o Desconhecido em todo o conhecimento, pois o mistério é o próprio Pai, o próprio Filho e o próprio Espírito Santo. E o mistério durará eternamente.

Glossário

Ação *ad extra:* são as ações que a Trindade opera para fora do círculo trinitário como a criação do universo, a revelação, a salvação dos seres humanos.

Ação *ad intra:* diz-se das ações intratrinitárias, dentro do círculo trinitário, como a geração do Filho e a espiração do Espírito Santo.

Ação apropriada: é uma ação atribuída a uma das Pessoas divinas, embora seja operada pelas três conjuntamente, por causa de uma afinidade com as propriedades daquela Pessoa. Assim atribui-se ao Pai a criação, ao Filho a redenção e ao Espírito Santo a santificação.

Ação própria: é uma ação específica de uma determinada Pessoa divina como a encarnação do Filho ou a vinda do Espírito Santo sobre Maria no momento da concepção de Jesus.

Afirmação essencial: é aquela afirmação que se fundamenta na essência divina, igual e única nas três Pessoas. Uma afirmação essencial é, por exemplo, dizer: Deus é misericordioso, infinito, eterno; quer dizer: a essência divina é eterna, infinita e misericordiosa.

Afirmação nocional: é aquela que se baseia somente nas Pessoas em sua distinção umas das outras. Há quatro afirmações nocionais: o Pai gera; o Filho é gerado; o Pai e o Filho (ou o Pai pelo Filho) espiram o Espírito Santo; o Espírito Santo é espirado pelo Pai e pelo Filho (ou através do Filho).

Anáfora: literalmente significa oferecimento; é a parte central da celebração eucarística, incluindo a consagração, anamnese (recordação da paixão, morte, ressurreição e ascensão de Cristo) e a comunhão.

Anamnese: literalmente significa memorial; é a recordação (depois da consagração do pão e do vinho) da paixão, morte, ressurreição, ascensão de Cristo.

Apofático: literalmente significa "sem palavra"; é a atitude do teólogo diante do mistério divino; após dizer tudo o que pode, respeitosamente guarda silêncio. Diz-se que há uma teologia apofática, que termina no silêncio da veneração e da adoração.

Archê: expressão grega para expressar o fato de o Pai ser princípio, fonte e causa única na geração do Filho e na espiração do Espírito Santo. Cf. Princípio.

Arianismo: é uma heresia proposta por Ario (250-336), sacerdote de Alexandria no Egito. Ario afirmava o subordinacionismo, quer dizer: o Filho (como também o Espírito Santo) são subordinados ao Pai. Eles são criaturas sublimes, criadas antes do universo, por isso, não são Deus. Existe ainda o subordinacionismo adopcianista: o Filho foi, por graça do Pai, adotado como Filho, mas não possui a mesma natureza do Pai.

Carisma: em grego significa graça; é um dom ou uma habilidade que o Espírito Santo deu a uma pessoa em vista do bem de todos.

Circumincessão: significa a interpenetração ativa das Pessoas divinas entre si por causa da comunhão eterna que vigora entre elas. Cf. Pericórese.

Circuminsessão: significa o estar ou morar uma Pessoa na outra, porque cada Pessoa divina somente existe na outra, com a outra, pela outra e para a outra. Cf. Pericórese.

Doxologia: fórmula de louvor (dóxa em grego). Geralmente aparece no final das orações nas quais se agradece ao Pai pelo Filho na unidade do Espírito Santo.

DS: abreviação do nome dos teólogos Denzinger-Schönmetzer que publicaram o livro *Enchiridion Symbolorum definitionum et declarationum de rebus fidei et morum,* que é um elenco dos credos, das definições e declarações sobre assuntos de fé e de moral que o Magistério da Igreja (concílios, sínodos e pronunciamentos oficiais do papa) pronunciou ao longo da história do cristianismo. A primeira edição é de 1854 e a última (32ª) de 1963.

Economia: são as várias fases de realização do projeto de Deus na história ou da progressiva revelação do próprio Deus; no campo trinitário economia significa a ordem na processão a partir do Pai: em primeiro lugar vem o Filho e em seguida o Espírito Santo.

Ek: partícula grega que corresponde ao *ex* ou ao *de* do latim e significa a procedência de uma Pessoa divina da outra. Assim o Filho é gerado *do* (ek ou ex ou de) Pai; ou o Espírito Santo procede *do* Pai e *do* Filho (segundo a teologia latina).

Ekpóreusis: termo grego para designar a procedência do Espírito Santo a partir do Pai que é sempre Pai do Filho. Em latim o termo é espiração.

Epiclese: celebração na qual se invoca o Espírito Santo.

Espiração: ato pelo qual o Pai juntamente com o Filho faz proceder a Pessoa do Espírito Santo (segundo os latinos) como de um único princípio. Os gregos fazem derivar o Espírito somente do Pai do Filho ou do Pai através do Filho.

Essência divina: é aquilo que constitui Deus trino em si mesmo, a divindade; é o ser, o amor, a bondade, a verdade e a comunhão recíproca, na forma do absoluto e infinito. Cf. também Natureza e Substância.

Filioque: literalmente: e do Filho; doutrina segundo a qual o Espírito Santo procede do Pai e do Filho como de um só princípio. Esta interpretação doutrinária se chama também de filioquismo; é frequente entre os teólogos latinos.

Génnesis: termo grego para expressar a geração do Filho por parte do Pai.

GESTALT Relacional: termo usado pelo teólogo alemão J. Moltmann para expressar a contribuição do Filho na espiração do Espírito Santo junto com o Pai; a Pessoa do Espírito provém do Pai; a configuração concreta (Gestalt) da Pessoa do Espírito Santo se deriva do Filho. É relacional porque as Pessoas estão sempre umas voltadas para as outras e dentro das outras.

Hipóstase: termo grego para designar a Pessoa divina. Cf. Pessoa e Prósopon.

Homoioúsios: literalmente: de natureza semelhante; heresia segundo a qual o Filho não tem natureza igual, mas semelhante à do Pai.

Homooúsios: literalmente: da mesma e igual natureza; diz-se que o Filho e o Espírito Santo possuem a mesma e igual natureza do Pai. As Pessoas são consubstanciais.

Inascibilidade: propriedade exclusiva do Pai, a de não ser gerado nem nascido nem principiado; Ele é princípio sem princípio.

Kénosis: expressão grega que significa aniquilamento e esvaziamento; é o modo que as Pessoas divinas (Filho e Espírito Santo) escolheram ao se autocomunicar na história. Opõe-se à doxa que significa o modo de glória.

Koinonia: expressão grega para *communio* em latim e comunhão em português; é o modo próprio de relacionamento entre as pessoas, também as divinas.

Missão: na teologia trinitária significa a autocomunicação da Pessoa do Filho à natureza humana de Jesus de Nazaré e do Espírito Santo aos justos, a Maria e à Igreja. Trata-se da entronização da humanidade no seio do mistério trinitário.

Mistério: em sentido estrito significa a realidade da Santíssima Trindade como inacessível à razão humana; mesmo depois de comunicada, ela pode ser conhecida indefinidamente sem jamais ser captada totalmente pela mente humana; o Deus trino é mistério em si mesmo, não só para a mente humana, porque a Trindade é essencialmente infinita e eterna; em sentido histórico-salvífico o Deus trino é um mistério sacramental, quer dizer, um mistério que nos é comunicado pelas atitudes e palavras de Jesus e na ação do Espírito Santo na comunidade eclesial e na história humana.

Modalismo: doutrina herética segundo a qual a Trindade constitui apenas três modos de ver humanos do único e mesmo Deus, ou então três modos (máscaras) do mesmo e único Deus se manifestar aos seres humanos; Deus não seria trindade em si, seria estritamente um e único.

Monarquia: em linguagem trinitária significa a causalidade única do Pai; é o Pai que sozinho gera o Filho e espira (sendo o

Pai do Filho) o Espírito Santo; é uma expressão típica da teologia greco-ortodoxa.

Monarquianismo: é a negação da Trindade em nome de um estrito monoteísmo.

Monoteísmo: é a afirmação da existência de um e único Deus; o Antigo Testamento conhece um monoteísmo pré-trinitário, anterior à revelação da Santíssima Trindade; pode haver, depois da revelação do mistério da Trindade, um monoteísmo a-trinitário: fala de Deus sem tomar em conta a trindade de Pessoas, como se Deus fosse uma realidade única e existindo só em sua substância; existe o monoteísmo trinitário: Deus é um e único por força da única substância que existe no Pai, no Filho e no Espírito Santo ou em virtude da comunhão eterna e a pericórese que vigora desde o princípio entre as três divinas Pessoas.

Natureza divina: é a substância divina uma e única em cada uma das Pessoas; ela responde pela unidade ou a união em Deus.

Noção: são as características próprias de cada uma das Pessoas, diferenciando-as umas das outras; paternidade e inascibilidade para o Pai; filiação para o Filho; espiração ativa para o Pai e o Filho; espiração passiva para o Espírito Santo; há, pois, cinco noções.

Patreque: literalmente "e pelo Pai"; na Trindade todas as relações são ternárias; assim o Filho se relaciona com o Espírito Santo junto com o Pai ou pelo Pai; da mesma forma o Espírito Santo ama o Filho pelo Pai e junto com o Pai etc.

Peghé: expressão grega para designar o Pai como *fonte* única e infinita da qual jorram o Filho e o Espírito Santo.

Pericórese: palavra grega que literalmente significa uma Pessoa conter as outras duas (em sentido estático) ou então cada uma das Pessoas interpenetrar as outras e reciprocamente (sentido ativo); o adjetivo *pericorético* quer designar o caráter de comunhão que vigora entre as divinas Pessoas; veja Circumincessão e Circuminsessão.

Pessoa: em linguagem trinitária significa aquilo que em Deus é distinto; é a individualidade de cada Pessoa que simultaneamente existe em si e em eterna comunhão com as outras duas. Cf. Hipóstase e Subsistência.

Processão: é a derivação de uma Pessoa partindo da outra, mas consubstancialmente, na unidade de uma mesma e única natureza, substância, essência ou divindade.

Prósopon: literalmente significa máscara e cara; em linguagem trinitária é uma palavra grega para designar a Pessoa divina em sua individualidade; é sinônimo de hipóstase. Cf. Pessoa.

Relação: em linguagem trinitária significa a ordenação de uma Pessoa às outras ou a eterna comunhão entre os divinos Três; há quatro relações: paternidade, filiação, espiração ativa e passiva.

Sabelianismo: heresia de Sabélio (dos inícios do século III em Roma), chamada também de modalismo: o Filho e o Espírito Santo seriam simples modos de manifestação da divindade e não Pessoas distintas. Cf. Modalismo.

Símbolo: em sentido técnico da teologia antiga designa os formulários pelos quais a Igreja resumia oficialmente a sua fé; é sinônimo de credo.

Spirituque: literalmente "e do Espírito Santo"; como as relações na Trindade são sempre ternárias, diz-se que o Pai gera o Filho junto e com o Espírito Santo ou que o Filho reconhece o Pai junto com o Espírito Santo etc.

Subordinacionismo: é a heresia de Ario segundo a qual o Filho e o Espírito Santo estariam subordinados, em relação desigual, ao Pai, não possuindo de forma idêntica a mesma natureza; ou então seriam criaturas excelsas, mas apenas adotadas (adopcianismo) pelo Pai em sua divindade.

Subsistência: é um dos sinônimos para Pessoa ou Hipóstase; como na Trindade não há nada acidental diz-se que as relações entre as Pessoas são relações subsistentes; a Pessoa é considerada uma relação subsistente.

Substância: em linguagem trinitária designa o que une em Deus e é idêntico em cada uma das Pessoas. Cf. Natureza e Essência.

Teogonia: processo de surgimento da divindade ou explicação do mistério da Trindade de tal forma que dá a impressão que as Pessoas não são coeternas e coiguais, mas se produzem umas as outras.

Teologia: em linguagem trinitária designa a Trindade em si mesma, abstraindo de sua manifestação na história; a teologia se contrapõe à economia.

Trias: expressão grega para designar a trindade de Pessoas.

Trindade econômica: é a Trindade enquanto se autorrevelou na história da humanidade e age em vista à nossa participação na comunhão trinitária.

Trindade imanente: é a Trindade considerada em si mesma, em sua eternidade e comunhão pericorética entre o Pai, o Filho e o Espírito Santo.

Referências

Fontes clássicas

AGOSTINHO. *Tratado sobre la Santísima Trinidad*. Madri, 1948 [BAC 39].

CIRILO DE ALEXANDRIA. *Dialogues sur la Trinité*. Paris, 1976-1978 [Sources Chrétiennes 237 e 246].

HILÁRIO DE POITIERS. *La Trinité*. 3 vols. Paris, 1981.

MARIUS VICTORINUS. *Traités théologiques sur la Trinité*. Paris, 1960 [Sources Chrétiennes 58 e 69].

RICARDO DE SÃO VÍTOR. *La Trinité*. Paris, 1959 [Sources Chrétiennes 63].

TERTULIANO. *Adversus Praxeam*: Patrologia Latina 2, p. 175-219.

TOMÁS DE AQUINO. *Suma Teológica* I, q. 27-43: Tratado Sobre la Santísima Trinidad. Madri, 1953 [BAC 41].

Livros e artigos

ANDRESEN, C. "Zur Entstehung und Geschichte des trinitarischen Personenbegriffes". *Zeitschrift für neutestamentliche Wissenschaft,* 52, 1961, p. 1-39.

ARAYA, V. *El Dios de los pobres*. São José, Costa Rica: [s.e.], 1982.

ARCE MARTINEZ, S. "El desafio del Dios trinitario de la Iglesia". *La teologia como desafio*. Havana: [s.e.], 1980, p. 45-54.

BAGET-BOZZO, G. *La Trinità*. Firenze: [s.e.], 1980.

BAKER-FLETCHER, K. *Dancing with God* – The Trinity from Womanist Perspective. São Luís, KY: Chalice, 2006.

BARBE, D. "A Trindade e a política". *A graça e o poder*. São Paulo: [s.e.], 1983, p. 76-84.

BARDY, G. "Trinité". *Dictionnaire de Théologie Catholique*, t. XV, p. 1.545-1.702.

BARRÉ, H. *Trinité que j'adore* – Perspective théologique. Paris: [s.e.], 1965.

BARTH, K. *Dogmatique*. T. I. Genebra: [s.e.], 1953.

BERG, A. van den. "A Santíssima Trindade e a experiência humana". *Revista Eclesiástica Brasileira*, 33, 1973, p. 629-648; 36, 1976, p. 323-346.

BINGEMER, M.C. & FELLER, V.G. *Deus Trindade*: a vida no coração do mundo. Valência: Siquem, 2002.

BOFF, L. *A atualidade da experiência de Deus*. Rio de Janeiro: [s.e.], 1974.

_____. *O Pai-nosso* – A oração da libertação integral. Petrópolis: Vozes, 1979.

BONNIN, E. *Espiritualidad y liberación en América Latina*. São José, Costa Rica: [s.e.], 1982.

BOUYER, L. *Le Consolateur* – Esprit Saint et vie de grâce. Paris: [s.e.], 1980.

BOURASSA, F. *Questions de théologie trinitaire*. Roma: [s.e.], 1970.

_____. "Personne et conscience en théologie trinitaire". *Gregorianum*, 55, 1974, p. 471-493.

BRACKEN, J.A. "The Holy Trinity as a Community of Divine Persons". *Heythrop Journal*, 15, 1973, p. 629-648; 257-270.

BRANDT, H. *O risco do Espírito*. São Leopoldo: [s.e.], 1977.

BREUNING, W. "La Trinité". *Bilan de la théologie du XXème siècle*. T. 2. [s.l.]: Casterman, 1970, p. 252-267.

BRETON, V.-M. *A Santíssima Trindade*: história, doutrina e piedade. Petrópolis: Vozes, 1954.

CAMELOT, T. "Le dogme de la Trinité – Origine et formation des formules dogmatiques". *Lumière et Vie*, 30, 1956, p. 9-48.

CANTALAMESSA, R. "O desenvolvimento da ideia do Deus pessoal na espiritualidade cristã". *Concilium*, 1977, n. 3, p. 53-63.

CIOLA, N. *Teologia Trinitaria:* storia, método, prospective. Bolonha: EDB, 2000.

CLAR. *Vida segundo o Espírito nas comunidades religiosas da América Latina.* Rio de Janeiro: [s.e.], 1973.

CODA, P. *Evento pascuale* – Trinità e storia. Roma: [s.e.], 1984.

COMBLIN, J. *O Espírito Santo e sua missão.* São Paulo: [s.e.], 1984.

_____. *O tempo da ação* – Ensaio sobre o Espírito e a história. Petrópolis: Vozes, 1982.

CONGAR, Y. *El Espíritu Santo.* Barcelona: [s.e.], 1983.

_____. "O monoteísmo político da Antiguidade e o Deus-Trindade". *Concilium*, n. 163, 1981, p. 38-45.

_____. "La Tri-unité de Dieu et l'Église". *La Vie Spirituelle,* n. 604, 1974, p. 687-703.

DANIÉLOU, J. *La Trinité et le mystère de l'existence.* Paris: [s.e.], 1967.

DENEFFE, A. "Perichoresis, circumincessio, circuminsessio". *Zeitschrift für katholische Theologie,* 47, 1923, p. 497-532.

DIAZ MATEOS, M. *El Dios que libera.* Lima: [s.e.], 1985.

DUQUOC, C. *Dios diferente* – Ensayo sobre la simbólica trinitaria. Salamanca: [s.e.], 1978.

DUCHESNE-GUILLERMÍN, J. "En el nombre del Padre, del Hijo y del Espíritu Santo". *Communio*, 5, 1980, p. 466-477.

ECHEGARAY, H. *A prática de Jesus.* Petrópolis: Vozes, 1982.

EDEL, G. *Trinität* – Grundbau der Weltwirklichkeit; Zur Revision des christlichen Gottesbildes. Mainz: Areopag, 2010.

Estudios Trinitarios, totalmente dedicada à temática da Trindade, começou em 1966. O Secretariado Trinitário, em Salamanca, publica também excelentes obras acerca do tema e organiza frequentes congressos sobre a Santíssima Trindade.

EVDOKIMOV, P. *L'Esprit Saint dans la tradition orthodoxe*. Paris: [s.e.], 1969.

FERNÁNDEZ ARDANAZ, S. "El problema del dinamismo trinitario en Orígenes". *Angelicum*, 49, 1972, p. 67-98.

FOLCH GOMES, C. *A doutrina da Trindade eterna*. Rio de Janeiro: [s.e.], 1979.

_____. *Deus é Comunhão* – O conceito moderno de pessoa e a teologia trinitária. Roma: [s.e.], 1978.

_____. "Personalidade psicológica e mistério trinitário". *Liturgia e Vida*, 20, 1973, p. 2-28.

FORTE, B. *Trinità come storia* – Saggio sul Dio Cristiano. Turim: [s.e.], 1985.

_____. *La Chiesa icona della Trinità*. Bréscia: [s.e.], 1983.

FORTMAN, E. *The Triune God*. Londres: [s.e.], 1972.

GALOT, J. "Pour une théologie du Père". *Esprit et Vie*, 94, 1984, p. 497-503; 661-669; 95, 1985, p. 295-304.

GANOCZY, A. *Il Creatore Trinitario*: Teologia della Trinità e sinergia. Bréscia: Queriniana, 2003.

GARRIGOU-LAGRANGE, R. *De Deo Trino et Creatore*. Turim: [s.e.], 1944.

_____. "Le clair-obscur de la Sainte Trinité". *Revue Thomiste*, 45, 1939, p. 647-664.

GENDRON, L. *Le mystère de la Trinité et symbolique familiale*. Roma: [s.e.], 1975.

GIRONÉS, G. "La divina arqueologia – Apuntes para un tratado de la Trinidad". *Anales Valentinos*, 8, 1982, p. 1-18.

GOMES MOURÃO DE CASTRO, M. *Die Trinitätslehre des Hl. Gregor von Nyssa*. Friburgo: [s.e.], 1938.

GONZÁLEZ DE CARDEDAL, O. *Misterio trinitario y existência humana*. Madri: [s.e.], 1965.

GRENZ, S.L. *Rediscovering the Triune God:* The Trinity in contemporary Theology. Mineápolis: Fortress, 2004.

GRESHAKE, G.H. *Il Dio Trinitario*. Bréscia: Queriniana, 2000.

_____. *La fede nel Dio Trinitario*: una chiave per comprendere. Bréscia: Queriniana, 1999.

GRINGS, D. "A Santíssima Trindade". *Teocomunicação*, 9, 1979, p. 433-449.

GUTIÉRREZ, G. *Hablar de Dios desde el sufrimiento del inocente*. Lima: [s.e.], 1986.

_____. *Beber no próprio poço*. Petrópolis: Vozes, 1985.

_____. *El Dios de la vida*. Lima: [s.e.], 1982.

HAMMAN, A. "Existe-t-il un langage trinitaire chez les Pères Apostoliques?" *Augustinianum*, 13, 1973, p. 455-458.

_____. "A Trindade na liturgia e na vida cristã". *Mysterium Salutis*, II/1. Petrópolis: Vozes, 1972, p. 119-130.

HEIM, S.M. *The Depth of Riches*: A Trinitarian Theology of Religions Ends. Grand Rapids, MI: Eerdmans, 2001.

ISAAC, J. *La révélation des personnes divines*. Paris: [s.e.], 1968.

JENSON, R.W. *The Triune Identity*: God according to the Gospel. Filadélfia: Fortpress, 1982.

JOSAPHAT, C. *Em nome do Pai, do Filho e do Espírito Santo:* comunhão divina – solidariedade humana. São Paulo: Loyola, 2000.

JÜNGEL, E. *Dieu mystère du monde*. 2 t. Paris: [s.e.], 1983.

KAISER, C. "El discernimiento de la Trinidad a partir de situaciones empíricas". *Selecciones de Teología*, 16, 1977, p. 163-172 [ou em *Scottish Journal of Theology*, 28, 1975), p. 449-460].

KALIBA, C. *Die Welt als Gleichnis des dreieinigen Gottes*. Salzburg; [s.e.], 1952.

KASPER, W. "Das trinitarische Geheimnis Gottes". *Der Gott Jesu Christi*. Mainz: [s.e.], 1982, p. 285-383.

KLOPPENBURG, B. *Trindade*: o amor em Deus. Petrópolis: Vozes, 1999.

KUHLMANN, J. *Der dreieinige Gott*. Nürnberg: [Ed. do autor], 1968.

LaCUGNA, C.M. *God for us* – The Trinity and Christian Life. São Francisco: HarperSanFrancisco, 1991.

LADARIA, L.F. *O Deus vivo e verdadeiro* – O mistério da Trindade. São Paulo: Loyola, 2005.

LAPIDE, P. & MOLTMANN, J. *Monoteísmo ebraico* – Dottrina trinitaria cristiana: Un dialogo. Brescia: [s.e.], 1982.

LEBRETON, J. *Histoire du dogme de la Trinité*. 2 vols. Paris: [s.e.], 1919.

LIBÂNIO, J.B. *Libertar para a comunhão e a participação*. Rio de Janeiro: [s.e.], 1980.

LONERGAN, B. *De Deo trino*. 2 vols. Roma: [s.e.], 1964.

_____. *Divinarum personarum conceptio analogica*. Roma: [s.e.], 1957.

LUCCHETTI BINGEMER, M.C. "A Trindade a partir da perspectiva da mulher". *Revista Eclesiástica Brasileira*, 46, 1986, p. 73-99.

MARGERIE, B. de. *La Trinité chrétienne dans l'histoire*. Paris: [s.e.], 1975.

MEERSON, M. *The Trinity of Love in Modern Russian Theology*. Quincy: Franciscan, 1998.

MIRANDA, M.F. *O mistério de Deus em nossa vida* – A doutrina trinitária de Karl Rahner. São Paulo: [s.e.], 1975.

MIYAHIRA, N. *Towards a Theology of the Concord of God:* A Japan Perspective of the Trinity. Waynesboro, GA: Paternoster, 2000.

MOINGT, J. *Théologie trinitaire de Tertullien*. 4 vols. Paris: [s.e.], 1966-1969.

MOLTMANN, J. "A unidade convidativa do Deus uno e trino". *Concilium*, n. 197, 1985, p. 54-63.

_____. "La dottrina sociale della Trinità". *Sulla Trinità*. Nápoles: [s.e.], 1982, p. 15-40.

_____. "O Pai maternal". *Concilium*, n. 163, 1981, p. 60-66.

_____. *Trinität und Reich Gottes*. Munique: [s.e.], 1980.

_____. "Die trinitarische Geschichte Gottes". *Zukunft der Schöpfung*. Munique: [s.e.], 1977, p. 89-96.

MUÑOZ, R. *La Trinidad de Dios amor ofrecido en Jesús el Cristo*. Santiago: San Pablo, 2000.

_____. *O Deus dos cristãos*. Petrópolis: Vozes, 1986.

NÉDONCELLE, M. "Prosopon et persona dans l'Antiquité classique – Essai de bilan linguistique". *Revue des Sciences Religieuses*, 22, 1948, p. 277-299.

ORBE, A. "La procesión del Espíritu Santo y el origen de Eva". *Gregorianum*, 45, 1964, p. 103-118.

PANNENBERG, W. "El Dios de la historia – El Dios trinitario y la verdad de la historia". *Salmanticenses*, 24, 1977, p. 259-277.

PANNIKAR, R. *The Trinity and the Religious Expérience of Man:* Icon-Person-Mystery. Nova York: [s.e.], 1973.

PASTOR, F. *Semântica do mistério* – A linguagem teológica da ortodoxia trinitária. São Paulo: [s.e.], 1982.

PENIDO, M.T.L. "Prélude grec à la théorie 'psychologique' de la Trinité". *Revue Thomiste*, 45, 1939, p. 665-674.

PHAN, P. *The Cambridge Companion to The Trinity*. Cambridge: Cambridge Press, 2011.

PIKAZA, X. "Experiencia religiosa, historia de Jesús y revelación trinitaria". *Estudios Trinitarios*, 13, 1979, p. 19-93.

_____. "Trinidad y ontologia en torno al planteamiento sistemático del misterio trinitario". *Estudios Trinitarios*, 8, 1974, p. 189-236.

PRESTIGE, J.L. *Dios en el pensamiento de los Padres*. Salamanca: [s.e.], 1977.

PRETE, S. "Confessioni trinitarie in alcuni Atti dei martiri del sec. II". *Augustinianum*, 13, 1973, p. 469-482.

RABENECK, J. "Primera Persona divina". *Estudios Eclesiásticos*, 102, 1952, p. 353-363.

RAHM, H. *Comunidade trinitária*. São Paulo: Loyola, 2012.

RAHNER, K. "O Deus trino, fundamento transcendente da história da salvação". *Mysterium Salutis*, II/1. Petrópolis: Vozes, 1972, p. 283-359.

RÉGNON, Th. *Études de théologie positive sur la Sainte Trinité*. 4 vols. Paris: [s.e.], 1892-1898.

RIUS CAMPS, J. *El dinamismo trinitario en la divinización de los seres racionales según Orígenes*. Roma: [s.e.], 1970.

SCHEFFCZYK, L. "Formulação magisterial e história do Dogma da Trindade". *Mysterium Salutis*, II/1. Petrópolis: Vozes, 1972, p. 131-192.

_____. "Reflexión teológica sobre la inhabitación de la Trinidad en el hombre". *Estudios Trinitarios*, 13, 1979, p. 293-303.

SCHIERSE, F.J. "A revelação trinitária neotestamentária". *Mysterium Salutis*, II/1. Petrópolis: Vozes, 1972, p. 77-118.

SCHULTE, R. "A preparação da revelação da Trindade". *Mysterium Salutis*, II/1. Petrópolis: Vozes, 1972, p. 45-75.

SCHMAUS, M. *Der Glaube der Kirche*. T. 2. St. Ottilien: Erzabtei, 1979.

_____. *A fé da Igreja*. Vol. 3. Petrópolis: Vozes, 1977, p. 84-130.

_____. *Die psychologische Trinitätslehre des hl. Augustinus*. Münster: [s.e.], 1927.

SEGUNDO, J.L. *El hombre de hoy ante Jesus de Nazaret*. 3 vols. Madri: [s.e.], 1982.

_____. *Nuestra idea de Dios*. Buenos Aires: [s.e.], 1971.

SOBRINO, J. *Cristologia a partir da América Latina*. Petrópolis: Vozes, 1983.

_____. *Jesús en América Latina:* su significado para la fe y la cristologia. Santander: Sal Terrae, 1982.

_____. "A experiência de Deus na Igreja dos pobres". *Ressurreição da verdadeira Igreja*. São Paulo: [s.e.], 1982, p. 135-166.

SOLANO RAMÍREZ, L.V. *El mistério salvífico de Dios Trinidad*. Bogotá: Usta, 1979.

SPLETT, J. *Die Trinitätslehre G.W.F. Hegels*. Friburgo/Munique: Karl Alber, 1965.

STUDER, B. "Zur Entwicklung der patristischen Trinitätslehre". *Theologie und Glaube*, 74, 1984, p. 81-93.

TAVARD, G.H. *The Vision of Trinity*. Washington: [s.e.], 1981.

TAVARES, S. *Trindade e criação*. Petrópolis: Vozes, 2007.

TRIGO, P. "La Trinidad como fundamento del método teológico". *Nuevo Mundo*, 104, 1979, p. 135-153.

VIDIGAL DE CARVALHO, J.G. *A devoção da Santíssima Trindade na época colonial*. Viçosa: [s.e.], 1979.

VIVES, J. "Creer en Dios, Padre, Hijo e Espíritu Santo". *Estudios Trinitarios*, 16, 1982, p. 81-104.

_____. "El Dios trinitario y la comunión humana". *Estudios Eclesiásticos*, 52, 1977, p. 129-137.

VOLF, M. & WELKER, M. *God's Life in Trinity*. Mineápolis: Fortress, 2001.

VON SINNER, R. *Reden vom dreieinigen Gott in Brasilien und Indien – Grundzüge einer ökumenischen Hermeneutik im Dialog mit Leonardo Boff und Raimon Panikkar*. Tübingen: Mohr Siebeck, 2003, 403 p.

VV.AA. *Trinität* – Aktuelle Perspektiven der Theologie. Friburgo: [s.e.], 1984.

_____. *Trinidad y vida comunitaria*. Salamanca: [s.e.], 1980.

_____. *El mistério trinitario a la luz del Vaticano II*. Salamanca: [s.e.], 1979.

_____. *Trinidad y vida cristiana*. Salamanca: [s.e.], 1979.

_____. *O Espírito Santo:* Pessoa, presença, atuação. Petrópolis: Vozes, 1973.

WAINWRIGHT, A.W. *La trinidad en el Nuevo Testamento*. Salamanca: [s.e.], 1976.

WELCH, C. *The Trinity in Contemporary Theology*. Londres: [s.e.], 1953.

ZIMMERLING, P. "Die göttliche Dreieinigkeit als Erfahrung des Herzens: eine überraschende Geistesverwandtschaft zwischen Nikolaus Ludvig von Zenzendorf und Leonardo Boff". *Unitas Fratrum*, 42, 1998, p. 75-91.

Livros de Leonardo Boff

1 – *O Evangelho do Cristo Cósmico*. Petrópolis: Vozes, 1971 [Esgotado – Reeditado pela Record (Rio de Janeiro), 2008].

2 – *Jesus Cristo libertador*. 21. ed. Petrópolis: Vozes, 2012.

3 – *Die Kirche als Sakrament im Horizont der Welterfahrung*. Paderborn: Verlag Bonifacius-Druckerei, 1972 [Esgotado].

4 – *A nossa ressurreição na morte*. 11. ed. Petrópolis: Vozes, 2012.

5 – *Vida para além da morte*. 26. ed. Petrópolis: Vozes, 2012.

6 – *O destino do homem e do mundo*. 12. ed. Petrópolis: Vozes, 2012.

7 – *Experimentar Deus*. 2. ed. Petrópolis: Vozes, 2012 [Publicado em 1974 pela Vozes com o título *Atualidade da experiência de Deus* e em 2002 pela Verus com o título atual].

8 – *Os sacramentos da vida e a vida dos sacramentos*. 28. ed. Petrópolis: Vozes, 2012.

9 – *A vida religiosa e a Igreja no processo de libertação*. 2. ed. Petrópolis: Vozes/CNBB, 1975 [Esgotado].

10 – *Graça e experiência humana*. 7. ed. Petrópolis: Vozes, 2012.

11 – *Teologia do cativeiro e da libertação*. Lisboa: Multinova, 1976 [Reeditado pela Vozes, 2014 (7. ed.)].

12 – *Natal*: a humanidade e a jovialidade de nosso Deus. 8. ed. Petrópolis: Vozes, 2009.

13 – *Eclesiogênese* – As comunidades reinventam a Igreja. 3. ed. Petrópolis: Vozes, 1977 [Reeditado pela Record (Rio de Janeiro), 2008].

14 – *Paixão de Cristo, paixão do mundo*. 7. ed. Petrópolis: Vozes, 2012.

15 – *A fé na periferia do mundo.* 5. ed. Petrópolis: Vozes, 1991 [Esgotado].

16 – *Via-sacra da justiça.* 4. ed. Petrópolis: Vozes, 1978 [Esgotado].

17 – *O rosto materno de Deus.* 11. ed. Petrópolis: Vozes, 2012.

18 – *O Pai-nosso* – A oração da libertação integral. 13. ed. Petrópolis: Vozes, 2013.

19 – *Da libertação* – O teológico das libertações sócio-históricas. 4. ed. Petrópolis: Vozes, 1976 [Esgotado].

20 – *O caminhar da Igreja com os oprimidos.* Rio de Janeiro: Codecri, 1980 [Esgotado – Reeditado pela Vozes (Petrópolis), 1998 (2. ed.)].

21 – *A Ave-Maria* – O feminino e o Espírito Santo. 9. ed. Petrópolis: Vozes, 2009.

22 – *Libertar para a comunhão e participação.* Rio de Janeiro: CRB, 1980 [Esgotado].

23 – *Igreja*: carisma e poder. Petrópolis: Vozes, 1981 [Reedição ampliada pela Ática (Rio de Janeiro), 1994 e pela Record (Rio de Janeiro), 2005].

24 – *Crise, oportunidade de crescimento.* Petrópolis: Vozes, 2011 [Publicado em 1981 pela Vozes com o título *Vida segundo o Espírito* e em 2002 pela Verus com o título atual].

25 – *São Francisco de Assis*: ternura e vigor. 13. ed. Petrópolis: Vozes, 2012.

26 – *Via-sacra para quem quer viver.* Petrópolis: Vozes, 2012 [Publicado em 1982 pela Vozes com o título *Via-sacra da ressurreição* e em 2003 pela Verus com o título atual].

27 – *Mestre Eckhart*: a mística do ser e do não ter. Petrópolis: Vozes, 1983 [Reedição sob o título de *O livro da Divina Consolação*. Petrópolis: Vozes, 2006 (6. ed.)].

28 – *Ética e ecoespiritualidade.* Petrópolis: Vozes, 2011 [Publicado em 1984 pela Vozes com o título *Do lugar do pobre* e em 2003 pela Verus com o título atual e com o título *Novas formas da Igreja*: o futuro de um povo a caminho].

29 – *Teologia à escuta do povo*. Petrópolis: Vozes, 1984 [Esgotado].

30 – *A cruz nossa de cada dia*. Petrópolis: Vozes, 2012 [Publicado em 1984 pela Vozes com o título *Como pregar a cruz hoje numa sociedade de crucificados* e em 2004 pela Verus com o título atual].

31 – *Teologia da Libertação no debate atual*. Petrópolis: Vozes, 1985 [Esgotado].

32 – *Francisco de Assis* – homem do paraíso. 4. ed. Petrópolis: Vozes, 1999.

33 – *A Trindade e a Sociedade*. 6. ed. Petrópolis: Vozes, 2014.

34 – *E a Igreja se fez povo*. Petrópolis: Vozes, 1986 [Reedição pela Verus (Campinas), 2004, sob o título de *Ética e ecoespiritualidade* (2. ed.), e *Novas formas da Igreja*: o futuro de um povo a caminho (2. ed.)].

35 – *Como fazer Teologia da Libertação?* 10. ed. Petrópolis: Vozes, 2010.

36 – *Die befreiende Botschaft*. Friburgo: Herder, 1987.

37 – *A Santíssima Trindade é a melhor comunidade*. 12. ed. Petrópolis: Vozes, 2011.

38 – *Nova evangelização*: a perspectiva dos pobres. 4. ed. Petrópolis: Vozes, 1991 [Esgotado].

39 – *La misión del teólogo en la Iglesia*. Estella: Verbo Divino, 1991.

40 – *Seleção de textos espirituais*. Petrópolis: Vozes, 1991 [Esgotado].

41 – *Seleção de textos militantes*. Petrópolis: Vozes, 1991 [Esgotado].

42 – *Con la libertad del Evangelio*. Madri: Nueva Utopia, 1991.

43 – *América Latina*: da conquista à nova evangelização. São Paulo: Ática, 1992.

44 – *Ecologia, mundialização e espiritualidade*. 2. ed. São Paulo: Ática, 1993 [Reedição pela Record (Rio de Janeiro), 2008].

45 – *Mística e espiritualidade* (com Frei Betto). 4. ed. Rio de Janeiro: Rocco, 1994 [Reedição revista e ampliada pela Garamond (Rio de Janeiro), 2005 (6. ed.) e reedição pela Vozes (Petrópolis), 2010].

46 – *Nova era*: a emergência da consciência planetária. 2. ed. São Paulo: Ática, 1994 [Reedição pela Sextante (Rio de Janeiro), 2003, sob o título de *Civilização planetária*: desafios à sociedade e ao cristianismo].

47 – *Je m'explique*. Paris: Desclée de Brouwer, 1994.

48 – *Ecologia* – Grito da terra, grito dos pobres. 3. ed. São Paulo: Ática, 1995 [Reedição pela Sextante (Rio de Janeiro), 2004].

49 – *Princípio Terra* – A volta à Terra como pátria comum. São Paulo: Ática, 1995 [Esgotado].

50 – (org.) *Igreja*: entre norte e sul. São Paulo: Ática, 1995 [Esgotado].

51 – *A Teologia da Libertação*: balanços e perspectivas (com José Ramos Regidor e Clodovis Boff). São Paulo: Ática, 1996 [Esgotado].

52 – *Brasa sob cinzas*. 5. ed. Rio de Janeiro: Record, 1996.

53 – *A águia e a galinha*: uma metáfora da condição humana. 50. ed. Petrópolis: Vozes, 2012.

54 – *Espírito na saúde* (com Jean-Yves Leloup, Pierre Weil, Roberto Crema). 7. ed. Petrópolis: Vozes, 2007 [Coleção Unipaz].

55 – *Os terapeutas do deserto* – De Fílon de Alexandria e Francisco de Assis a Graf Dürckheim (com Jean-Yves Leloup). 16. ed. Petrópolis: Vozes, 2013 [Coleção Unipaz].

56 – *O despertar da águia*: o dia-bólico e o sim-bólico na construção da realidade. 24. ed. Petrópolis: Vozes, 2013.

57 – *Das Prinzip Mitgefühl* – Texte für eine bessere Zukunft. Friburgo: Herder, 1998.

58 – *Saber cuidar* – Ética do humano, compaixão pela terra. 19. ed. Petrópolis: Vozes, 2013.

59 – *Ética da vida*. 3. ed. Brasília: Letraviva, 1999 [Reedição pela Sextante (Rio de Janeiro), 2005, e pela Record (Rio de Janeiro), 2009].

60 – *A oração de São Francisco*: uma mensagem de paz para o mundo atual. 9. ed. Rio de Janeiro: Sextante, 1999 [Reedição pela Vozes (Petrópolis), 2012 (2. ed.)].

61 – *Depois de 500 anos*: que Brasil queremos? 3. ed. Petrópolis: Vozes, 2003 [Esgotado].

62 – *Voz do arco-íris*. 2. ed. Brasília: Letraviva, 2000 [Reedição pela Sextante (Rio de Janeiro), 2004].

63 – *Tempo de transcendência* – O ser humano como um projeto infinito. 4. ed. Rio de Janeiro: Sextante, 2000 [Reedição pela Vozes (Petrópolis), 2009].

64 – *Ethos mundial* – Consenso mínimo entre os humanos. 2. ed. Brasília: Letraviva, 2000 [Reedição pela Sextante (Rio de Janeiro), 2003 (2. ed.)].

65 – *Espiritualidade* – Um caminho de transformação. 3. ed. Rio de Janeiro: Sextante, 2001.

66 – *Princípio de compaixão e cuidado* (em colaboração com Werner Müller). 4. ed. Petrópolis: Vozes, 2009.

67 – *Globalização*: desafios socioeconômicos, éticos e educativos. 3. ed. Petrópolis: Vozes, 2002 [Esgotado].

68 – *O casamento entre o céu e a terra* – Contos dos povos indígenas do Brasil. Rio de Janeiro: Salamandra, 2001.

69 – *Fundamentalismo*: a globalização e o futuro da humanidade. Rio de Janeiro: Sextante, 2002 [Esgotado].

70 – (com Rose Marie Muraro) *Feminino e masculino*: uma nova consciência para o encontro das diferenças. 5. ed. Rio de Janeiro: Sextante, 2002 [Reedição pela Record (Rio de Janeiro), 2010].

71 – *Do iceberg à arca de Noé:* o nascimento de uma ética planetária. 2. ed. Rio de Janeiro: Garamond, 2002 [Reedição pela Mar de Ideias (Rio de Janeiro), 2010].

72 – (com Marco Antônio Miranda) *Terra América*: imagens. Rio de Janeiro: Sextante, 2003 [Esgotado].

73 – *Ética e moral*: a busca dos fundamentos. 8. ed. Petrópolis: Vozes, 2012.

74 – *O Senhor é meu Pastor*: consolo divino para o desamparo humano. 3. ed. Rio de Janeiro: Sextante, 2004 [Reedição pela Vozes (Petrópolis), 2013 (3. ed.)].

75 – *Responder florindo*. Rio de Janeiro: Garamond, 2004 [Reedição pela Mar de Ideias (Rio de Janeiro), 2012].

76 – *São José*: a personificação do Pai. 2. ed. Campinas: Verus, 2005 [Reedição pela Vozes (Petrópolis), 2012].

77 – *Virtudes para um outro mundo possível* – Vol. I: Hospitalidade: direito e dever de todos. Petrópolis: Vozes, 2005.

78 – *Virtudes para um outro mundo possível* – Vol. II: Convivência, respeito e tolerância. Petrópolis: Vozes, 2006.

79 – *Virtudes para um outro mundo possível* – Vol. III: Comer e beber juntos e viver em paz. Petrópolis: Vozes, 2006.

80 – *A força da ternura* – Pensamentos para um mundo igualitário, solidário, pleno e amoroso. 3. ed. Rio de Janeiro: Sextante, 2006.

81 – *Ovo da esperança*: o sentido da Festa da Páscoa. Rio de Janeiro: Mar de Ideias, 2007.

82 – (com Lúcia Ribeiro) *Masculino, feminino*: experiências vividas. Rio de Janeiro: Record, 2007.

83 – *Sol da esperança* – Natal: histórias, poesias e símbolos. Rio de Janeiro: Mar de Ideias, 2007.

84 – *Homem*: satã ou anjo bom. Rio de Janeiro: Record, 2008.

85 – (com José Roberto Scolforo) *Mundo eucalipto*. Rio de Janeiro: Mar de Ideias, 2008.

86 – *Opção Terra*. Rio de Janeiro: Record, 2009.

87 – *Fundamentalismo, terrorismo, religião e paz*. Petrópolis: Vozes, 2009.

88 – *Meditação da luz*. 2. ed. Petrópolis: Vozes, 2010.

89 – *Cuidar da Terra, proteger a vida*. Rio de Janeiro: Record, 2010.

90 – *Cristianismo*: o mínimo do mínimo. Petrópolis: Vozes, 2013.

91 – *El planeta Tierra*: crisis, falsas soluciones, alternativas. Madri: Nueva Utopia, 2011.

92 – (com Marie Hathaway). *O Tao da Libertação* – Explorando a ecologia da transformação. 2. ed. Petrópolis: Vozes, 2012.

93 – *Sustentabilidade*: O que é – O que não é. Petrópolis: Vozes, 2013.

94 – *Jesus Cristo Libertador*: ensaio de cristologia crítica para o nosso tempo. Petrópolis: Vozes, 2012. [Selo Vozes de Bolso].

95 – *O cuidado necessário*: na vida, na saúde, na educação, na ecologia, na ética e na espiritualidade. Petrópolis: Vozes, 2012.

96 – *O Espírito Santo* – Fogo interior, doador de vida e Pai dos pobres. Petrópolis: Vozes, 2013.

97 – *Francisco de Assis – Francisco de Roma*: a irrupção da primavera? Rio de Janeiro: Mar de Ideias, 2013.

CULTURAL
Administração
Antropologia
Biografias
Comunicação
Dinâmicas e Jogos
Ecologia e Meio Ambiente
Educação e Pedagogia
Filosofia
História
Letras e Literatura
Obras de referência
Política
Psicologia
Saúde e Nutrição
Serviço Social e Trabalho
Sociologia

CATEQUÉTICO PASTORAL
Catequese
Geral
Crisma
Primeira Eucaristia

Pastoral
Geral
Sacramental
Familiar
Social
Ensino Religioso Escolar

TEOLÓGICO ESPIRITUAL
Biografias
Devocionários
Espiritualidade e Mística
Espiritualidade Mariana
Franciscanismo
Autoconhecimento
Liturgia
Obras de referência
Sagrada Escritura e Livros Apócrifos

Teologia
Bíblica
Histórica
Prática
Sistemática

REVISTAS
Concilium
Estudos Bíblicos
Grande Sinal
REB (Revista Eclesiástica Brasileira)
SEDOC (Serviço de Documentação)

VOZES NOBILIS
Uma linha editorial especial, com importantes autores, alto valor agregado e qualidade superior.

VOZES DE BOLSO
Obras clássicas de Ciências Humanas em formato de bolso.

PRODUTOS SAZONAIS
Folhinha do Sagrado Coração de Jesus
Calendário de Mesa do Sagrado Coração de Jesus
Agenda do Sagrado Coração de Jesus
Almanaque Santo Antônio
Agendinha
Diário Vozes
Meditações para o dia a dia
Guia Litúrgico

CADASTRE-SE
www.vozes.com.br

EDITORA VOZES LTDA.
Rua Frei Luís, 100 – Centro – Cep 25689-900 – Petrópolis, RJ
Tel.: (24) 2233-9000 – Fax: (24) 2231-4676 – E-mail: vendas@vozes.com.br

UNIDADES NO BRASIL: Belo Horizonte, MG – Brasília, DF – Campinas, SP – Cuiabá, MT
Curitiba, PR – Florianópolis, SC – Fortaleza, CE – Goiânia, GO – Juiz de Fora, MG
Manaus, AM – Petrópolis, RJ – Porto Alegre, RS – Recife, PE – Rio de Janeiro, RJ
Salvador, BA – São Paulo, SP